시민생활과 법

- 사 례 풀 이 -

정극원, 엄응용, 김명준 著

대구대학교출판부

정극원

대구대학교 법학과 졸업
독일 콘스탄츠대학교 법학박사
대구대학교 법과대학 학장

엄응용

대구대학교 법학과 졸업
대구대학교 대학원 법학박사
경운대학교 연구교수

김명준

대구대학교 법학과 졸업
대구대학교 대학원 법학박사
대구대학교 법과대학 외래교수

1판1쇄 | 2009년 9월 10일
1판5쇄 | 2013년 2월 20일
지은이 | 정극원·엄응용·김명준
펴낸이 | 홍덕률
펴낸곳 | 대구대학교출판부
경북 경산시 진량읍 내리리 15 대구대학교출판부
전화 053) 850-5661~4 | 팩스 053) 850-5669
찍은곳 | 대호문화사
ISBN 978-89-7794-532-6-93360
값 10,000원

머 리 말

우리 인간은 자기 혼자 무인도에서 살아갈 수는 없을 것이다. 우리는 이 세상에 태어나 부모님의 교육. 학교교육 및 사회교육을 받고 하나의 인격체로 성장하여 서로 사랑하는 이성(異姓)을 만나 혼인(婚姻)을 하고 자녀를 낳고 가족을 구성하여 서로 의지하며 살아가고 있다. 이러한 하나의 가족이라는 작은 인간의 집단이 모여 큰 사회집단을 형성하여 톱니바퀴가 서로 맞물려 돌아가듯이 살아가고 있다. 그런데 우리 인간은 짐승들과는 달리 이성적이고 이기적인 동물로서 집단생활을 함에 있어서 서로 양보하고 손해를 감수하면서 살아갈 수 도 있지만 때로는 이해관계의 문제에 부닥칠 수도 있다. 그래서 "사회가 있는 곳에 법이 있다"라는 말을 하고 있는 것이다. 우리는 법이 없는 사회에 살아갈 수는 없을 것이다. 즉 홉스는 법이 없는 사회는 "약육강식" 또는 "만인에 대한 만인의 투쟁상태"라는 비유를 하고 있다.

오늘날 현대 사회는 정치적으로는 민주주의, 경제적으로는 자본주의, 사회적으로는 복지사회를 지향하는 시대에 살아가고 있다. 또한 교통. 통신. 정보 등 기술과학문명의 발달로 시민 상호간의 생활관계가 점차 복잡다양하기 때문에 분쟁이 많이 발생하고 있다. 따라서 각종 복지제도를 실현할 뿐만 아니라 이해관계로 인한 충돌을 사전에 방지하고 그 분쟁을 공평하게 해결할 수 있는 수단이 바로 "법"일 것이다. 그러나 우리 시민은 법에 대한 이해와 지식을 습득할 수 있는 교육이나 홍보는 아주 미약하다. 우리 시민이 법에 대한 교육이나 지식의 습득은 학교교육과정에서 사회과목의 일부내용으로 수록하여 암기식으로 공부하는 것이 고작이다. 그리고 대학교에서는 법과대학 및 법학전문대학원(로스쿨)을 제외하고는 교양과정으로 "법학개론". "법의 이해". "법과 시민생활" 등의 강좌를 개설하여 이수하는 것으로 법률을 접하고 있는 실정이며, 그 강의교재도 법률용어나 내용이 어려울 뿐만 아니라 책의 분량이 너무 많아 교양과목으로는 너무나 수강생들에게 부담을 주는 듯하다.

따라서 본 교재는 다음과 같은 몇 가지 사항에 주의를 기우려 기술 하였다.

첫째, 어려운 이론이나 판례는 지양하고 일상생활과 가장 밀접한 사례를 들어, 기초적인 법률지식이 없는 비법학도라 하더라도 쉽게 법을 접하여 이해하고 적용할 수 있도록 하였다.

둘째, 교양과목으로써 한 학기동안에 알차고 효율적인 학습효과를 얻을 수 있도록 기초적이고 사회생활에 직접 적용되는 헌법. 형법. 행정법. 민법 및 상법과 노동법의 중요하고 자주 발생하는 사례문제를 수록하였다.

셋째, 본 교재는 단순히 대학교 교양강의교재로써의 가치를 다하는 것이 아니라, 법적 사고를 길러 법학전문대학원(로스쿨)의 입문 및 각종 자격시험의 수험준비에도 도움이 되도록 하였다.

본 교재의 미비한 점은 독자 여러분들의 질책을 부탁드리며, 부족한 내용은 앞으로 수정하고 보완하여 독자 여러분들에게 좋은 길잡이가 되도록 하겠습니다. 본 교재로 공부하는 독자 여러분들의 건강과 앞날의 성공을 기원합니다. 그리고 본 교재가 출간되기까지 무더운 여름에도 불구하고 교정과 편집에 도움을 주신 대구대학교 출판부에 계시는 여러분들과 대학원생 김갑석, 박영호, 김정수군에게 깊은 감사를 드립니다.

2009년 9월 문천지를 바라보며 저자 씀.

차 례

1

법의 개념

사 례

흔히 "사회가 있는 곳에 법이 있다"라고 말하거나 또는 이웃과 분쟁에 있어 "법대로 해라"라고 말할 때의 법이란 무엇인가?

Ⅰ. 사회가 있는 곳에 법이 있다.

만약 더불어 사는 인간사회에 법이 없다고 가정을 한다면, 동물사회와 다름없게 될 것이다. 자신의 능력에 따라 사회가 필요로 좋은 직장을 가지거나 자신의 노력에 따라 재산을 축적하여 부자가 되는 것이 아니라, 동물들의 집단처럼 오로지 힘이 센 사람이 폭력적으로 세상을 지배하게 되는 것이다. 그러나 법이 존재함으로서 부부나 가족관계가 보호를 받고, 자신이 원하는 학교에도 다닐 수 있고, 나아가 직장을 구하거나 자영업을 하여 생활에 소요되는 소득을 얻을 수 있으며, 마음에 맞는 사람들과 모임을 결성할 수 있다.

인간의 우월성은 여러 사람이 더불어 사는 사회성에 있다. 인간은 가족·지역·학교·직장·사회모임 속에서 살아가며, 이러한 공동생활에서 서로 다른 이해관계를 가지거나 서로 다른 이익을 추구하게 된다. 법은 이 경우에 어떠한 행위가 정당한 것인지의 기준을 정한다. 예를 들어 친구에게 돈을 100만원 빌려준 사람을 그 돈을 되돌려 받을 수 있도록 법으로부터 보호받지만, 어떤 사람에게 폭행을 가하여 상처를 입힌 사람은 처벌을 받도록 법이 정하고 있다. 이처럼 법은 인간사회를 평화적으로 유지하게 하고 안정적으로 존속하게 하는 것이다. 그러므로 사회가 있는 곳에 반드시 법이 필요하게 된다.

Ⅱ. 법은 객관적 도덕이다.

인간은 혼자 고립되어 살아갈 수 없으며, 사람과 사람 사이에서만 생존할 수 있는 존재이다. 인간을 "사회적 동물"이라고 한 아리스토텔레스(Aristoteles)나 "인간존재의 본질은 사람과 사람과의 결합에 있다."라고 한 기르케(Gierke)의 말들은 모든 인간은 혼자서 고립되어 살 수 없고 공동체를 구성하여 더불어 살아가게 된다는 의미이다. 공동체생활은 반드시 질서관계를 형성하는데, 친척과 부부 및 부모자식 등의 가족관계, 태어난 곳과 사회생활을 하는 지역사회의 관계, 어느 정당을 지지하거나 어떤 사람을 정치인으로 선출하거나 하는 정치관계, 어떤 직업에 종사하는가하는 직장관계 등 다양한 사회관계가 모두 질서관계이다. 이러한 인간관계가 존재하는 곳에는 개인적인 판단으로서의 옳은 것과 잘못된 것 또는 선과 악이라는 주관적이고 상대적인 가치를 넘어 공동체의 존재로서의 인간관계를 객관적으로 규율하는 도리, 즉 사리라는 것이 있다. 이러한 객관적 도리 내지는 사리라는 표현은 영국에서는 '이성' 또는 '합리성'이라고 표현하며, 독일이나 프랑스 등에서는 '사물의 본성'이라 표현한다. 법은 이러한 객관적 가치를 기초로 한다. 그러나 인간관계에 있어서 객관적 도리 자체가 법은 아니다. 법이란 객관적 도리 내지는 사리가 전체 사회에서 정치적·법률적으로 자각되고, 그것이 성문법이나 관습법 또는 판례법, 조리 등으로 표현된 것이라 할 수 있다. 즉 이러한 객관적 도리가 법조문으로 만들어져서 강제적인 규범이 될 때 비로소 법이 되는 것이다. 예를 들어, 형법 제329조에 "타인의 재물을 절취한 자는 6년이하의 징역 또는 1천만원이하의 벌금에 처한다." 법조문을 만들어서 다른 사람의 물건을 훔치지 않아야 하는 객관적 도리를 지키게 하고 있는 것이다.

Ⅲ. 법은 강제를 그 특성으로 한다.

법은 사람들 사이의 분쟁을 해결할 수 있어야 한다. 이러한 힘이 강제력이다.

분쟁은 당사자간에 화해와 합의로 해결할 수도 있지만, 궁극적으로 강제력에 의하여 해결된다. 독일의 법학자인 예링은 '강제를 수반하지 않는 법은 마치 타지 않은 불과 같이 그 자체 모순을 가지는 것이다'라고 하였다. 이는 법이 강제를 본질적 특성으로 한다는 점을 단적으로 표현한 것이다. 사람들 사이의 분쟁을 해결하고 권리를 가진 자를 진정으로 보호하기 위하여서는 첫째, 분쟁을 객관적으로 해결할 수 있는 법적 기준이 있어야 하고(법의 필요성), 둘째, 그 법이 정한 기준을 적용하여 진정한 권리자가 누구인지를 가려줄 국가기관이 있어야 하며(법관의 필요성), 셋째, 진정한 권리자의 권리가 실현될 수 있도록 하는 강제력이 있는 권력이 있어야 한다(집행력의 필요성). 법의 강제란 강제의 권능을 가진 국가기관이 법을 침해하는 행위를 한 자에 대해서 일정한 정신적·물질적 강제작용을 가함으로써 침해된 법이 준수된 것과 같은 사실상태를 실현시키거나 법을 침해한 자에 대하여 일정한 고통을 가하는 것을 말한다.

강제의 방법은 형법상의 형벌과 기타의 방법이 있다. 형법은 사형, 징역, 금고, 벌금, 구류, 과료, 몰수 등 형벌을 규정하여 법의 준수를 강제하고 있다. 또 개인과 개인의 관계를 규정한 사법(私法)의 영역에서는 강제집행, 예컨대 돈을 빌리고 갚지 않은 경우에는 재판을 통하여 빌린 돈을 반환시키는 판결을 내리고 집행관이 채무자의 재산을 압류, 금전적인 방법으로 변제의무를 이행하거나 대체집행을 하기도 한다. 또는 음주교통사고를 낸 사람에게 양로원에 노력봉사를 명하는 사회봉사의무를 부과하여 법의 강제력을 지켜나간다.

Ⅳ. 법은 행위규범이다.

법이 규율하는 대상은 사람의 행위이다. 행위란 사람의 의사에 기한 신체의 외부적 동작을 말한다. 자신이 표현하고자 하는 의사가 아직 외부에 나타나지 아니한 때 이는 내부의사에 그치고 외부에 나타났을 때 비로소 행위가 된다. 법은 "나는 시험답안지를 안보여 주는 친구를 한방 때릴 것이다."라고 생각하는 마음속에 내심을 문제 삼는 것이 아니라, 정말 화가 나서 그 친구를 폭력을 행사하여 때리게 된 것처럼 외부로 나타난 행위를 문제 삼는 것이다. 즉, 법은 사회에서 일어난 모든 사실을 평가하여 가치 있는 것과 가치 없는 것으로 구별하고, 이를 표준으로 하여 행하여야 할 행위와 하지 말아야 할 행위를 결정하여 주는 것이다.

법은 이처럼 어떤 행위는 정당하여서 법으로 보호받고 또 어떤 행위는 정당하지 못하므로 처벌을 하는 하나의 행위기준이 된다. 이를 강제한다는 점에서 하나의 행위규범이다. 이와 같이 법은 행위자의 의사가 행위로서 외부에 표현되었을 때 비로소 이를 규율하는 것이다. 그러나 종교 및 도덕은 아직 외부에 표현되지 아니한 의사 그 자체도 규율한다는 점에서 법과 구별된다. 이러한 의미에서 도덕·종교계율이 내심규범 또는 의사규범이라고 불리어짐에 반하여, 법은 행위규범이라고 불리어진다.

법에 의한 행위규범이 있음으로 인간사회는 평화와 질서를 유지하게 된다. 이러한 질서를 유지하기 위하여서는 사람들이 반드시 어떤 규칙에 따라 행동을 하여야 한다. 이 규칙은 사람들의 이기적인 욕구를 충족시키기 위하여 하고 싶은 대로 행동하라는 것이 아니라 마음대로 하고 싶더라도 사회의 질서를 유지하기 위하여서는 [어떻게 하여야 한다]는 규율을 정하게 된다. 이와 같이 일정한 가치적 목적에 도달하기 위하여 따르지 않으면 안 되는 의사와 행위의 절차 내기는 규칙을 규범이라고 한다. 규범은 사회적인 공동목적을 달성하기 위하여 [···해서는 안된다](금지)라든가, [···하지 않으면 안 된다](명령)라고 하는 것처럼 인간이 마땅히 해야 할 것을 정하는 당위의 법칙이다. 당위란 [마땅히 ···해야 한다]는 것을 의미한다. 따라서 이웃과의 관계와 사회관계에서 "해서는 안된다."라는 것을 하게 되거나 "반드시 해야 한다."라는 것을 하지 않으면 처벌을 받게 되는 것이다.

흔히 우리가 "법대로 해라" 또는 "법대로 하자"라고 말하는 것은 법이 정한 바에 따라서 할 것은 하고, 법이 정하는 바에 따라서 하지 말 것은 하지 않아야 하는 것을 말한다. 예를 들어 다른 사람을 폭행하는 것은 하지 말 것을 법이 정하고 있기 때문에 처벌을 받는 것이고, 책을 구입하기 위하여 책값을 지불하였다면, 서점주인으로부터 그 책을 받을 수 있는 것은 법이 정한 것을 이행하였기 때문에 보호받는 것이다.

<보충자료> - 분쟁을 해결하는 방법[1)]

■ 소송의 방식

일반적으로 소송이라 하면 재판을 받는 것을 말하는데, 재판절차를 모두 다 진행하는 정식재판절차와 그렇지 않은 간단하고 편의적인 약식절차가 있다.

1. 정식재판절차

정식절차에는 민사소송과 형사소송이 있다. 민사소송은 개인과 개인의 재산다툼이나 권리다툼에 대하여 법원에서 재판을 받는 것을 말한다. 민사소송은 국가가 개입하지 않는 개인과 개인의 다툼으로서 한 개인은 소송을 제기하는, 즉 법원에 소장을 제출하는 원고가 되고 다른 개인은 그 피고가 되어 공개법정에서 양측이(또는 양측이 선임한 변호사)가 출석한 가운데 변론절차를 거쳐 법원이 판결을 내리는 방식으로 진행된다. 법원의 결정에 따라 원고의 주장이 받아드려져서 피고가 원고에게 금전으로 그 손해를 배상하게 되거나 피고가 그 손해를 배상할 필요가 없는 무죄가 된다.

형사소송에서는 정식재판절차를 공판절차라고 부른다. 형사소송은 개인과 개인이 다투는 민사소송과는 달리 국가기관인 검사가 원고가 되고 범죄를 저지른 사람을 피고인으로 하여 재판을 하는 것을 말한다. 검사(원고)는 범죄를 저지른 피고인의 성명, 죄명, 범죄일시·범죄장소·범죄방법, 그리고 그에 대하여 처벌하여야 할 법조항 등이 적힌 공소장을 법원에 제출함으로서 재판이 시작된다. 법원에 판결에 의해서 사형, 징역, 금고, 벌금, 구류, 과료, 몰수 등의 형벌이 내려지거나 또는 범죄의 혐의가 증명되지 않아 무죄가 된다.

2. 약식절차

약식절차는 판사가 내린다. 예를 들어 심야영업시간을 어긴 경미한 사건의 경우에 유흥업소주인을 불러 직접 심리를 하는 번거로운 절차를 생략하고, 검사가 제출한 서류만으로 판사가 벌금이나 과료 또는 몰수의 형을 내리는 절차

---

1) 여기서의 내용은 『한국인의 생활법률』, 법무부, 2005, 32~35면에서 인용·정리한 것이다.

이다. 약식절차에 따라 형을 선고하는 것을 약식명령이라 한다. 만약 피고인이 약식명령에 불복하거나 이의가 있는 경우에는 헌법에 의하여 정식재판을 청구할 수 있음은 물론이다.

헌법 제27조 제3항: 모든 국민은 신속한 재판을 받을 권리를 가진다. 형사피고인은 상당한 이유가 없는 한 지체없이 공개재판을 받을 권리를 가진다.

3. 즉결심판절차

20만 원 이하의 벌금형, 30일 이내의 구류형 등이 예상되는 경미한 범죄에 대하여 정식 재판 절차를 거치지 않고 판사가 그 자리에서 바로 형을 선고하는 절차로, 즉결 심판, 또는 줄여서 '즉심'이라고 한다. 즉결 심판 절차는 약식 절차와 달리 꼭 검사가 청구하지 않아도 되고, 경찰서장의 청구에 의해 이루어질 수도 있다. 이 경우에도 피고인이 즉결 심판 결과에 이의가 있다면 정식 재판을 청구 할 수 있다.

-즉결 심판의 대상 사건-

- ■ 행정 법규 위반 사건
  도로교통법상의 자동차 주·정차 금지 위반, 향토예비군설치법상의 예비군 훈련 불참자 등
- ■ 형법 위반 사건
  폭행죄, 단순 도박죄 등
- ■ 경범죄처벌법 위반 사건
  허위 신고, 무임승차 등 54개 항목

4. 소액사건 심판절차

소액사건 심판절차는 소송목적(소송의 대상이 되는 물건이나 권리)의 값이 2,000만 원 이하인 소액 사건에 한하여 소송 절차를 저렴한 비용으로 쉽고 빠르게 진행할 수 있도록 하는 절차이다. 소액 사건 심판에서는 변호사가 아니라도 당사자와 관련된 인물이 법원의 허가 없이도 소송 대리인이 될 수 있고, 소

장을 제출하지 않고 말로써 소를 제기할 수도 있으며, 빠른 진행을 위해 심리는 한 번만 하는 것을 원칙으로 한다.

5. 독촉절차

민사분쟁에서 채권자에게 금전, 유가 증권을 지급하라는 청구에 대해 변론이나 판결 없이 곧장 지급 명령을 내리는 절차를 독촉 절차라고 한다. 분쟁 당사자를 소환하지 않고, 별다른 소명 절차도 없어서 소송비용이 아주 저렴하다. 채권자는 이러한 독촉 절차와 통상의 소송 절차 중 어느 것이나 자유롭게 선택할 수 있는데, 지급 명령을 받은 채무자가 이의를 제기하면 통상의 소송 절차로 이어지게 된다.

▣ 대안적 분쟁 해결방식

일반적으로 소송은 복잡하고, 비용이 많이 들며, 시일이 오래 걸리는 단점을 가지고 있다. 또, 소송은 국가 기관의 일방적이고 강제적인 결정에 의해 분쟁을 해결한다는 점과 엄격한 법적용에 의해 실제 사례에서는 구체적 타당성을 가지지 못할 수 있다는 점도 문제로 지적 되고 있다. 따라서, 이러한 소송의 문제점을 극복하기 위하여 국제적으로 협상(negotiation), 알선(conciliation), 조정(mediation), 중재(arbitration) 등의 대안적 분쟁 해결방식(alternativedispute resolution : ADR)들이 제도화 되고 있다.

1. 협상

협상이란, 분쟁이 발생했을 때 제3자의 개입 없이 당사자끼리 합의에 의해 해결하는 것을 말한다.

2. 알선

알선은 당사자끼리 합의에 의해 분쟁을 해결하는 점에서 협상과 같지만, 제3자가 당사자들이 합의할 수 있도록 자리를 마련해 주는 등의 방식으로 도와준다는 점이 다르다.

3. 중재

당사자끼리 분쟁이 해결되지 않을 때, 중립적인 제3자의 결정에 따르기로 당사자들이 합의하고 제3자가 중재안을 내놓는 것을 중재라고 한다.

중재는 사적으로도 행해지지만, 특히 법원이 아닌 중재위원회 등 다른 공공기관의 판정에 의해 해결하는 경우도 많다. 공적 기관에 의한 중재의 예로는 국가 간의 분쟁에 대해 제3의 판단 기관이 나서는 국제법상의 중재, 상거래 분쟁에 대한 중재법상의 중재, 노사 분규 등에 대한 노동법상 중재 등이 있다.

4. 조정

중립적인 제3자가 개입하여 적극적으로 설득하고 양보하게 하는 방식으로, 당사자끼리 합의 하도록 도와주는 것을 조정이라고 한다. 조정은 제3자가 적극적으로 개입하기는 하지만 중재와는 달리 제3자가 합의안을 결정할 권한은 없다.

특히, 우리나라에서는 1990년대부터 민사소송으로 가기 전에 당사자의 선택에 의하여 민사 조정을 거칠 수 있도록 하고 있는데, 이 민사조정제도는 법관이나 법원에 설치된 조정위원회에서 당사자들의 사정을 참작하여 서로 양보하고 타협하도록 주선함으로써 융통성 있는 결론을 맺도록 하는 절차이다. 판사의 조정에 대해 분쟁 당사자가 합의를 하거나 판사가 직권으로 결정한 조정안에 당사자가 이의가 없을 경우에 조정이 이루어진다. 이와 같은 조정은 소송 도중에서 할 수 있다. 또 가사 소송의 경우, 일정한 경우에는 반드시 소송으로 가기 전에 조정을 거쳐야 하는 조정 전치주의를 채택하고 있어 곧바로 소송을 신청할 경우에도 가사 조정을 받게 하고 있다. 이러한 대안적 분쟁 해결 방식들을 정식 소송 절차와 비교하여 저렴한 비용으로 빠르게 분쟁을 해결하고, 당사자들의 타협과 양보에 의하여 해결책을 마련할 수 있다는 점 등의 장점을 갖추고 있고 때문에 시민들이 널리 활용하는 것이 바람직하다.

2

합목적성과 법적 안정성

▌사 례▐

(1) 국가가 "일반 시민들이 교통위반차량을 신고하면 포상금을 주는 제도 (일명 카파라치)"를 시행하였다. 교통범칙금을 통고받은 운전자들 갑(甲)은 경찰관이 직접 단속하지 않고 일반시민의 사진촬영에 의한 단속이므로 무효라고 주장한다.

(2) 대한민국헌법 제3조는 "대한민국의 영토는 한반도와 그 부속도서로 한다."라고 하여 북한 땅도 우리 영토로 규정하고 있다. 그럼에도 불구하고 북한지역을 마음대로 출입할 수 없다면, "이 조항은 효력이 없다."라고 을(乙)이 주장한다.

(1)의 경우와 (2)의 경우 중 어느 것이 더 악법의 소지가 있는가?

Ⅰ. 법의 타당성

법이 지속적인 생명력을 가지기 위하여서는 정의, 자유와 평등, 최대다수의 최대행복 등을 실현하여야 한다. 즉 법이 정의롭지 못하거나 폭력을 정당화하거나 일당독재를 보호하는 것이어서는 안된다. 달리 말하자면, 법은 그 내용에 있어서 목적이 합당하여야 하고(합목적성), 그 집행에 있어서 효력을 가지고 있어야 한다(법적 안정성). 법은 인간의 사회생활을 규율하는 것이다. 따라서 타당한 법은 합목적성과 법적 안정성을 동시에 가지고 있어야 한다.

위 (1)의 경우는 교통사고의 예방이라는 목적을 실현하기 위한 것이지만, 경찰이 아닌 일반시민의 단속을 포상함으로서 평화로워야 하는 인간관계가 감시와 고발의 불신사회로 변하게 된다. 따라서 카파라치를 허용하는 제도는 합목적성이 없는 것이다. 그럼에도 국가는 이제도를 실행하였다. 운전자들의 저항에도 불구하고 시행하고 있다는 점에서 법적 안정성은 있다. 즉, 합목적성은 결여하고 있지만, 법적 안정성은 있는 것이다.

위 (2)의 경우는 위 (1)과는 반대로 합목적성은 있지만, 법적 안정성은 없는 것이다. 대한민국의 영토를 북한지역까지 포함함으로서, 대한민국만이 한반도에서 유일한 합법정부라는 것을 분명히 하고 있다. 그러나 북한지역에는 대한민국의 주권이 실질적으로 미치지 못하여 효력이 없다. 즉, 그 합목적성이 있지만, 법적 안정성은 없는 것이다.

Ⅱ. 합목적성

합목적성이란 법의 내용이 합당하여야 한다는 것을 말한다. 이는 법의 이념인 정의를 사회생활에 구체적으로 적용하기 위하여 요구되는 이념이다. 법에 있어서 합목적성은 개인, 사회, 국가에 맞추어져 있다. 개인주의는 인간을 궁극적 가치로 지향하며, 개인의 자유와 행복이 최대한 보장되도록 노력한다. 따라서 국가를 포함한 단체는 개인보다 하위의 가치에 서게 되며, 모든 개인이 평등하게 존중되도록 평균적 정의가 강조된다. 개인의 존엄과 가치를 바탕으로 사회와 국가가 형성된다. 그러므로 개인의 인격은 사회와 국가의 부분으로 그 가치를 실현하는 범위 안에서 인정되고 존중된다. 이러한 범위에서 국가는 개인들에게 질서를 강요하거나 의무를 부과하는 것이 가능하다. 따라서 위의 사례에서처럼 국가가 교통사고를 줄이기 위한 목적이라 하더라도 개개인에 개개인을 감시하고 고발하는 카파라치제도를 시행한다는 것은 합당한 목적이라 할 수 없게 된다. 이러한 목적의 실행으로 인하여 인간관계의 근본을 황폐화시키게 되기 때문이다. 즉, 지나치게 목적만을 추구하다 보면 사회정의나 법적 안정성을 해치거나 그에 위반하는 법이 되는 것이다.

Ⅲ. 법적 안정성

법적 안정성이란 법이 보호하는 사회생활의 안정성을 말한다. 법은 국민이 예측가능하도록 하여 국민의 생활관계를 안정시킬 수 있어야 한다. 인간이 법에 따라 안심하고 생활할 수 있도록 하기 위해서는 현재 시행되고 있는 법은 그 효력이 있어야 한다. 법의 권위를 믿고 행동하면 법의 보호를 받게 되고 인간의 자유로운 활동이 보장되어야 한다는 것이다. 이는 법 자체의 안정성과 사회질서의 안정성의 면으로 파악할 수 있다. 법적 안정성이 달성되려면, 다음과 같은 것이 요청된다.

첫째, 법 자체의 내용이 일의적이고 명확해야 한다. 사회생활의 질서에서 야기되는 다양한 이해대립과 분쟁을 평화적으로 해결하기 위하여서는 법이 명확하여 혼란이 없어야 한다. 조직화된 현대사회에서는 법의 명확성의 요청이 더욱 커지고 있으며, 현대국가에서 성문법의 비중이 점점 높아지는 것도 성문법이 지닌 법의 명확성의 장점 때문이다.

둘째, 법이 자주 변경되어서는 안 된다. 법이 함부로 변경되어 어제는 합법적인 행동이 오늘은 불법이 된다면, 국민은 법을 신뢰하지 않게 되며 국민생활의 행동의 지침으로서의 성격을 잃게 되어 법적 안정성을 확보할 수 없게 된다.

셋째, 법은 실효성이 있어야 한다. 법적 안정성의 핵심내용이 사회생활에서의 효력이다. 법의 내용이 실현가능하여야 국민의 법의식에 파고들어 솔선수범하고 준수하려고 하는 것이다. 법은 이러한 조건을 충족시켜야 법 자체의 안정성이 보장되고 나아가 안정적인 법을 통하여 사회질서의 안정을 유지하게 된다. 헌법 제3조의 영토조항은 합목적성에서 본다면 지극히 당연한 것이지만, 북한지역에 대한민국의 실질적 지배력이 전혀 미치지 못하는 것이므로 법적 안정성이라는 점에서 본다면 타당하지 못하다.

Ⅳ. 사례의 해결

위(1)은 사회가 인간공동체를 보호하여함에도 오히려 인간관계를 황폐화한다는 점에서 그 합목적성을 결여하고 있지만, 실제 적용되어 효력을 발하였다는 점에서 그 법적 안정성이 있는 것이라 하겠다. 이에 반하여 위(2)는 대한민국만이 유일한 합법정부라는 점에서 헌법상의 영토조항을 그렇게 하는 것으로서 합목적성을 가지게 된다. 그러나 그 실행이 불가능하다는 점에서 법적 안정성이 없게 된다. 위(1)의 경우에는 법의 목적에도 불구하고 국민감정을 심하게 해치게 되고 인간관계를 상실하게 하는 것이므로 악법이 된다. 그러나 위(2)의 경우에는 분단으로 인하여 법적 안정성은 없는 것이라 하더라도 북한지역은 "인민공화국이 불법적으로 점령한 미수복지역"으로서 언젠가 우리가 다시 회복하여야 하는 영토가 된다. 따라서 위(1)의 법은 폐지되어야 마땅하고, 위(2)의 헌법 조문은 그대로 존속하여도 무방한 것이다. 즉 합목적성과 법적 안정성 중에서 합목적성에 합치하지 않는 위(1)의 경우가 더 악법이 되는 것이다. 이러한 이유로 인하여 위(1)의 제도를 규정한 법률은 실제로 폐지되기에 이르렀다.

<보충자료> - 법과 친족관계의 보호

■ 친족상도례

재산을 훔치거나 재산에 손상을 가하는 것이 재산죄이다. 재산죄의 경우 친족사이의 범죄에 관하여 형벌을 면제하는 등 특례를 규정하고 있다. 이를 친족상도례(親族相盜例)라 한다. 즉 직계혈족, 배우자, 동거친족, 호주, 가족 또는 그 배우자간의 형법 제323조(타인의 점유 또는 권리의 목적이 된 자기의 물건 또는 전자기록등 특수매체기록을 취거, 은닉 또는 손괴하여 타인의 권리행사를 방해한 자는 5년이하의 징역 또는 700만원이하의 벌금에 처한다) 죄를 범한 경우에는 그 형을 면제한다. 이러한 규정을 둔 이유는 친족간의 관계를 보호하기 위한 것이다. 친족간의 절도에 대해서도 일반인의 경우와 똑같이 처벌하게 된다면, 친족간의 관계를 더 돈독하게 하여야 하는 동기가 없어지기 때문이다.

■ 존속살해죄, 존속상해죄, 존속상해치사죄, 존속학대죄

형법은 사람을 살해한 자, 사람을 상해한 자, 사람의 신체를 상해하여 사망에 이르게 한 자, 자기의 보호 또는 감독을 받는 사람을 학대한 자에 대하여 형벌을 가하고 있다. 특히 자기 H는 배우자의 직계존속에 대하여 이러한 죄를 범한 경우에는 더 가중처벌을 하게 된다. 이는 가족구성원의 범죄로부터 직계존속을 보호하여 가족관계를 특별히 보호하려는 것이다. 이렇듯 법에는 인간사회의 가장 기초가 되는 가족을 보호하려는 정신이 깃들어 있는 것이다.

법원의 종류

3

▌사 례▐

법에는 상위법우선의 원칙, 특별법우선의 원칙 및 신법우선의 원칙이 적용된다고 한다. 법원(法源)은 법이 존재하는 형식을 말한다. 법원의 예를 들어 이를 설명하라?

Ⅰ. 성문법

법은 문서로 작성된 성문법과 문서의 형식을 갖추지 않은 채 존재하는 불문법이 있다. 성문법은 문서로 표현되어 있음으로 그 내용이 명백하고 일반인에게 예측가능성과 법적 안정성을 보장하는 장점이 있다. 그러나 인간의 사회생활관계의 전부를 법으로 다 규정하는 것은 기술적으로나 인간의 능력으로나 불가능하다. 이 경우에 아직 불문법이 성문법을 대신하고 있다. 우선 성문법에는 '헌법', 국회에서 제정된 '법률', 행정기관에서 제정하여 국회에서 의결되는 명령·국회규칙 및 지방자치단체와 지방자치단체의 의회 등에서 제정하는 자치법규(규칙·조례)가 있다.

1. 헌법

헌법은 국가의 최고법이고, 실질적 의미에서 국가의 영토·국가의 통치주체·국민의 기본적 권리·국가의 통치조직·운영 등에 관한 근본적 사항을 정한 법규범의 총체이다. 헌법은 국가의 최고법규로서 국가법 안에서 최고의 지위에 있고, 그 형식적 효력은 법률·명령 기타 모든 법형식보다도 우월하다. 그러므로 헌법에 반하는 하위법규는 무효가 된다. 즉, 헌법조항에 반하는 법률·명령·규칙 및 국무에 관한 그 밖의 행위의 전부 또는 일부는 그 효력이 없다. 그리고 헌법의 최고법규성을 실질적으로 보장하기 위해서 헌법은 헌법재판소에 합헌성심사권을 주고 있다.

2. 법률

법률은 입법권을 가지는 의회의 의결을 거쳐 제정, 공포된 성문법규를 말한다. 국회의 의결을 거쳐 제정된 성문법을 흔히 형식적 의의의 법률이라고도 한다. 법률은 원칙적으로 입법권을 전유하고 있는 국회의 의결을 거쳐 확정되고 성립된다. 이를 흔히 의회입법중심주의라고 한다. 국회에서 의결된 법률안은 정부에 이송되어 15일 이내에 대통령이 공포한다. 그러나 대통령이 거부권을 행사하여 국회에서 확정된 법률이나 대통령이 거부도 하지 않고 공포도 하지 않아 확정된 법률은 지체없이 공포하여야 한다. 법률이 확정된 후, 확정법률이 정부에 이송된 후 5일 이내에 대통령이 공포하지 아니할 때에는 국회의장이 공포한다. 공포는 성립한 법률을 국민일반에게 주지시키기 위한 공시행위이고, 관보에 게재하여 행해진다.

그러나 법률은 공포에 의해서 즉시 법률로서의 효력이 발생하는 것은 아니다. 법률이 현실적으로 효력을 발생하는 것은 그 법률의 '시행일'로부터이다. 따라서 공포는 시행의 전제조건이고 시행하기 위해서는 적어도 동시에 공포되어야만 한다. 대법원판례도 법령은 공포하지 않는 한 법령으로서의 효력을 발생하지 않는다고 하고 있다.

법률이 실제로 법률로서의 효력을 가지게 되는 시행일은 법률 스스로 그 법률의 부칙에서 정하는 경우도 있고 명령에 위임해서 정하는 경우도 있다. 만약 법률에 별도의 규정이 없을 때는 '법률은 공표한 날로부터 20일이 경과하면 법률로써 효력을 발생한다'는 법령 등 공포에 관한 법률에 의해서 효력을 발생한다. 조례에 관해서도 지방자치법에 동취지의 규정이 있고, '조례는 특별한 정함이 있는 경우를 제외하고 공포일부터 10일을 경과한 날부터 이를 시행한다'고 한다.

3. 명령ㆍ규칙

성문법을 제정하는 것은 원칙적으로 입법기관인 국회의 권한에 속한다. 이러한 의회입법중심주의의 예외적으로 입법기관 이외의 국가기관에도 입법권이 부여될 수 있다. 명령이라 할 때 흔히 행정기관에 의해서 제정되는 입법의 형식을 말한다(협의의 명령). 협의의 명령에는 그 제정목적에 따라서 집행명령과 위임명령의 두 가지 종류가 있다. 집행명령은 법률규정 또는 상급관청의 명령의 규정을 집행하기 위해서 발해지는 명령으로 통상 시행령 또는 시행규칙이라고 불린다. 위임명령은 대강을 정한 법률의 구체적 세부사항에 관해서 법률 또는 상급관청의 명령의 개별적 위임에 따라서 발해지는 명령이고, 법률에 대한 예외규정이나 세부규정을 정하는 경우의 명령이다. 위임명령은 그 성질상 위임된 법률이 정하는 범위를 넘을 수 없다. 따라서 백지위임이나 본질적 부분의 위임은 인정되지 않고, 법률을 시행하기 위한 절차적인 것에 한정되어야 하는 것으로 되어 있다. 명령은 법률과 함께 종종 '법령'이라고 불린다. 그러나 명령은 국회의 의결을 거치지 않는 점에서 법률과 다르다. 명령에는 흔히 대통령령(명령 중 가장 최고의 효력을 갖는 것으로서 원칙적으로 헌법 및 법률규정을 시행하기 위해서 제정되는 명령), 총리령(국무총리가 법률 혹은 대통령령을 집행하기 위해서 또는 법률 혹은 대통령령의 특별한 위임에 근거해서 발하는 명령), 부령(행정각부 장관이 법률 혹은 상위명령의 집행을 위해서 또는 그러한 것의 취임에 의해 발하는 명령) 등이 있다.

규칙은 행정의 각 기관들이 그 내부의 사항을 정한 성문법규이다. 규칙은 어디에서 만드느냐에 따라 국회규칙, 대법원규칙, 헌법재판소규칙, 중앙선거관리위원회규칙, 감사원규칙 등이 있다. 특히 대법원규칙은 단순히 법원의 내부사항에 한하지 않고, 소송에 관한 절차, 변호사에 관한 사항에 관해서도 정하는 것이므로 법원직원이라든가 방청인과 같이 법원의 운영에 직접 관계하는 자뿐 아니라 일반 소송관계인을 구속한다. 이점에서 대법원규칙은 국민에 대해서 일반적 구속력을 가지는 소송에 관한 법률의 성격을 가지고 있다.

명령과 규칙의 형식적인 효력은 모두 법률의 하위에 있고, 따라서 명령으로 법률을 개폐하는 것은 불가능하다.

4. 자치법규

지방자치단체가 제정하는 법규로서는 지방자치단체의 장이 제정하는 규칙과 지방의회가 제정하는 조례가 있다. 규칙은 지방자치단체의 장이 법령 또는 조례에 반하지 않는 범위에서 제정하는 자치법규이고, 조례는 지방자치단체의 의회가 '법령의 범위 안에서' 자치에 관한 규정을 정하는 것을 말한다. 이러한 자치법규는 법률이나 대통령령 또는 총리령·부령과 같은 국가의 명령에 위반하지 않는 범위에서 그 효력을 가지는 것이고, 그 형식적 효력은 국가의 법령보다도 하위에 있다.

5. 조약

조약은 국가간 또는 국가와 국제기관과의 문서에 의한 합의(계약)이다. 조약은 관계국가를 구속하는 것이지만 공포에 의해서 국내법으로서의 효력을 발생하는 것이므로 국내법의 한 형식이다. 조약은 반드시 '조약'을 지칭하는 것일 뿐 아니라 협약, 의정서, 선언, 합의, 교환문서, 등으로 불리는 것도 원칙적으로 조약이다. 즉, 조약이란 형식상 조약만이 아니라 실질적인 조약을 말하는 것이다.

Ⅱ. 불문법

우리나라는 성문법주의를 원칙으로 하지만, 문자로 표현되지 않은 불문법의 존재가치도 인정하고 있다. 우리나라에서는 일반적으로 '관습법' '판례법' 및 '조리' 등이 불문법의 법원으로서 인정되고 있다.

1. 관습법

우리나라는 관습법의 법원성에 관한 원칙적 규정으로서 민법 제1조에 '인사에 관하여 법률에 규정이 없으면, 관습법에 의하고 관습법이 없으면 조리에 의한다.'고 규정되어 있다. 또 상법 제1조는 '상사에 관해서 본 법에 규정이 없으면 상관습에 의하고, 상관습법이 없으면 민법을 적용한다.'고 규정하여 성문법인 민법에 대해서 상관습법의 우선 적용을 인정하고 있다. 이와 같이 재판의 기준으로서의 법원성이 인정된 관습을 일반적으로 관습법 또는 법인 관습이라고 한다. 판례는 관습법에 대하여 '사회의 거듭된 관행으로 생성한 사회생활규범이 사회의 법적 확신과 인식에 의하여 법적 규범으로 승인 강행되기에 이른 것을 말하고, 사실인 관습은 사회의 관행에 의하여 발생한 사회생활 규범인 점에서는 관습법과 같으나 다만 사실인 관습은 사회의 법적 확신이나 인식에 의하여 법적 규범으로서 승인될 정도에 이르지 않은 것을 말한다'고 보아 국가승인불필요설의 입장을 취하고 있다(재판 1983.6.14, 80다3231 판결).

2. 판례법

우리나라 법원조직법 제8조는 '상급법원의 재판에 있어서의 판단은 당해 사건에 관하여 하급심을 구속한다'고 규정하고 있다. 이것은 당해 사건에 관해서 상급심이 이것을 하급심에 환송한 경우에 하급심은 상급심이 내린 판단에 따라서 심리해야만 함을 정한 것이고, 이 경우는 동일 사건에 관한 판단이고, 당해 사건에 한정되고 있다. 특정한 판결이 그 후의 동종의 사건의 재판에서 존중되고 또 그 법원의 판결을 구속한다는 것만으로는 단순한 재판의 선례, 즉 판례이고, 판례법은 아니다. 판례법은 단순한 판례의 선례가 아니라 법관을 구속하는 법규범이고 법 그 자체이다. 판례가 판례법이 되기 위해서는 법원의 판결에 있어서 같은 판단이 어느 정도 되풀이되고, 동종의 사건에 대한 국가적 판단의 선례로서 일반적으로 동종이 사건에 관해서 동취지의 판결이 내려지는 것이 필요하다고 법적 확신을 가지고 그 판례가 일반적으로 법적 규범성을 인정받아야만 한다. 이러한 객관적 효력을 갖는 선례가 '판례법'이 되는 것이다.

3. 조리

우리나라 민사조정법 제1조에는 '이 법은 민사에 관한 분쟁을 간단한 절차에 따라 당사자 사이의 상호양해를 통하여 조리에 맞게 해결함을 목적으로 한다.' 고 규정하여 조리는 분쟁을 해결하는 타당한 법적 근거로 하고 있다. 조리란 일반적으로 '사물자연의 도리'라고 부른다. 이러한 조리는 사회일반의 정의감, 사물의 본질적 법칙, 법의 일반원칙 등을 본질적 요소로 한다. 조리는 구체적 사건의 재판에서 적용할 성문법이나 관습법이 없는 경우에 법원은 조리에 의하여 재판을 행하게 된다. 이 경우 조리는 보충적 효력이 있다.

Ⅲ. 사례의 해결

상위법우선의 원칙이란 법에는 최고법을 기준으로 위계질서가 있는데, 예를 들어 이 중 상위법인 헌법의 내용과 위계질서상 헌법아래에 위치하는 민법의 규정내용이 상충하는 경우에 상위법인 헌법을 적용하는 것을 말한다. 우리의 구)민법 제809조에는 "동성동본혼인금지"를 규정하고 있었는데, 이는 헌법 제36조에서 보장하는 혼인의 자유와 헌법 제10조의 행복추구권을 침해하는 것이 된다. 따라서 상위법인 헌법에 합치하지 않는 민법 제809조는 폐지되었다. 상위법우선의 원칙은 헌법> 법률> 명령> 조례> 규칙 등의 순서의 질서가 정하여져 있다.

특별법우선의 원칙이란 예를 들어 상법이 민법에 비하여 우선 적용하는 특별법의 위치에 있는 것처럼 서로 다른 법령 중에서 특정 법을 우선 적용하거나 동일한 법령의 규정 상호간에도 적용된다. 특별법이란 특정한 사람·사물·행위 또는 특정한 지역에 국한하여 일반법보다는 더 엄격하거나 특별하게 적용하는 것을 말한다. 예컨대, 형법 제250조 제2항에는 "자기 또는 배우자의 직계존속을 살해한 자는 사형, 무기징역 또는 7년 이상의 징역에 처한다."라고 하여 존속살해죄를 규정하고 있는데, 이는 동조 제1항의 보통살인죄의 경우의 5년 이상의 징역에 처하도록 한 것에 대한 특별법적 규정이다.

신법우선의 원칙이란 새로운 법이 만들어지고 그 새로운 법에 의하여 기존의 법이 폐지되게 되는 경우 구법을 적용하지 않고 새로운 법을 우선 적용하는 것을 말한다. 신법우선의 원칙은 서로 동등한 효력을 가지는 경우에 한하여 적용되고, 그 충돌되는 법이 하나는 상위법이고 다른 하나는 하위법인 경우와 특별법과 일반법의 관계에서는 적용되지 않는 것이다.

4 법의 형식적 효력

▌사 례▐

국회의원 갑(甲)은 국회 교육위원회 소속의원으로서, 교육부총리로 내정된 을(乙)에 대한 국회의 인사청문회에서 교육부총리 내정자인 을의 논문표절부분을 추궁하다 "사생활도 더럽다"라고 하였다. 이에 을은 국회의원 갑을 명예훼손죄로 고발하려고 한다. 갑은 처벌을 받는가?

Ⅰ. 법의 효력

법의 효력이란 법이 규정한 조문 및 규범이 실제생활에서 그 의미내용대로 실현되는 상태 또는 실현되도록 하는 힘을 말한다. 예컨대, 도로교통법 제8조 제2항에는 "보행자는 보도와 차도가 구분되지 아니한 도로에서는 도로의 좌측 또는 길 가장자리구역을 통행하여야 한다."라고 규정하고 있다. 만일 이 규정이 사회에서 실현되지 않는다면 교통질서는 대혼란을 야기하게 될 것이다. 법의 효력이란 이처럼 사회생활에 있어서 법으로 규정된 사회생활상 「…을 해야 한다」, 「…을 해서는 안 된다」라는 것을 실현되게 하는 것이다.

법의 효력의 문제는 두 가지 측면이 있다. 첫째, "법이 왜 효력을 가지게 되는가."하는 당위에 관한 것으로서 실질적 효력이다. 둘째, "법이 어느 때(시간적 효력), 어느 사람에게(인적 효력) 어느 곳에서(장소적 효력) 효력이 발생하는가."하는 형식적 효력이다. 즉 법의 형식적 효력은 법의 실질적 효력이 미치는 범위가 된다. 위 사례는 형식적 효력 중 사람에 관한 인적 효력에 관한 것이다. 법의 형식적 효력에 관하여 우선 살펴본다.

Ⅱ. 법의 시간적 효력

법의 시간적 효력은 그 시행일로부터 폐지일까지 계속된다. 이 기간은 법의 시행기간 또는 유효기간이 된다. 성문법의 경우에는 국회에서 입법이 되고 시행이 되기 위해서는 반드시 공포되어야 한다. 성립된 법을 공포하는 행위를 공시라고 한다. 공포는 법의 성립과 그 내용을 국민에게 알리기 위한 절차로서, 국가의 법령과 조약에 있어서는 관보에 게재하는 행위를 말하며, 자치법규에 있어서는 당해 자치단체의 공보나 신문에 게시하는 것을 말한다. 법을 공포와 동시에 시행하게 되면 여러 가지 폐해가 발생할 수 있기 때문에 공포 후 시행까지는 얼마간의 기간을 두는 것이 일반적이다. 일반국민에게 법의 시행을 알려준다는 의미에서 이 기간을 주지기간이라고 한다. 개별 법령에 시행기일을 정한 경우에는 그 정한 날로부터 시행하게 되지만, 그 기간이 특별히 정하여져 있지 않으면 공포일로부터 20일이 경과함으로써 효력이 발생한다(헌법 제53조 제7항).

법은 폐지에 의하여 그 효력을 당연히 상실한다. 법의 폐지는 법의 명시적인 규정에 의하는 명시적 폐지와 그렇지 아니한 묵시적 폐지가 있다. 명시적 폐지로서는, 첫째, '이 법은 공포한 날로부터 시행하여 2007년 12월 31일까지 그 효력을 가진다.'라는 규정을 두는 것처럼 법령의 제정시에 미리 그 시행기간을 규정하고 있어 그 기간의 종료로 폐지되는 경우이다. 이를 기간부입법 또는 한시법이라고 한다. 둘째, 신법에서 구법의 일부 또는 전부를 폐지한다는 명문규정을 두는 경우이다. 형법부칙 제10조에 "본법 시행직전까지 시행되던 구형법, 구형법시행령 등의 법률, 포고 또는 법령은 폐지한다."라고 규정한 것이 그 예가 된다.

묵시적 폐지는 「신법은 구법을 개폐한다」는 원칙에 따라 구법의 규정과 신법의 규정이 서로 저촉·모순되는 경우에 그 범위 내에서 구법은 당연히 효력을 상실하게 되는 것이 그 예가 된다.

Ⅲ. 법의 대인적 효력

법의 대인적 효력은 법이 적용될 사람의 범위에 관한 것이다. 현대국가는 「법 앞에서의 만인의 평등」을 이념으로 하고 있다. 따라서 법은 사람의 지위·신분·문벌·계급·성·신앙 등에 의하여 차별하여 적용하는 것이 금지되고, 모든 사람에게 똑같이 적용되는 것이 원칙이다. 법은 원칙적으로 그 시행지역 안의 모든 사람에게 적용된다. 즉 국가의 영역을 기준으로 하여 그 영역 내에 있는 사람이면 자국민이든 외국인이든 그 국가의 법에 복종해야 하는 것이다. 이를 속지법주의라고 한다. 한편 국적을 기준으로 하여 한 국가의 국민은 어디에 있든 자국법의 적용을 받는다고 할 수 있는데, 이를 속인법주의라고 한다. 오늘날 대부분의 국가는 원칙적으로 속지주의를 원칙으로 하고, 보충적으로 속인주의를 가미하고 있다.

그러나 ① 국가공무원법은 국가공무원에게만, 변호사법은 변호사에게만, 근로기준법은 사용자와 근로자에게만 적용하거나, ② 대통령은 내란 또는 외환의 죄를 범한 경우가 아니고는 재직중 형사사의 소추를 받지 아니하거나(헌법 제84조), ③ 국회의원에게는 불체포특권과 면책특권(헌법 제44조 제1항, 제45조)이 인정되어 속인주의의 예외가 인정된다.

마찬가지로 참정권·청구권·국방의 의무 등과 같은 헌법상의 권리·의무는 국민의 지위에 기한 것이므로 외국인에게는 적용되지 아니하게 허거나 또는 외국대사에게 우리나라의 법을 적용하지 못하는 것처럼 속지주의의 예외가 인정된다.

Ⅳ. 법의 장소적 효력

법은 국가의 영토 전체에 걸쳐서 적용되는 것이 원칙이다. 즉, 주권이 미치는 영토·영해 및 영공을 포함해서 그 나라의 영역 내에 있는 모든 내국인은 물론 외국인에게도 일률적으로 적용된다(속지주의). 다만, 다음과 같은 예외적인 경우가 있다. ① 자치법규·도시계획법 등의 경우처럼 자국영역 내에 있어서도 법이 일정한 적용지역을 정하고 있을 경우에는 당해 지역 내에서만 그 효력이 미친다. ② 자국의 군함·선박 또는 항공기는 공해상에서는 물론이고 자국의 영역 밖에 있을지라도 자국법의 적용을 받는다. 이를 기국주의라 하는데, 이는 자국 영토의 연장으로 보기 때문이다. ③ 정치적인 이유로 자국법을 배제하고 자국법이 적용될 수 있다. 영사재판권이 행하여지는 지역, 조차지, 점령지, 위임통치지 등이 그 예이다.

Ⅴ. 사례의 해결

법의 형식적 효력의 요건을 갖추지 못하는 경우에는 그 법이 효력이 없다. 예를 들어 2007년 1월 1일부터 폐지하는 법률에 따라 2007년 1월 2일에 처벌하는 것은 시간적 효력을 갖지 못한 법에 의한 것이므로 원천적으로 무효가 되는 것이다. 시간적 효력의 경우에는 일시를 기준으로 하기 때문에 명백하지만, 인적 효력의 경우에는 각 법조문의 규범내용에 따라야 하는 것이다. 위 사례의 경우는 헌법 제45조를 살펴보아야 한다. 헌법 제45조에는 "국회의원은 국회에서 직무상 행한 발언과 표결에 관하여 국회외에서 책임을 지지 아니한다."라고 규정하고 있다. 이를 흔히 면책특권이라 한다. 면책특권은 국회내에서 행한 발언과 표결의 경우에 범죄성립의 요건을 충족하더라도 그에 대하여 형벌을 내리지 못하는 것을 말한다(인적 처벌조각사유). 이에 비추어볼 때, 국회의원 갑은 국회의위원회에서 직무수행 중에 행한 을에 대하여 명예훼손의 발언을 하여, 명예훼손의 죄를 범하기는 하였지만, 그 면책특권으로 인하여 처벌받지 않게 된다.

<보충자료>

▣ 법률불소급의 원칙

법의 효력은 시간적으로 제한을 받기 때문에 그 시행 후에 발생한 사항에만 적용되고, 그 시행 전에 발생한 사항에 대해서는 소급하여 적용하지 못한다. 이를 법률의 불소급의 원칙이라고 한다. 만약 법률의 소급적용이 가능하다면, 인간의 사회생활은 불가능하게 된다. 예를 들어 도로교통법이 제정·적용되기 이전에 좌측통행을 하지 않았던 사실을 가지고 새로 만들어진 도로교통법의 적용에 의하여 처벌하게 된다면 인간의 그 누구도 과거의 행위에 의한 범죄로부터 자유롭지 못하게 되기 때문이다. 이는 법률생활의 안정과 기득권존중을 위하여 인정되는 것이다.

범죄와 형벌을 다루는 형사에 관하여는 특히 엄격히 규제되어 헌법적 차원에서 형벌불소급의 원칙을 명시하고 있다. 즉, 헌법 제13조 제1항은 「모든 국민은 행위시의 법률에 의하여 범죄를 구성하지 아니하는 행위로 소추되지 아니한다」고 규정하고 있다. 이러한 규정에 따라 형법 제1조 제1항은 「범죄의 성립과 처벌은 행위시의 법률에 의한다」고 규정하고 있다. 기득권존중의 원칙·사후입법금지의 원칙(형벌불소급의 원칙)은 법률불소급의 원칙의 내용을 이루는 주요한 파생원칙이다.

그러나 이러한 원칙은 절대적인 것은 아니다. 사회실정이나 국민의 정의감에 비추어 필요한 경우에는 예외적으로 소급효를 인정하는 수가 있다. 민법 부칙 제2조·상법시행법 제2조 등에서 신법의 소급효를 인정하였으며, 형법에 있어서도 신법이 구법보다 형사피고인에게 유리한 경우에는 신법이 소급적으로 적용된다고 하고 있다. 즉, 형법 제1조 제2항은 「범죄 후 법률의 변경에 의하여 그 행위가 범죄를 구성하지 아니하거나 형이 구법보다 경한 때에는 신법에 의한다」라고 하고 있다.

▣ 처벌조각사유

처벌조각사유란 범죄가 성립함에도 불구하고 형벌권의 발생이 저지되는 일정한 사유를 말한다. 그 사유가 위 사례에서처럼 특히 범인의 일신상의 사정에 기인하는 때에는 인적 처벌조각사유라고 부르는데, 여기에는 국회의원의 의회 내에서의 표결과 발언, 형법상의 친족간의 범행, 외교관의 행위 등이 있다.

사실의 확정 · 법의 해석 및 적용

5

사 례

양봉업을 하고 있는 갑(甲)은 밤나무단지가 있는 야산 근처의 개활지에서 벌통을 놓아두고 꿀채집을 하고 있었는데, 밤나무단지 주인인 을(乙)이 양봉업자인 갑에게 아무런 통보도 없이 밤나무에 소독을 살포함으로서 갑의 벌이 약 80% 정도가 죽었다. 양봉업자인 갑은 밤나무단지 주인인 을에게 손해배상을 받을 수 있는가?

Ⅰ. 사실의 확정

법의 적용은 제일 먼저 사실의 확정, 그에 대한 다툼이 있는 경우에는 법의 해석 그리고 법의 적용의 단계를 거쳐서 사건이 해결이 종결된다.

법의 집행은 우발적으로 이루어지는 것이 아니라 그 적용의 전단계로서 먼저 어떠한 사실이 확정되어야 한다. 위 사례의 경우처럼, 을의 소독약살포에 의하여 갑의 벌이 죽게 됨으로서 막대한 재산상의 피해가 발생한 사실관계가 존재하여야 한다. 이러한 사실의 발생의 이유는 무엇인가, 또는 그 행위가 고의인가·과실인가, 가해자와 피해자는 무슨 관계에 있는가 등의 사실을 명백히 하지 않으면 안 된다. 사실이 명확히 결정되지 아니하면 거기에 대하여 어떠한 법규를 적용할 것인가를 결정하지 못하기 때문이다. 법에서의 사실의 확정(인정)은 사회적 사실을 있는 그대로 받아드리는 것이 아니다. 말하자면 자연적으로 인식하는 것이 아니고 법적으로 인식하는 것(법적 평가)을 말한다. 이를 이른바 사실문제라고 한다. 사실확정의 방법에는 다음과 같은 것들이 있다.

1. 사실의 입증

사실은 증거에 의하여 확정된다. 이것은 소송절차에 있어서 특히 현저하다.

즉, 재판에 있어서 사실이 존부에 관하여 확신을 얻게 하는 자료가 증거이며, 이는 재판관의 사실인정에 있어서 객관성을 담보한다. 증거의 자료로는 당사자 본인의 진술 내지 자백, 증거에 의한 증언, 전문가의 감정, 문서에 의한 증거, 현장검증 등을 들 수 있다. 이 사례의 경우에는 소독약살포에 의하여 죽은 벌이 된다.

2. 사실의 추정과 간주

이 사례의 경우 사실관계가 간단하여 사실의 입증이 비교적 쉽다. 그러나 사실을 입증하는 것이 언제나 용이한 것은 아니다. 흔적을 남기지 않는 완전범죄의 경우에는 사실입증이 전혀 불가능하거나 매우 곤란한 경우가 생긴다. 그래서 법은 공익적 견지에서 사실확정을 쉽게 하기 위해 편법을 쓰는데, 추정과 간주의 두 가지 방법이 그것이다.

1) 추정

사실의 추정이란 증거에 의하여 확정하지 못한 사실을 우선 사실 그대로 확정하여 법률효과를 발생시키는 것을 말한다. 이는 증명의 곤란성을 해소하고 법적 생활의 안정성을 우선적으로 유지하기 위한 추정의 이론에서 나온 것이다. 보통 법조문에 「…추정한다」라고 규정되어 있는데, 예를 들어, “처가 혼인중에 포태한자는 부의 자로 추정한다.”(민법 제844조 제1항)고 규정한 것이나 또는 “2인 이상이 동일한 위난으로 사망한 경우에는 동시에 사망한 것으로 추정한다.”(민법 제30조)고 규정한 것이 그 예이다. 즉, 결혼기간 중 임신한 아기는 남편과의 사이에서 생긴 자식으로 추정하게 된다. 따라서 출생신고를 할 때 호적상의 남편이 아기의 친아버지라는 사실을 증명할 필요는 없다. 추정은 말 그대로 입증을 기다리지 않고 그렇게 인정하는 것이므로 확정적인 것이 아니라 잠정적인 결정에 불과하며, 반대의 사실을 주장하는 당사자는 반증을 들어 언제나 이 효과를 부정할 수 있다.

2) 간주(의제)

간주는 법적 사실에 대하여 증명이 확실히 나타나지 않는 경우라 하더라도,

공익 또는 기타의 이유로 일정 사실의 존부를 확정하여 법적 효과를 부여하는 것을 말한다. 이를 의제라고도 한다. 간주는 법조문에 「…간주한다」, 「…본다」라고 규정하고 있는데, 예컨대, "실종선고를 받은 자는 전조의 기간이 만료한 때에 사망한 것으로 본다."(민법 제28조)는 규정이 그 예이다. 간주는 추정과 달라서 상대적인 법률효과를 인정하는 것이 아니고 절대적인 법률효과를 확정하는 것이기 때문에 이에 대하여는 반증을 가지고도 법이 의제한 효과를 뒤집을 수 없다. 실종선고는 사망한 것으로 추정하는 것이 아니라 사망한 것으로 보는 것이므로(간주) 그 실종선고가 사실과 다르다는 것이 후에 입증되더라도 취소의 절차를 밟지 않는 한 사망이라는 법률적 효과를 소멸시키지 못한다. 간주는 사실의 확정에 있어서 추정보다 법적 효력이 더 강하다. 민법 제28조의 규정에 의하면 행방불명되어 5년간 생사를 알 수 없는 경우에는 이해관계 있는 사람의 청구에 따라 법원이 실종선고를 한다. 실종선고가 내려지면 사망한 것으로 간주된다. 호적에는 사망한 사람으로 등재된다. 설사 5년 후에 그 사람이 살아서 나타나더라도 즉시 살아 있는 사람으로서의 법적 권리를 회복할 수는 없다(투표권을 비롯한 각종의 공법적 권리·재산권·상속권 등의 행사). 실종선고 취소의 재판을 청구하여 재판을 통하여 권리를 회복하여야만 이러한 권리가 주어진다.

Ⅱ. 법의 발견과 법의 해석

1. 법의 발견

사실이 확정되면 그 행위가 법령에 의하여 규제되는 행위인지를 먼저 확인해야 한다. 즉 그 행위에 관한 규정을 가지고 있는 법령을 찾아내야 한다. 우리사회에는 매우 다양한 법적 문제가 발생하는데, 개개의 사건에 적용할 법을 찾아내는 일이 언제나 간단한 것은 아니다. 사회생활관계는 복잡하고 법의 존재형식도 매우 다양하기 때문이다. 그래서 법공부를 하게 되고 법공부를 통하여 수월하게 법을 발견하게 되는 것이다. 이 사례에서는 민법 제750조의 "고의 또는 과실로 인한 위법행위로 타인에게 손해를 가한 자는 그 손해를 배상할 책임이 있다."라는 규정을 생각할 수 있다. 즉 불법행위로 인한 손해의 경우에는 그 배상의무가 발생하는 것이다.

2. 법해석

찾아낸 법을 그 사건에 적용할 수 있는지 확인하기 위해서는 법의 내용을 명확히 밝혀야 한다. 이것을 해석이라고 한다. 법의 해석이 필요한 이유는 "이 법은 2007년 1월 1일부터 시행한다."라거나 "회의는 과반수이상의 출석으로 성립한다."라는 규정처럼 그 의미가 명백한 것이 아니라 이 사례의 경우처럼 "고의나 과실로 인한 위법행위"로 규정하여 그 의미를 명백히 하기 위한 법해석이 필요한 경우가 발생한다. 법해석의 방법으로는 유권해석과 학리해석(무권해석)이 있는데, 유권해석은 권한 있는 국가기관이 행하는 해석을 말하고 학리해석은 학문적 관점에서 행하는 해석이다.[2)]

1) 유권해석

(1) 입법해석

입법을 통하여 특정한 법규의 내용을 명확히 하는 것을 말한다. 민법 제98조는 "본법에서 물건이라 함은 유체물 및 전기 기타 관리할 수 있는 자연력을 말한다."고 규정하고 있는데, 이것은 민법에서 규정하고 있는 '물건'의 개념을 입법적으로 밝힌 규정이다.

(2) 사법해석

법원에 의한 해석을 말한다. 보통 판결을 통해 행해진다. 형법의 유기죄와 관련하여 대법원의 보호를 필요로 하는 자를 적극적으로 내다 버리는 것뿐만 아니라, 소극적으로 방치하는 것도 형법 제271조1항의 '유기'에 포함된다고 판결한 것은 사법적 해석의 예이다.

---

2) 이 부분은 최상회저, 『현대사회와 법』, 형설출판사, 2003, 46~47면을 참조하여 서술하였다.

(3) 행정해석

행정관청이 행하는 해석을 말한다. 법을 집행하는 형태로 행해지는 것이 보통이다. 하급 관청의 질의에 대한 회시의 형태로 나타나기도 하고, 훈령이나 지령 등의 형식으로 나타나기도 한다. 행정청의 법해석에 관하여 이의가 있는 사람은 행정쟁송절차를 통하여 이의를 제기할 수 있고 최종적으로는 법원의 사법적 해석을 구할 수 있다.

2) 학리해석

학리해석은 권한있는 국가기관이 행하는 유권해석과는 달리 그 해석이 법적 직접 구속력이 없는 것이라는 점에서 무권해석이라고도 한다. 법령에 사용된 단어와 문장의 의미, 법규범의 목적 및 사회생활의 현실 등을 모두 고려하여 학문적 관점에서 행하는 해석이다.

(1) 문리해석

법령에 사용된 단어나 문장의 의미를 문법적으로 해석하는 것이다. 문리해석은 법해석에서 제일 먼저 행하는 가장 기본적인 해석방법이다.

(2) 논리해석

법문의 문법적 의미뿐만 아니라, 그 법령의 목적과 사회현실 등을 두루 고려하여 학문적으로 해석하는 방법이다. 논리해석에는 다양한 방법이 있다.

i) 확장해석: 법문에 사용된 표현을 일반적 의미보다 넓게 해석하는 방법이다. 예컨대, 형법상의 '흉기'란 사람을 살상하는 데 쓰이는 물건만을 의미하는 것이 아니라, 사용하기에 따라서 사람을 살상할 수 있는 물건은 모두 흉기에 포함된다고 해석하는 것도 일종의 확장해석이다.

ii) 축소해석: 법문에 사용된 표현을 일반적 의미보다 좁게 해석하는 방법이다. 예컨대, 현재의 다수설은 부동산은 절도죄의 객체에 포함되지 않는다고 해석한다. 이것은 형법 제329조에 규정된 '재물'의 개념을 좁게 해석하는 견해라고 할 수 있다.

iii) 유추해석: 어떤 사실(A)에 대해 직접 규정하고 있는 법규가 없는 경우에, 그와 유사한 사항(A′)에 대한 규정을 A에 적용할 수 있다고 해석하는 방법이다. 유추해석이 어느 정도까지 허용되는가에 관해서는 논란의 여지가 있다. 또 확장해석과의 구별도 애매하다. 사법분야에서는 비록 제한적일지라도, 유추해석이 인정되고 있지만, 형법에서는 유추해석이 허용되지 않는다고 해석한다. 예를 들어 갑은 절도죄를 지었는데, 갑은 하루 일과 중 거의 대부분의 시간을 그의 친구인 을과 함께 보내는 사이이다. 그러므로 을은 갑과 같이 절도를 하였을 것이라고 유추한다면 을은 절도현장의 근처에도 있지 않았는데 처벌받게 된다. 이는 법치주의의 근간을 흔드는 것이 된다.

iv) 반대해석 : 법령에 명시적으로 규정되어 있는 사항을 거꾸로 추론(역추론)하는 해석방법이다. 예컨대, 민법 제303조1항은 "전세권자는…타인의 부동산을 점유하여 그 부동산의 용도에 좇아 사용·수익하며 …" 라고 규정하고 있는바, 이 규정을 뒤집어 생각해 보면 전세권의 객체는 '부동산'에 한정된다는 결론이 도출되는 것이다.

v) 보정해석 : 법령의 표현이 잘못되었거나 부정확한 경우에 이를 변경·보충하여 해석하는 방법이다.

Ⅲ. 이 사례의 해석

민법 제750조에 의한 손해배상청구권이 성립하려면 "고의 또는 과실로 인한 위법행위로 타인에게 손해를 가하여야 하기" 때문에, 해석의 문제가 발생한다. 양봉업자의 관점에서 본다면, 밤나무주인인 을이 밤꽃의 개화기에는 양봉업자들이 찾아오게 된다는 점을 알면서도 이에 대한 사전통지를 게을리 하였고, 이러한 부주의로 인하여 벌들이 죽었으므로 갑에게 손해배상을 하여야 하는 것이다. 그러나 을의 입장에서 보면, 자신의 밤나무의 병충해를 예방하기 위한 소독약살포이고, 농작물에 대하여 수시로 소독약을 살포하는 점에 비추어 양봉업자가 주의하지 않는 점에서 그 책임을 양봉업자인 을에게 지우는 것은 부당하다고 할 것이다. 법의 해석은 같은 사례이라 하더라도 이렇게 상반될 수 있다. 이 경우 법적용에서의 법관의 법적 판단인 판결에 의하여 결정된다.

Ⅳ. 법의 적용

법의 내용이 일의적이고 명백한 경우에는 곧바로 법의 발견이 가능하지만, 법의 발견의 경우에도 그 의미내용이 불명확하거나 또는 법을 발견하지 못하는 경우에는 해석을 통하여 효과를 발생시킨다. 이처럼 일정한 사실(사건)에 관한 법률효과를 도출해 내는 과정을 법의 적용이라고 한다. 법의 적용을 주 법원이 담당한다. 물론, 행정기관도 법을 적용하여 직무를 수행하지만, 행정기관의 법 적용 활동은 일반적으로 법집행이라도 불린다. 이 사례의 경우처럼 을의 소독약살포에 의하여 갑의 벌이 죽었다는 사실이 확정되면, 법원의 재판을 통하여 그 사건의 내용을 확인하고 법을 적용하는 것이다. 법관은 민법 제750조에 관한 법률학적 지식에 기초하여 을의 행위가 그에 해당하는지를 판단한 다음, 적정한 액수를 배상하도록 판결하거나 또는 을에게 배상책임이 없다는 판결을 할 수도 있을 것이다.

권리·권한·의무

6

▌사 례▐

인간의 사회생활 관계는 관습·도덕·종교·법 등의 다양한 사회규범에 의하여 규율되고 있다. 이 중에서 법에 의하여 규율되는 사회생활 관계를 법률관계라 한다. 법률관계의 핵심내용은 권리와 의무에 관한 것이다 따라서 법률관계를 권리의무관계라고도 한다. 그렇다면 권리와 의무는 무엇인가? 또한 권리는 권한 또는 권력과는 어떻게 구별되는가?

Ⅰ. 권리

법이 인정한 의사의 힘을 말한다. 예를 들면, 물건을 판 매도인은 매수인에 대하여 대금을 청구할 권리가 있는데, 대금을 청구할 권리가 있다고 하는 것은 대금을 청구한다고 하는 매도인의 의사가 법에 의하여 보호되고 있다는 것을 의미한다. 다시 말하면, 만약 매수인이 임의로 대금을 지급하지 아니한 때에는 매도인은 법원에 소를 제기하여 판결을 얻어 이에 근거하여 강제집행을 하여 매수인의 재산으로부터 강제적으로 대금을 취득할 수 있다. 또한 권리는 법에 의하여 보호되는 이익이라고도 설명된다. 왜냐하면, 위의 예에서 매도인이 대금을 청구하는 것은 매도인의 이익이며 이러한 이익이 얻어지도록 법은 매도인을 보호하고 있기 때문이다. 그러나 이러한 권리의 본질이 무엇인가에 관해서는 오래 전부터 많은 학자들이 다양한 견해를 제시하고 있다. 대체로 다음과 같은 것들이 있다.

1. 의사설

권리란 법에 의하여 주어진 의사의 힘 또는 의사의 지배라고 한다. 의사능력이란 권리행사의 수단에 불과한데에도, 의사를 권리의 본체로 보고 있다는 점에서 부당하다는 비판을 받고 있다. 의사설에 따르면 즉 스스로 사고할 수 있는 능력을 가진 자만이 권리의 주체가 될 수 있다는 결론에 이르게 된다. 이 설은 법의 적용에 있어서 의사무능력자인 태아도 생명권과 같은 권리의 주체가 될 수 있다는 점에 대해서 설명을 하지 못하는 점이 있다.

2. 이익설

이익설은 권리란 법에 의하여 보호되는 이익이라고 함으로서 권리의 본질을 이익에서 구하는 것이다. 이익이란 권리행사로 인한 결과이지 권리 그 자체는 아니라는 점에서 이익과 권리를 혼동하고 있다는 비판이 있다. 예컨대, 민법상의 친권에 아무런 이익이 수반되는 것은 아니고 오히려 부모로서 자식을 양육하기 위해 손해를 감수해야 하는데, 이익설은 이에 대하여 설명을 제공하지 못한다.

3. 법력설

권리란 일정한 이익을 향유할 수 있도록 부여된 법률상의 힘이라고 한다. 자신의 이익을 위해 행위할 수 있도록 법이 허용한 힘이라고 하므로, 권리주체의 의사나 이익만을 강조한 의사설과 이익설의 결함을 잘 보충하고 있다는 통설이다. 이 견해에 따르면, ① 권리란 법에 의하여 부여되는 힘이다. ② 권리의 내용과 한계는 법에 의하여 정해진다. ③ 권리는 그 주체에게 주어지는 것이다. 주체가 없는 권리란 생각할 수 없다. ④ 권리의 내용은 이익이다. 재산적 이익이든 비재산적 이익이든 불문한다.

Ⅱ. 의무

의무란 권리에 반대되는 개념으로서 법에 의하여 부여받게 되는 의사의 구속 또는 법에 의하여 일정한 형태를 취하도록 하는 구속을 말한다. 의무는 개인이 원하든 원하지 않든 개개인을 강제할 수 있는 법률상의 힘이다. 의무도 여러 가지로 분류할 수 있으나, 권리에 대응하는 것으로 분류하면 공의무와 사의무로 나뉜다.

1. 공의무

공의무는 공법관계에 기인하여 발생하는 의무를 말한다. 특히 헌법상에 규정되어 있는 것으로서 교육의 의무(헌법 제31조 제2항), 근로의 의무(헌법 제32조 제2항), 납세의 의무(헌법 제38조), 국방의 의무(헌법 제39조 제1항), 환경보전의 의무(헌법 제35조 제1항) 등이 있다. 이 중 강제성이 강한 납세의 의무와 국방의 의무는 고전적 의무의 형태라고 할 것이다.

2. 사의무

사의무는 사법관계에서 발생하는 의무를 말한다. 당사자의 자유로운 의사표시에 의하여 생기는 것이 원칙이다. 예를 들어, 물건을 매입한 사람은 그 물건에 대한 비용을 지급하여야 하는 의무가 생기는 것이다.

3. 기타의 의무

의무는 일정한 행위를 적극적으로 하여야 하는 작위의무와 일정한 행위를 하지 않아야 하는 부작위의무도 있다. 예컨대, 재난의 경우에 경찰관과 소방관은 출동하여 적극적으로 구조를 하여야 하는 것이 작위의무이라면, 하천의 보호를 위하여 하천에 독극물의 방류을 하지 않아야 하는 의무가 부작위의무가 된다. 부작위의무 중에는 특히 타인의 일정한 행위를 참고 받아드려야 하는 용인의무도 있다. 예컨대, 토지를 수용하기 위하여 관계공무원이 토지에 출입하여 조사를 하는 경우에 토지소유자는 이른 참고 받아드려야 하는데, 이것이 바로 용인의무이다.

Ⅲ. 권한

권리란 그 주체에게 부여된 구체적 이익 또는 힘이라면 권한은 권리자 또는 자신을 위한 행동의 능력 또는 일정한 사무의 범위를 말한다. 즉 권한이란 주체에 초점이 맞추어져 있는 것이 아니라 행위 또는 사무에 초점이 맞추어져 있는 것이다. 예컨대, '경찰서장의 권한' 또는 '세무서장의 권한'이라고 할 때, 경찰서장과 세무서장이 적법하고 유효하게 행할 수 있는 공무수행의 범위를 의미하는 것이다. 다른 경찰서 또는 세무서 소속 공무원에 대한 직무감독은 그의 권한범위에 속하지 않는다. 경찰서장의 경우 경범죄처벌법 위반자를 즉결심판에 회부하는 것은 그의 권한에 속하지만, 살인죄 피의자를 훈방하는 것은 그의 권한범위에 속하지 않는다. 권리는 직접 자기의 이익을 추구하는 것이라면, 권한은 직접 자기의 이익을 추구하는 것은 아니라는 점에서도 차이가 난다. 따라서 소비자가 마음에 들지 않는 물건의 환불을 요구하는 것은 권리가 되지만, 경찰관이 음주운전을 단속하는 것은 권리가 아니라 권한이 되는 것이다.

Ⅳ. 권력

권력이란 권력을 가진 자가 그렇지 않은 다른 사람을 강제 또는 지배할 수 있는 법률상의 힘을 말한다. 즉, 타인과의 관계에서 그 타인에게 명령을 내릴 수 있는 힘이다. 권력에는 일정한 권한이 전제되어 있다. 예컨대, 지방자치단체의 장인 시장은 소속공무원에 대한 인사권(한)과 지휘감독권(한)을 가진다. 그 권한에 기초해서, 다른 지역으로의 전보명령을 내릴 수도 있고, 일정한 직무를 수행하라고 지시할 수도 있는 것이다. 권력은 그 사무를 물리적으로 실행하는 힘이다. 권력이 있음으로 인하여 어떤 이익을 주거나 불이익을 가할 '힘'이 있게 되어 타인을 지배할 수 있게 되는 것이다.

7 권리와 의무의 주체 및 권리능력

▌사 례▐

갑(甲)은 임신 6개월 즈음에 횡단보도를 건너던 중 을(乙)의 운전부주의로 승용차에 치어 중상을 입게 되었고, 이로 인하여 뱃속에 있는 태아(胎兒) 병(丙)에게도 충격을 주게 되었다.

(1) 이 사고로 인하여 태아 丙에게 신체적 손해가 발생하였음이 의사의 진단이 있을 경우에 甲은 태아 丙이 태어나기 전에도 태아의 대리인으로서 乙에게 손해배상을 청구할 수 있는가?

(2) 이 사고의 충격으로 인하여 태아가 조산되고 또 그로 인하여 제대로 성장하지 못하고 신체장애가 있을 경우에는 丙은 乙에 대하여 불법행위에 기한 손해배상청구를 할 수 있는가?

■ 〈자연인의 권리능력〉

Ⅰ. 권리능력의 의의

권리란 사람이 일정한 사회생활에서 개인이 재산적. 신체적. 정신적 이익을 누릴 수 있도록 인정되는 법이 부여한 힘을 말한다(권리법력설). 이러한 권리를 향유할 수 있는 주체가 될 수 있는 것을 권리능력이라 한다. 또한 반대로 의무의 주체가 되기도 한다. 권리능력에 관한 규정은 강행규정으로서 성별·연령·계급·직업 등에 따라 다르게 부여하거나 제한할 수 없다(권리능력평등의 원칙). 사람은 생존한 동안 누구나 권리와 의무의 주체가 된다(민법 제3조). 즉 자연인은 출생시 권리능력을 취득하고 사망시 권리능력은 상실된다. 그리고 법인(法人)은 설립등기시 권리능력(법인격)을 취득하고 사실상 청산절차 종료시 법인격은 소멸한다.

Ⅱ. 권리능력의 시기(始期)

1.출생의 시기

사람은 출생시 권리능력을 취득하므로 태아에게는 권리능력이 없음이 원칙이다. 그러나 예외적으로 우리 민법은 중요한 법률관계에 관한 사항에 대하여는 개별적으로 열거하여 태아의 권리능력을 인정하고 있다(개별적 보호주의). 권리능력을 취득하는 시점인 출생을 언제로 볼 것인가에 대하여 진통설(형법상 영아살해죄는 이 설에 입각함). 일부노출설. 전부노출설(다수설). 독립호흡설 등이 있다. 민법상 권리능력이 인정되기 위해서는 태아가 모체에서 전부노출된 후 극히 짧은 순간이나마 살아 있어야 한다. 출생신고는 가족관계법에 따라 1개월 이내에 신고를 하여야 하며, 이는 행정상 편의에 의해 가족관계등록부에 기재함으로써 출생에 관한 사항을 추정할 뿐이지 권리능력의 취득시기는 아니다.

2.태아의 권리능력

자연인의 권리능력은 출생시에 취득되므로 태아에게는 권리능력이 인정되지 않는다. 그러나 이러한 원칙에만 따르게 된다면 태아인 동안에 父가 살해당하거나 임산부의 사고로 태아가 기형아로 출생 후 손해배상을 청구할 수 없는 결과로 되고, 父가 사망한지 몇 시간 후에 출생한 子는 상속권이 없는 것으로 되어, 태아에게 너무나 불이익하거나 공평에 반하는 결과를 가져오게 된다. 따라서 일정한 사항에 대하여서는 태아인 동안에도 권리능력을 인정하여 그의 이익을 보호할 필요가 있다.

태아의 법률상 지위인 권리능력의 인정여부에 대하여 정지조건설과 해제조건설이 대립되고 있는 데, 정지조건설은 태아인 동안은 아직 권리능력을 취득하지 못하고, 살아서 출생한 때에는 문제의 사건이 발생한 시기(불법행위의 사고시 또는 상속이 개시된 피상속인 사망시)까지 소급하여 권리능력의 취득의 효과를 인정하자는 견해이다(소수설, 판례입장). 이 견해는 태아가 사산(死産)하더라도 타인에게 불측의 손해를 줄 염려는 없으나, 태아인 동안에 법정대리인이 존재할 수 없고, 태아가 취득 또는 상속받을 재산을 보존이나 관리가 되지 않아 태아를 보호할 수 없다는 단점이 있다. 이에 반하여 해제조건설은 태아인 동안에도 문제가 되는 사실이 발생한 때(피상속인의 사망이나 임신중의 사고시)에 태아는 그 일정한 사항과 범위 내에서는 제한된 권리능력을 가지며, 만약 사산인 때에는 그 권리능력의 취득의 효과를 과거의 문제의 사실이 발생시까지 소급하여 소멸시키자는 견해이다(다수설의 입장). 이 견해에 의하면 태아의 법정대리인이 존재할 수 있고, 태아의 조건부 권리를 보존·관리할 수 있어 태아는 보호되나, 태아가 사산하거나 쌍생아가 태어날 경우에 상대방과 제3자에게 불측의 손해를 주게 되어 법률관계를 복잡하게 한다는 단점이 있다. 즉 진정상속인으로 부터 상속회복청구가 있게 되기 때문이다.

Ⅲ. 태아의 권리능력이 인정되는 개별규정

1. 불법행위에 기한 손해배상청구권

태아는 불법행위(민법 제750조)에 기한 손해배상청구권에 관하여는 이미 출생한 것으로 본다(제762조). 즉 직계존속의 생명을 침해한 자에 대한 위자료청구권(제752조)과 모체(母體)에 대한 위법한 약물투여로 인하여 태아가 기형으로 된 경우 등 태아 자신이 입은 불법행위에 대한 손해배상청구권(제750조)을 의미하는 것으로 해석된다(대판 1967. 9. 26, 67다1684; 대판 1968. 3. 5, 67다 2869).

2. 법정상속

재산상속에 있어서 태아는 상속순위에 관하여 이미 출생한 것으로 본다(제1000조 3항). 또한 태아는 상속권으로부터 파생된 유류분권(遺留分權)도 가진다고 해석되므로 그 법정상속분의 2분의 1을 유증(遺贈)을 받은 자에게 그 재산의 반환을 청구할 수 있다(제1112조, 제1115조). 그리고 상속권자가 상속받기 전에 사망한 경우에 그의 자녀와 배우자에게 상속권이 승계되는 제도인 대습상속(代襲相續)에 관하여 일반상속권의 규정을 유추적용하여 태아에게도 인정한다.

3. 유증

유언자의 유언에 의하여 재산을 물려주는 유증(遺贈)에 관하여도 출생한 것으로 본다(제1064조). 그러나 사인증여(死因贈與)에 있어서는 태아의 권리능력을 부정하여 사인증여계약의 효력을 부정하는 견해(판례, 소수설)와 인정하는 견해(다수설)가 대립되고 있다.

4. 인지

부(父)는 태아를 인지(認知)할 수 있다(제858조). 즉 부는 혼인 외의 포태(胞胎)중인 태아(子)를 자기의 子로 승인하며 살아서 출생하는 것을 조건으로 하여 친자관계를 발생하게 할 수 있다. 그러나 반대로 태아는 父에 대하여 인지를 청구할 수 없으므로 父에 대하여 성장에 필요한 비용을 청구할 수 없다고 보는 견해(이영준, 백태승 교수 등 다수설)와 태아 보호의 필요가 있는 경우에는 이를 인정하자는 견해(이은영 교수)로 나누어지고 있다.

Ⅳ. 권리능력의 종기(終期)

1. 사망

자연인의 권리능력은 생존한 동안 누구나 존재하나, 사망과 함께 소멸한다(민법 제3조). 사망에 의하여 상속이나 유언의 효력이 발생하게 되고, 잔존배우자의 재혼, 보험금수취권 등의 여러 가지 법률문제가 발생하므로 언제 사망으로 볼 것인가의 시점은 중요한 의미를 가진다. 사망의 시점은 호흡과 심장이 영구적으로 정지한때로 보는 견해(맥박종지설, 통설)와 장기이식 등 의학의 발달로 심장은 아직 움직이고 있다고 하더라도 뇌의 기능이 영구적으로 멈춘 때를 사망의 시점으로 보는 견해(腦死說)가 있다.

2. 인정사망(認定死亡)제도

태풍. 수난. 화재 기타 사변으로 시체는 발견되지 않았지만 사망한 것이 확실시 되는 경우에 그것을 조사한 관공서는 지체없이 사망지의 시·읍·면의 장에게 사망의 보고를 하여야 하며(가족관계법 제87조), 이에 기하여 가족관계등록부에 사망의 기재가 되는 것을 인정사망제도이다. 이 기재는 사망을 추정(推定)한다는 점에서 사망을 간주(看做)하는 실종선고제도와는 다르다.

3. 동시사망(동시(同時死亡)) 추정제도

2인 이상이 동일한 위난으로 누가 먼저 사망한지를 알 수 없는 경우에는 동시에 사망한 것으로 추정(推定)한다.

4. 실종선고제도

전쟁. 비행기추락. 선박침몰. 기타 위난(종료시부터 1년)이나 장기간 소식(마지막 소식이 있은 때로부터 5년) 등으로 사망이 확실하지는 않으나 그 개연성이 상당히 높은 경우에 실종자의 이해관계인이나 검사의 법원에 실종선고청구에 의하여 6월간 공시최고 하고, 실종자가 사망한 것으로 간주하는 제도이다(민법 제27조). 이 제도는 실종자의 종래의 주소 또는 거소를 중심으로 하는 사법(私法)관계를 사망으로 의제하여 처리하는 데 그칠 뿐, 권리능력 자체를 박탈하기위한 제도는 아니다. 즉 상속이나 잔존배우자의 재혼문제를 해결하기 위한 것이므로 실종선고를 받은 자가 생존하여 새로운 주소지에서 법률관계를 형성하거나, 종래의 주소지에 귀환하여 새로이 맺은 법률관계에는 사망의 효과가 미치지 않으며, 공법상의 법률관계인 선거법상 선거권 등에는 영향을 미치지 않는다.

Ⅴ. 위 사례의 해결

위 (1)의 사례에서 다수설인 해제조건설에 따른다면 태아인 丙에게도 권리능력이 있는 것으로 보고, 甲이 丙의 법정대리인으로서 乙에게 불법행위(민법 제750조)에 기한 손해배상청구권을 대신할 수 있다. 그러나 판례와 소수설의 입장인 정지조건설에 의하면 태아인 丙은 권리능력이 인정되지는 않지만, 태아인 丙이 살아서 출생하면 그의 권리능력 취득의 효과가 문제의 사건이 발생한 시점으로 소급하게 된다. 따라서 丙이 태아인 동안에는 甲은 법정대리인으로서 乙에게 직접 불법행위에 기한 손해배상청구를 할 수 없고, 태아인 丙이 살아서 출생한 경우에는 교통사고 발생시점으로 소급하여 乙의 불법행위에 대한 손해배상청구권을 가지며, 법정대리인이 그 권리를 대리하여 청구할 수 있다.

위 (2)의 사례에서도 판례에 의하면 丙의 조산과 신체장애에 대한 손해배상을 그의 법정대리인이 교통사고 발생시로 소급하여 乙에게 청구할 수 있다.

8 불법행위와 손해배상

▌사 례▌

우리 민법 제750조의 "고의 또는 과실로 인한 위법행위로 타인에게 손해를 가한 자는 그 손해를 배상할 책임이 있다."라는 규정하고 있다. 즉, 불법행위(위법행위)를 한 자에게 그 손해에 대하여 배상책임을 묻게 하고 있다. 이 경우 불법행위는 어떻게 성립되고 그 손해에 대해서는 무엇으로 어떻게 배상을 하여야 하는가?

Ⅰ. 불법행위의 성립과 그 효과

현대사회는 각종 사고로 인한 위험에 노출되어 있다. 우리가 흔히 생각할 수 있는 것이 교통사고, 산업재해, 의료사고, 환경오염사고, 제조물의 결함에 의한 피해 등이다. 이러한 사고가 발생하였을 경우 그 손해를 어떻게 합리적으로 분배하고 피해자에게 어떻게 그 손해를 보전시켜주어야 하는 것을 정하는 것이 불법행위에 의한 손해배상청구이다. 민법에서 정하고 있는 이와 같은 불법행위는 범죄에 의하여 처벌을 형법상의 위법행위와는 별개의 것이다. 예컨대, 교통사고를 야기한 자가 자동차의 손상과 사람을 사망에 이르게 하였을 경우에는 민법상의 불법행위도 되고 형법상의 살인죄도 구성하게 된다. 이 경우 민법상의 손해배상은 물론 형법상 처벌도 받게 된다. 여기서는 민법상의 경우만 설명한다.

1. 불법행위의 성립요건

불법행위의 성립요건에 대해서 살펴본다. 불법행위의 성립요건으로는 가해자 혹은 손해를 야기하는 자의 첫째, 고의 또는 과실, 둘째, 책임능력, 셋째, 위법성, 넷째, 손해의 발생 등의 4가지가 필요하다.

1) 가해자의 고의·과실

우리 민법 제750조에 의하면, 고의 또는 과실에 의하여 타인에게 손해를 준 경우에만 가해자의 손해배상책임이 발생한다. 가해자는 자신의 고의 또는 과실 있는 행위에 대해서만 책임을 진다는 의미에서 이를 흔히 과실책임주의라 하며, 타인의 행위에 대해서는 책임을 지지 않는다는 점에서 자기책임의 원칙이라고도 한다.

고의란 예를 들어 돌을 던지면 상대방에게 상처를 줄 것을 인식하는 것처럼 자기의 행위가 특정인에게 손해가 발생하리라는 것을 알면서 이를 행하는 심리상태를 말하며, 과실이란 예를 들어 과속을 하게 되면 사고에 의한 손해가 발생한다는 것을 알고 있어야함에도 불구하고 자기의 부관된 주의의무를 게을리 하였기 때문에 어떤 행위를 하는 심리상태를 말한다. 과실에는 부주의의 정도에 따라 중과실(현저히 심한 부주의)과 경과실(다소 주의를 결하는 것)로 나뉜다. 형법에서는 원칙적으로 고의의 경우만을 처벌하고 과실의 경우에는 처벌하지 않거나 처벌정도가 약하기 때문에 고의와 과실의 구별이 중요하다. 그러나 민법에서는 고의·과실의 구별이 중요하지 않다. 즉, 고의에 의한 손해의 발생이든 과실에 의한 손해의 발생이든 다 배상하여야 하는 것이다.

우리 민법에서는 가해자의 고의 또는 과실로 타인에게 손해를 입힌 경우에 손해배상의 책임을 지게 하는 '과실책임주의'를 원칙으로 삼고 있으나. 예외적·제한적으로 타인의 손해에 고의는 물론 과실로 그 행위를 하지 않았다 하더라도 책임을 지게 하는 '무과실책임주의'를 인정하고 있다.

<보충자료>

■ 무과실책임주의

근대민법이 원칙으로 삼고 있는 자기의 과실로 입증되는 경우에만 책임을 지는 과실책임주의는 개인의 자유로운 활동을 최대한으로 허용하는 것을 이상으로 하여 등장하게 되었다.

그러나, 자본주의 발달과 더불어 현대기업의 활동은 거대하고 복잡한 인적·물적 조직을 기반으로 하여 이루어지고 있는 것이므로 대기업의 고의·과실의 존재에 대하여 그 증명이 매우 곤란한 경우가 생겨 과실책임주의 원칙으로는 피해자의 피해를 배상해 주기 어렵게 되었다. 따라서 피해자에 대한 배상을 보장하기 위해서는 과실이 없어도 책임을 져야 할 경우를 인정하는 무과실책임주의가 도입되었다.

▣ 무과실책임주의 예

사례) 공장근로자로 근무하는 갑은 기계공작작업 중에 잠시 한눈을 팔다가 자신의 손가락에 심한 상처를 입고 4주간의 진료를 받아야 하는 진단을 받았다면 누가 치료비를 부담하여야 하는가?

사례의 해결]

오늘날 이러한 공장에서의 사고가 빈번하게 발생하고 있다. 이를 흔히 산업재해라고 한다. 비록 근로자가 한눈을 팔았다고 하나 기계작동의 경우 위와 같은 사고의 발생을 충분히 예상할 수 있다. 즉 공작물에 의한 사고의 경우 그 소유자의 과실이 전혀 없다는 것을 증명하는 것은 어려운 문제이다. 따라서 이러한 경우에는 무과실책임주의를 도입하여 근로자의 피해에 대하여 근로자자신이 책임을 지는 것이 아니라, 공장의 소유자가 져야 하는 것이다. 이러한 산업재해는 현대사회에서 자주 발생하는 것이므로 그 배상을 국가적 차원의 문제로 하고 있다. 이에 대한 것이 바로 산업재해배상이다. 즉 일정한 수의 종업원을 가지는 기업체는 의무적으로 산업재해보험에 가입하여야 하고, 국가는 그 재원으로 산업현장에서의 근로자의 사고에 대하여 배상을 하고 있다. 그 공장이 이러한 보험에 가입하고 있다면 갑은 산업재해보험에 의하여 치료를 받을 수 있다.

우리나라의 판례도 "공작물의 설치 또는 보존에 하자가 있어 타인에게 손해를 입혔을 경우 1차적으로 그 공작물의 점유자로 하여금 배상책임을 부담시키고 그 점유자가 손해발생의 방지에 필요한 주의를 하였을 때에는 2차적으로 그 공작물의 소유자로 하여금 그 배상책임을 부담시키되 그 소유자의 책임에 관하여는 고의, 과실 등의 면책조건을 인정치 아니할 뿐만 아니라 그 하자로 인한 것인 이상 자연력이나 피해자 또는 제3자의 행위가 그 공동원인이 되었을 때라도 점유자 또는 소유자로 하여금 배상책임을 부담시키는 것이다"라고 하여 무과실책임을 인정하고 있다(대판 1991. 12. 24. 91다29767). 이러한 무과실책임주의는 그 영역을 점점 넓혀가고 있다. 예컨대, 학교에서의 사고, 환경오염사고, 제조물책임 등도 이러한 예에 해당한다.

<보충자료>

▣ 업무상 주의의무의 구체적 사례

① 자동차운전자의 주의의무
- 정비: 사고 방지의 의무
- 교차로 통과시: 전후좌우 주시의무
- 운전석 이석시: 안전조치의무

② 의사의 주의의무
- 의사라는 직업인으로 요구되는 의학수준, 의료관행, 긴급성, 환자의 특이체질 등을 고려하여야 하는 주의의무

③ 열차기관사의 주의의무
- 사고를 미연에 방지할 업무상의 주의의무 및 운행시에는 안전운행이라는 직무상의 주의의무

④ 위험물취급자의 주의의무
- 발파작업시 주변의 안전상태 확인
- 발파작업 후 폭발되지 않은 뇌관 수거의무

⑤ 학교에서의 위험방지의무
- 학교의 체육, 훈련, 수업 중의 안전사고에 대한 주의의무

2) 책임능력

고의·과실은 손해배상의 첫 번째의 성립요건이다. 그렇다하더라도 자기의 행

위의 책임을 인식할 수 있는 일정한 판단능력을 갖추어야 그 책임을 물을 수 있게 된다. 이러한 판단능력을 '책임능력'이라 한다. 예컨대, 미성년자, 심신장애자(정신병자)와 같이 이러한 판단능력을 가지지 못한 자(책임무능력자)가 행한 불법행위는 손해배상책임이 없으나, 그 책임은 보호자나 감독의무자가 대신 책임을 진다. 즉, 책임무능력자의 행위는 위법성을 면할 수는 있으나, 그로 인한 손해는 어떠한 형태로든 배상이 이루어지게 된다.

3) 위법성

타인에 대한 가해행위는 위법한 것이어야 한다. 즉, 위법성 내지 위법행위라 함은 가해행위가 객관적으로 보아 권리침해 여하를 불문하고 위법이며 타인의 이익을 침해하는 경우를 말한다. 그러나 비록 손해를 가하더라도 그것이 법률상 허용되는 요건을 갖춘 행위가 되는 경우에는 위법성이 없다. 예를 들어 정당방위, 긴급피난, 자력구제, 사무관리, 정당행위 등의 사유가 있을 경우에는 위법성이 조각된다. 이때에 발생한 손해배상은 원인제공자가 부담한다. 다만, 위법성의 조각사유의 입증책임은 가해자가 부담하여야 한다.

<보충자료>

▣ 위법성 조각사유

- 정당방위: 예를 들어 폭행을 가하려는 자에게 구둣발로 정강이를 차서 넘어뜨리는 것처럼 타인의 불법행위에 대하여 자기 또는 제3자의 이익을 방위하기 위하여 부득이 타인에게 손해를 가한 자는 책임이 없다.
- 긴급피난: 예를 들어 투견이 물려고 하자 다른 사람의 주거에 무단으로 침입하는 것처럼 급박한 위난을 피하기 위하여 부득이 타인에게 손해를 가한 경우에 정당방위에 관한 규정을 준용한다. 정당방위와의 차이점은 정당방위는 위법한 침해에 대한 반격이나, 긴급피난은 위법하지 않은 침해에 대한 피난이라는 점이다.
- 자력구제: 예를 들어 채무자가 몰래 해외로 도주하려고 하는 경우 채권자가

이를 저지하는 것처럼 청구권을 보전하기 위하여 국가기관의 구제를 기다릴 여유가 없는 경우에, 권리자가 스스로 사력으로서 구제하는 행위를 말한다.

- 피해자의 승낙: 예를 들어 자신을 인생을 살아갈 가치도 없다면서 빰을 때려달라고 하는 것처럼 피해자의 승낙이 있으면 원칙적으로 위법성이 없어진다. 다만 그 전제조건으로 피해자가 승낙의 의미를 이해할 만한 정신능력이 있고 자유스러운 판단에 의해야 하며, 또 그 승낙이 사회질서에 위반되지 않아야 한다.
- 정당행위: 각종의 권리의 정당한 행사도 위법성을 면한다. 예컨대, 친권자 또는 후견인의 징계행위, 교원의 학생에 대한 징계행위 등은 위법성이 없다.

4) 손해의 발생

불법행위가 성립하려면 가해행위로 인한 손해가 발생되어야 한다. 손해란 피해자가 평온하게 누리고 있는 생명, 신체, 자유, 명예, 정조, 성명, 피해자 소유의 물건이나 권리 등의 재산적 이익 등에 대하여 피해를 가하는 것이다. 여기에는 정신적 피해도 포함된다. 가해행위와 손해발생과의 사이에 상당한 인과관계가 있어야 한다. 인과관계란 일반적으로 어떤 선행사실(원인)과 후행사실(결과)과의 필연적 관계를 가리킨다. 어느 행위가 일정한 효과를 나타냈을 경우에 행위자의 책임을 전제로서 인과관계가 문제된다. 여기에는 두 가지 설이 있다.

2. 불법행위의 효과

불법행위에 의하여 피해를 당한 자는 손해배상청구권을 가진다. 그 내용은 피해를 입기 전 상태로의 회복(원상회복)이 원칙이다. 한번 피해를 입는 경우에 사실상 원상회복이 불가능한 것이므로 그 배상은 금전배상으로 한다. 피해자의 명예를 훼손한 경우는 사죄광고의 방법으로도 배상하게 한다. 배상의무자는 원칙적으로는 가해자인데, 특수불법행위에서는 가해자 이외의 사람에게 배상의무가 과하여질 경우가 있다.

Ⅱ. 불법행위와 손해배상

불법행위에 대하여 그 배상을 하게 하는 것은 손해를 공평하게 분배하는 것이다. 손해배상은 일정한 사건에 의하여 타인에게 입힌 손해를 전보하고, 손해가 발생하지 않은 것과 똑같은 상태로 원상 복귀시키는 것을 말한다. 대부분 대부분의 손해배상청구권의 발생원인은 이러한 불법행위이다.

1. 손해배상의 방법

손해배상의 방법에는 원칙적으로 다음과 같은 방법이 있다. 첫째, 당사자간에 다른 의사 표시가 없는 한, 재산적 손해이든 정신적 손해이든 간에 손해는 금전으로 배상함을 원칙으로 하며(금전배상의 원칙), 또한 일시금 배상을 원칙으로 한다. 둘째, 타인의 명예를 훼손한 자에 대하여는 법원은 피해자의 청구에 의하여 손해배상을 명하거나 손해배상과 함께 명예회복에 대한 적당한 처분을 명하고 있다.

2. 손해배상의 범위와 배상액의 산정

1) 손해의 종류

손해는 배상 원인에 의해 적극적 손해와 소극적 손해, 배상방법에 의해 금전적 배상과 정신적 배상이 있다. 적극적 손해는 소유물의 멸실, 비용의 지출, 치료비의 부담과 같이 기존의 이익이 상실된 손해를 말하며, 소극적 손해는 수입의 감소처럼 장래 얻을 것으로 기대되던 수익이 상실된 손해를 말한다.

2) 손해의 배상

재산적 손해의 배상과 정신적 손해의 배상이 있다. 재산적 손해의 배상의 경우에는 첫째, 적극적 손해가 발생하는 소유물의 멸실은 당시의 교환가격으로, 훼손은 당시의 수선비로 배상하여야 하고, 불법점거는 점유부분의 차임상당액을 배상하여야 한다. 기타 치료비, 입원비, 장례비 등도 적극적 손해에 대한 배상에 속한다. 둘째, 소극적 손해로서는 적극적 손해의 계산요소는 수입액, 노동능력 상실률, 가동연령의 세 가지이다. 이 세 가지 요소를 곱한 수치를 기초로 하여 중간 이자를 공제하고 과실 상계를 거쳐 나온 액수에 이자를 붙여서 최종 배상액이 결정된다.

정신적 손해의 배상은 흔히 위자료라 하는데, 불법행위를 통해 타인의 재산권과 비재산권에 침해를 줌으로써 재산적 손해 이외에 정신적 손해를 준 경우에도 배상해야 한다.

3) 배상액의 합의

불법행위로 인해 손해배상청구권이 발생하였을 경우 당사자간에 그 배상액에 합의하는 것을 배상액의 합의라 한다. 특히 교통사고로 인한 배상금합의는 공소제기를 저지하는 효과를 가져오는 것이므로 실제에 있어 빈번히 사용한다. 배상액합의에 있어 문제가 되는 것은 배상액합의 이후에 심각한 후유증이 생기는 경우이다. 이 경우 우리 민법의 판례는 합의 당시에는 예측할 수 없었던 손해가 생기고 합의된 액수와 현실적으로 발생된 손해 사이에 현저한 차이가 생긴 경우에 후발손해에 대한 배상을 인정하고 있다(대판 1993. 4. 9 93다180).

<보충자료>

▣ 특수한 불법행위의 종류

특수한 불법행위는 일반 불법행위와는 다른 특수한 성립요건이 정하여져 있는 불법행위를 말한다. 우리 민법에 규정되어 있는 특수한 불법행위 종류로는 책임무능력자의 감독자책임, 사용자의 책임, 공작물 등의 점유자·소유자 책임, 동물 점유자의 책임, 공동불법행위 등이 있다.

1. 책임무능력자의 감독자책임

예를 들어 만 10세인 초등학생이 이웃집 유리창을 깨는 행위처럼 미성년자나 심신상실자처럼 책임무능력자가 제3자에게 가해행위를 함으로써 준 손해에 대해서는 이들 책임무능력자를 감독하는 자(예: 친권자)인 그의 아버지가 배상책임을 지게 하는 것이다.

2. 사용자의 책임

타인을 사용하여 어느 사무에 종사하게 한 자는 피용자가 그 사무집행에 관하여 제3자에게 손해를 준 때에 그 피용자의 선임 및 사무감독을 게을리 하지 않았음을 입증하지 못하면 그 손해를 배상할 책임이 있다. 예를 들어서 주유소에 고용된 종업원이 오물을 투기하였을 경우 그 소유자가 책임을 지는 것이다.

3. 공작물 등의 점유자·소유자 책임

공작물의 설치 또는 보존의 하자로 인하여 타인에게 손해를 가한 때에는, 제1차로 그 공작물의 점유자가 배상책임을 지되, 그가 손해의 방지에 필요한 주의를 게을리 하지 아니한 때에는, 제2차로 소유자가 배상책임을 진다. 예를 들어 빌딩의 수리를 도급맡은 건설회사의 종업원이 부주의로 때마침 길을 지나가던 사람에게 상해를 가하였다면 그 책임은 건설회사가 지는 것이다.

4. 동물 점유자의 책임

동물의 점유자는 동물의 종류와 성질에 따라 그 보관에 상당한 주의를 게을리 하지 않았음을 입증하지 못하는 한, 그 동물이 타인에게 가한 손해를 배상할 책임이 있다. 점유자에 대신하여 동물을 보관하는 자도 동일한 책임을 진다. 예를 들어 개가 길가는 사람을 물었다면 그 소유가 배상책임을 지는 것이다.

5. 공동불법행위

여러 명이 공동으로 불법행위를 하여 타인에게 손해를 주는 경우를 공동불법행위라 한다. 여러 명이 공동불법행위로 타인에게 손해를 가한 때에는 연대하여 손해를 배상할 책임이 있고 공동 아닌 여러 명의 행위 중 어느 자의 행위가 그 손해를 가힌 것인지 알 수 없을 때에도 연대하여 그 손해를 배상할 책임이 있으며 교사자나 방조자도 공동행위자로 보아 연대배상책임을 부여하고 있다.

9

헌법의 개정

사 례

우리 헌법 제128조 제2항에는 '대통령의 임기연장 또는 중임변경을 위한 헌법개정은 제안 당시의 대통령에 대해서는 효력이 없다"라고 규정하고 있다. 국회의 다수당인 여당은 이 조항을 개정하여 "대통령의 임기를 4년으로 하되 1차에 한하여 중임할 수 있다.'라고 개정하고 제안 당시의 대통령에게도 개정헌법을 적용하려 한다. 이러한 헌법개정이 가능한가?

Ⅰ. 사례의 해결

헌법 제128조 제2항은 대통령의 임기연장이나 중임변경을 위한 헌법개정 그 자체를 금지하는 것이 아니라는 점에서 헌법개정의 한계 그 자체를 규정한 것은 아니고, 단지 헌법개정의 효력을 제한하는 규정일 뿐이다. 따라서 헌법개정의 한계를 부인하는 한계부정설이나 한계를 인정하는 한계긍정설의 경우에도 개정 그 자체에 대해서는 이론이 없다. 따라서 "대통령의 임기를 4년으로 하되 1차에 한하여 중임할 수 있다."라고 하는 헌법개정 그 자체는 아무런 문제도 발생하지 않는다. 다만 이 사례에서 보는 것처럼 "대통령의 임기를 4년으로 하되 1차에 한하여 중임할 수 있다."라고 하는 헌법개정의 효력을 제안 당시의 대통령에게 인정하여 곧바로 적용하려는 경우에 있어서는 문제가 된다.

헌법 제128조 제2항은 과거 불행했던 우리 헌정과 민주주의 퇴행을 가져 온 원인이 대통령의 장기집권과 독재에 있었다는 역사적 경험을 바탕으로 하여 규정되었다. 동 조항은 무엇보다도 대통령의 장기집권을 위한 개헌을 미리 차단하기 위한 규정이다. 이러한 근본취지에서 본다면 헌법 제128조 제2항의 개정을 통해 제안 당시의 대통령에게 임기연장이나 중임변경을 위한 헌법개정의 효력을 인정하게 된다면 우리 헌정의 뼈아픈 역사적 경험을 근본적으로 부정하게 되는 것이다. "대통령의 임기를 4년으로 하되 1차에 한하여 중임할 수 있다."라고 하는 헌법개정의 효력을 제안 당시의 대통령에게 인정하려는 목적으로 하는 헌법개정은 제안 단계부터 이미 헌법 제128조 제2항에 반하여 무효로 보아야 한다. 따라서 이 사례의 헌법개정은 위헌·무효가 되는 것으로서 허용될 수 없다. 만약에 "대통령의 임기를 4년으로 하되 1차에 한하여 중임할 수 있다."라고 하는 헌법개정을 먼저 하고나서 나중에 제안 당시의 대통령에게도 효력을 인정하려는 시도를 하는 경우에는 헌법개정 그 자체는 아무런 문제가 되지 않지만, 그 적용에 있어서는 역시 위헌·무효가 된다. 이 경우 동 조항은 개정된 헌법의 효력의 인적(적용)범위를 제한하는 규정으로서의 의미를 가지게 된다.

<보충자료>

▣ 우리나라 헌법개정의 절차

1. 헌법개정안의 제안 및 의결

헌법개정은 그 개정안을 대통령이 국무회의를 거쳐 제안하거나 국회의원이 그 재적과반수의 발의로 제안한다(제128조①). 제안된 헌법개정안은 대통령이 20일 이상의 기간 그 제안된 사실을 기재하고 공고한다(제129조). 헌법개정안은 공고일로부터 60일 이내에 국회에서 기명투료로서 재적의원 3분의 2 이상의 찬성으로 의결되어야 한다(제130①). 우리 헌법은 이처럼 헌법개정안의 제안을 대통령과 국회로 이원화하고 있으며, 국회의 의결을 기명투표로 하는 것은 개정안에 대한 신중성과 역사성을 담보하기 위한 것이다.

2. 국민투표

국회에서 의결된 헌법개정안은 그 의결 후 30일 이내에 국민투표에 회부된다. 헌법개정은 국회의원선거권자 과반수의 투표와 투표자 과반수의 찬성을 얻어야 확정된다(제130②③). 확정된 헌법개정안은 공포 즉시 효력을 가진다.

▣ 우리나라 헌법 제128조 제②항의 개정허용 여부

우리 헌법 제128조 제2항에는 "대통령의 임기연장 또는 중임변경을 위한 헌법개정은 제안 당시의 대통령에 대해서는 효력이 없다"라고 명문으로 규정하고 있는데, 이를 개정하여 헌법개정 제안 당시의 대통령에 대해서도 임기연장이나 중임변경을 위한 헌법개정의 효력이 있도록 할 수 있는지 여부에 대해서 한계긍정설과 한계부정설의 논리에 비추어 보면 그 효력이 각각 다르게 나타나게 된다.

1. 헌법개정의 한계를 부인하는 입장에서는 헌법개정절차에 의하면 어떠한 헌법조항이나 내용의 개정도 할 수 있다고 본다. 따라서 성문헌법이 개정을 금지하는 일정한 조항을 명기하고 있는 경우에도 법리상으로 개정절차를 통하여 그 금지규정 자체를 개정하는 것이 가능하므로 헌법개정 제안 당시의 대통령에 대해서도 임기연장이나 중임변경을 위한 헌법개정의 한계가 되는 제128조 제2항의 개정은 당연히 가능하게 된다.

2. 이에 반하여 헌법개정의 한계를 인정하는 입장에서는 여러 가지 논의가 가능하여 진다. 즉, 헌법 제128조 제2항은 자연법의 수용이라 할 수 없는 것이고 또 이 조항의 개정에 의해 헌법의 동일성이 상실된다고 볼 수 없을 것이므로 동 조항의 개정 그 자체는 가능하다고 할 것이다. 반면에 헌법개정의 한계를 헌법제정권력과 헌법개정권력의 구별에서 찾는 입장에서는 동 조항이 대통령의 장기집권을 통한 독재를 막기 위한 헌법제정권력주체의 근본결단[3]으로 보아 헌법개정 제안 당시의 대통령에 대하여 임기연장이나 중임변경을 위한 헌

---

3) 이를 근본결단이라 할 수 있을 것인가에 대하여는 다툼이 있다. 이 조항이 처음으로 규정된 1980년의 헌법개정(제5공화국 헌법)과 이를 수용한 1987년 현행 헌법개정을 헌법제정으로 보지 않고 헌법개정으로 보는 경우에 이 조항은 헌법제정권력주체의 결정이 아니게 된다. 그러나 1980년 헌법개정과 1987년 헌법개정은 형식에 있어서 헌법개정이나 유신독재의 종식과 권위주의체제에 대한 6월 항쟁의 결과이며 그 실질에 있어서 헌법제정이라고 보아야 한다는 것이다. 이 경우 이 조항은 헌법제정권력주체의 근본결단이 되는 것이다. 생각건대, 이 조항은 형식적으로는 헌법개정이지만, 실질적 헌법제정으로 보아도 될 것이다.

법개정은 인정되지 않는다는 것이다. 그러므로 동 조항은 헌법개정한계조항으로 보아야 한다는 것이다.

10 교사임용후보자선정과 공무담임권

사 례

갑은 교육대학원 사회(일반사회)과를 졸업하여 중등학교 2급 정교사 자격을 취득한 자로서, '2002학년도 대전광역시 공립중등학교 교사임용후보자 선정경쟁시험 시행요강' 중 대전, 충남지역 소재 사범계대학 졸업자 등과 복수전공 교사자격증 소지자 등에게 각각 제1차 시험 배점의 5%에 해당하는 가산점을 주도록 한 부분은 갑의 공무담임권을 침해한다고 주장하면서 헌법소원을 제기하였다. 갑의 주장이 헌법적으로 타당한가? (참조: 헌재결, 2004. 03. 25, 2001헌마882)

참고사항]

<2002학년도 대전광역시 공립중등학교 교사임용후보자 선정경쟁시험 시행요강>

8. 가산점(본 가산점은 다음 년도 시험시 변동될 수 있음)

가. 대전, 충남 지역 소재 사범계 대학 졸업자 및 2002년 2월 졸업 예정자로 교원 경력이 없는 자

제1차 시험 배점의 5%

제1차 시험 배점의 15% 범위 내에서 반영하되, 제1차 시험 과목별 득점이 40% 이상인 자에 한하여 부여함.

(생략)

나. 한국교원대학교 졸업자 및 2002년 2월 졸업 예정자 중 교원 경력이 없는 자로서 현 대전광역시 관내 고등학교를 졸업하고 교육감의 추천을 받아 입학한 자

제1차 시험 배점의 5%

다. (생략)

(생략)

라. (생략)

(생략)

마. 부전공 교사 자격증 소지자 또는 복수 교사 자격증 소지자(중등학교 교사 자격증에 한함)

○ 복수전공 교원자격증 소지자

제1차 시험 배점의 5%

○ 부전공 교원자격증 소지자로서 주전공 표시 과목에 응시한 자

제1차 시험 배점의 4%

○ 부전공 교원자격증 소지자로서 부전공 표시 과목에 응시한 자

제1차 시험 배점의 3%

바. (생략)

(생략)

사. (생략)

(생략)

Ⅰ. 사례의 해결

교사후보자선정에 있어서 가산점 항목은 위헌이라고 하는 갑의 주장은 타당하다. 즉, '2002학년도 대전광역시 공립중등학교 교사임용후보자 선정경쟁시험 시행요강' 중 대전, 충남지역 소재 사범계대학 졸업자 등과 복수전공 교사자격증 소지자 등에게 각각 제1차 시험 배점의 5%에 해당하는 가산점을 주도록 한 부분은 갑의 공무담임권을 침해하는 것으로서 위헌이 된다(우리 헌법재판소 전원재판부(주심 송인준 재판관)는 2004년 3월 25일 재판관 전원일치의 의견으로 위 사례의 요강에 대하여 위헌결정을 선고하였다). 그러므로 교사임용후보자 선정경쟁시험에서는 위와 같은 방법의 가산점을 부여할 없다.

Ⅱ. 사례해결의 논거

1. 가산점 항목은 상대적으로 공직취임기회를 제한하는 것이 된다.

이 사례의 가산점 항목은 특정 사범계대학 출신자 및 복수·부전공 교사자격증 소지자에 대해서만 가산점을 부여하도록 함으로써 그와 경쟁관계에 놓여 있는 갑을을 포함한 그 밖의 비사범계출신 응시자들의 공직취임 기회를 상대적으로 제한한다. 이러한 제한이 합헌이기 위해서는 헌법 제37조 제2항에 의하여 법률적 근거가 있을 것이 요구된다. 그런데 이 사건 가산점 항목에 관하여는 법률에서 명시적으로 규정하고 있지 않다. 이 사례의 가산점 항목의 직접적인 근거규정은 교육공무원임용후보자 선정경쟁시험규칙 제8조 제3항인 것으로 보이는데, 이 역시 그 법률적 근거가 매우 불분명하다. 대전광역시는 위 시험규칙 조항이 "…공개전형에 있어서 담당할 직무수행에 필요한 연령 기타 필요한 자격요건과 공개전형의 실시에 관하여 필요한 사항은 대통령령으로 정한다."라고 규정한 교육공무원법 제11조 제2항과 "…공개전형의 실시에 관하여 필요한 사항은 교육인적자원부령으로 정한다."라고 규정한 교육공무원임용령 제11조 제3항의 위임·재위임에 기초한 것이라고 주장하나, 교육공무원법 제11조 제2항은 시험과목이나 배점, 시험실시 공고 절차 등 공개전형을 시행함에 있어 필요한 기술적·절차적인 사항들을 위임한 것일 뿐, 가산점에 관한 사항까지 위임한 것으로는 보기 어렵다.

2. 가산점 항목은 중대한 공무담임권제한이 된다.

이 사례 가산점 항목은 적용대상에서 제외된 자의 공직에의 진입 자체를 가로막을 수 있는 점에서 그 공무담임권 제한의 성격이 중대하고, 서로 경쟁관계에 놓여 있는 응시자들 중 일부 특정 집단만 우대하는 결과를 가져오는 점에서 사전에 관련당사자들의 비판과 참여가능성이 보장된 공개적 토론과정을 통해 상충하는 이익간의 공정한 조정을 도모할 필요성이 절실한바, 적어도 그 적용대상이나 배점 등 기본적인 사항은 법률에서 직접 명시적으로 규정할 것이 요구된다고 할 것임에도, 교육공무원법 제11조 제2항에서는 단지 "…공개전형의 실시에 관하여 필요한 사항은 대통령령으로 정한다."라고만 할 뿐, 이 사건 가산점 항목에 관하여 아무런 명시적 언급도 하고 있지 않기 때문이다. 따라서 대전광역시가 공고한 이 사례 가산점 항목은 결국 아무런 법률적 근거가 없다고 보아야 하고, 따라서 헌법 제37조 제2항에 반하여 갑의 공무담임권을 침해한다고 할 것이다.

3. 가산점 항목의 구체적 고찰

1) 사범대 가산점의 경우

(1) 사범계대학 출신자가 비사범계대학 출신자보다 교직에 대한 소명감이 더 투철하고 교사로서의 품성이나 교과교육에 관한 전문성 면에서 더 앞선다는 이유로 사범대 가산점을 부여하는 것이라면, 이는 그 객관적 타당성을 인정하기 어렵다. 교육공무원법 등 관련법률 어디에서도 사범계대학 출신의 교사자격과 비사범계대학 출신의 교사자격의 차별을 예정하고 있지 않을 뿐만 아니라, 비록 교사 양성에 있어서 사범계대학의 교육과정이 더 전문화된 측면이 있다고 하더라도, 응시자격자의 개인적 경험이나 노력도 대학의 교육과정 못지않게 중요한바, 상당한 시간과 노력과 비용을 들여 똑같은 교사자격을 취득하였음에도 불구하고 비사범계대학 출신자들의 교사로서의 소명감이나 자질이 항상 사범계대학 출신자의 그것에 훨씬 못 미치는 것으로 단정할 만한 아무런 실증적 근거가 없기 때문이다.

(2) 한편, 교사 양성을 고유한 설립목적으로 하는 사범계대학에 우수한 인재를 유인할 필요가 있기 때문에 사범대 가산점을 부여하는 것이라면, 이는 합리성이 없다. 즉, 국가는 비사범계대학 출신자에 대해 교사자격 취득을 제도적으로 허용하고 있는 이상, 사범계대학 출신자뿐만 아니라 비사범대학 출신자들의 임용에 관한 정당한 기대이익도 보호할 책무가 있다. 또한, 사범계대학에 우수한 인재를 유인하려는 목적은, 가령 정부가 구조적 인 교원수급불균형 문제에 대한 근본적인 해결책을 마련하고, 단편적인 시험방식을 개선하고, 사범계대학 및 그 학생들에게 적극적인 행정적·재정적 지원을 하는 등의 방법으로도 충분

히 달성할 수 있다. 그럼에도 국가가 이러한 노력을 다하지 아니한 채 사범대 가산점에 의존하는 것은 일시적인 미봉책에 불과할 뿐만 아니라, 무고한 비사범계대학 출신자의 희생을 전제로 하는 점에서 지나치게 행정편의적이다.

(3) 복수·부전공 가산점의 경우

복수·부전공 가산점은 대상자가 실제로 복수의 교과목 모두를 충분히 전문성 있게 가르칠 만한 능력을 갖추었는지에 관한 실증적 근거가 지나치게 빈약하다는 문제가 있다. 교육실습은 복수전공 과목들 중 또는 주전공 과목과 부전공 과목 중 어느 한 과목에 대해서만 해도 되고, 교사자격증은 무시험검정으로 주어지며, 임용시험도 복수전공이나 주·부전공 과목들 중 어느 한 과목으로만 치면 되기 때문이다. 나아가, 복수·부전공 가산점은 복수·부전공 교사자격증 취득을 유도하여 교원인력 운영의 탄력성을 제고하고 그로써 채용교원의 수를 더 늘림이 없이 현실적으로 수요되는 교원인력을 충당하기 위한 것인바, 이러한 정책목표는 미임용 교원의 적체 해소라는 또 하나의 시급한 공적 과제와 관련해서는 그리 긍정적으로 평가하기 어려운 측면이 있다. 그리고 교과목간 아무런 연계성도 없이 복수·부전공이 행해질 경우에는 교사의 전문성이 그만큼 저하될 수도 있는데, 이는 국민의 학습권의 측면에서도 결코 바람직하지 않다. 뿐만 아니라, 복수·부전공 교사자격증 취득 기회가 시기별·출신대학별로 균등하게 제공되지 않은 관계로, 복수·부전공 가산점은 출발선상의 형평성을 훼손하는 요인이 되기도 한다. 이렇게 볼 경우, 복수·부전공 가산점을 통해 추구되는 공익적 성과는 그로인한 부정적 효과와 합리적 비례관계를 이루고 있다고 하기 힘들다.

11

변호인의 조력을 받을 권리

▌사 례▐

갑은 국가보안법위반죄로 구속 기소되었는데, 변호인이 변론준비를 위해 검찰에 갑의 피의자 신문조서 등 수사기록 일체에 대한 열람·등사신청을 하였으나, 검찰이 거부사유를 밝히지 아니한 채 이를 거부하자, 위 거부행위는 변호인의 조력을 받을 권리 및 신속하고 공정한 재판을 받을 권리를 침해하는 것이라며 헌법소원심판을 청구하였다. 갑의 주장이 타당한가? (참조: 헌재결, 1997. 11. 27, 94헌마60)

Ⅰ. 사례의 해결

갑의 주장은 헌법적으로 타당하다. 검찰이 갑에 대한 수사기록 일체의 열람·등사신청에 대하여 국가기밀의 누설이나 증거인멸, 증인협박, 사생활침해의 우려 등 정당한 사유를 밝히지 아니한 채, 전부거부한 것은 갑의 신속하고 공정한 재판을 받을 권리와 변호인의 조력을 받을 권리를 침해하는 것이 된다.

Ⅱ. 사례해결의 논거

헌법상에 보장된 변호인의 조력을 받을 권리에는 접견교통권 이외에 피고인이 그의 변호인을 통하여 수사서류를 포함한 소송관계서류를 열람·등사하고 이를 토대로 공격방어 준비를 할 수 있는 권리도 포함된다. 재판에 있어서 당사자주의원칙이나 소송서류 비공개의 원칙은 변호인의 열람·등사신청을 전면적으로 거부할 정당한 사유가 못된다. 갑의 피의자 신문조서 등 수사기록 일체에 대한 열람·등사신청이 없었다면 모를까 갑의 신청에도 불구하고 검찰이 열람·등사를 거부한 것은 갑의 신속공정한 재판을 받을 권리와 변호인의 조력을 받을 권리를 침해하는 것이 된다. 따라서 검찰은 국가기밀의 누설이나 증거인멸, 증인협박, 사생활침해의 우려 등 정당한 사유가 없는 한, 갑에게 소송관계서류를 열람·등사를 허용하여야 한다.

<보충자료>

▣ 변호인의 조력을 받을 권리

변호인의 조력을 받을 권리란 헌법 제12조 제4항 "누구든지 체포 또는 구속을 당한 때에는 즉시 변호인의 조력을 받을 권리를 가진다."라는 규정을 근거로 한다. 변호인의 조력을 받을 권리라 함은 무죄추정을 받는 피의자·피고인의 신체구속의 상황에서 발생하는 여러 가지 폐해를 방지하고 신체구속이 악용되지 않도록 하기 위하여 인정된 권리이다. 변호인의 조력을 받을 권리에는 변호인의뢰권, 변호인접견교통권, 국선변호인의 조력을 받을 권리를 포함한다. 변호인의뢰권이란 피의자·피고인의 단계에서 조력을 받을 변호인을 의뢰하는 것을 말하고, 변호인접견교통권이란 신체의 구속을 당한 피의자나 피고인의 인권보장과 방어를 준비하기 위하 필요불가결한 권리로서 수사기관의 처분이나 법원의 결정으로도 이를 제한할 수 없는 변호인의 조력을 받을 권리 중 가장 중요한 내용이 된다. 국선변호인의 조력을 받을 권리는 헌법 제12조 제4항 단서 "형사피고인이 스스로 변호인을 구할 수 없을 때에는 법률이 정하는 바에 의하여 국가가 변호인을 붙인다."라는 규정에 의한 것으로서, 국선변호인은 피고인의 이익을 위하여 법원이 직원으로 선정하는 변호인이다. 형사소송법상 법원이 직권으로 변호인을 선정하여야 할 경우는 아래와 같다. 첫째, 구속적부심에 있어 구속된 피의자에게 변호인이 없는 때, 둘째, ① 피고인이 ㉠ 미성년자인 때, ㉡ 70세 이상의자인 때, ㉢ 농아자인 때, ㉣ 심신장애의 의심이 있는 자인 때, ㉤ 빈곤 기타 사유로 변호인을 선임할 수 없는 때(이 경우 피고인의 청구가 있는 때에 한함), ② 사형·무기 또는 단기 3년 이상의 징역이나 금고에 해당하는 사건에서 변호인이 없는 때 등이다.

12 죄형법정주의

사 례

갑은 포항종합제철(주)의 간부직원(부사장, 상무)으로 재직중, 사례명목으로 1억원을 교부받은 혐의로 서울형사지방법원에서 공판을 받던 중 그 재판의 전제가 되는 특정범죄가중처벌등에관한법률 제4조 제1항 및 제2항에 대하여 법원에 위헌여부심판의 제정신청을 하였으나 기각되자, 갑은 헌법재판소법 제68조 제2항에 따라 이 법은 위헌이라며 헌법소원심판청구를 하였다. 갑의 주장이 타당한가? (헌재결, 1995. 09. 28, 93헌바50)

참고사항]

특정범죄가중처벌등에관한법률

제4조 제1항 형법 제129조 내지 제132조의 적용에 있어서는 정부관리기업체의 간부직원은 이를 공무원으로 본다.

제2항 제1항의 정부관리기업체 및 간부직원의 범위는 대통령령으로 정한다.

Ⅰ. 사례의 해결

갑의 주장은 타당하다. 즉 특정범죄가중처벌등에관한법률 제4조 제1항 및 제2항은 헌법에 규정된 죄형법정주의와 위임입법의 한계를 일탈하는 것으로서 위헌이 된다. 따라서 위 법의 조항은 폐지되어야 한다. 그렇다고 아예 수뢰죄의 처벌이 면해지는 것은 아니다. 다만, 갑은 특정범죄가중처벌등에관한법률에 의하여 처벌받는 것이 아니라 형법상의 수뢰죄로 처벌을 받게 되는 것이다.

Ⅱ. 사례해결의 논거

1. 명확성원칙의 위배

특정범죄가중처벌등에관한법률상에 규정된 '정부관리기업체'가 어떤 기업체를 가리키는가에 관하여 이 법과 그 시행령은 물론, 다른 법률에 아무런 규정이 없다. 특히 '관리'라는 용어는 범죄를 성립시키는 구성요건의 개념으로서는 그 의미가 지나치게 추상적이고 광범위하다. 수뢰죄와 같은 신분범에 있어서 그 신분주체에 관한 구성요건 규정이 위 법에서처럼 지나치게 광범위하고 불명확하다는 것은 명확성을 결여한 것으로서 죄형법정주의에 위배되는 것이다.

2. 위임입법의 한계(포괄적 위임입법)의 일탈

이 법의 제4조 제2항이 '정부관리기업체'의 정의에 관한 기본적 사항마저도 규정함이 없이 그 범위를 곧바로 대통령령에 위임한 것은 실질적 백지위임이나 다를 바 없어 위임입법의 한계를 일탈한 것으로서 위헌이 된다.

<보충자료>

▣ 죄형법정주의

죄형법정주의란 "법률이 없으면 범죄없고, 법률없으면 형벌없다."라는 것으로서 범죄와 형벌이 법률로서 정해져야 한다는 원칙을 말한다. 이는 처벌되는 범죄행위가 무엇인가를 예측가능하도록 미리 규정하여 개인의 법적 안정성을 보호하고, 국가형벌권의 자의적 행사로부터 개인의 자유와 권리를 보장하려는 법치국가적 형법의 기본원칙이다.

죄형법정주의의 파생적 원칙으로서는, 첫째, 관습법으로서는 처벌하지 못한다는 관습형법금지의 원칙, 둘째, 범죄의 성립과 처벌은 행위시의 법률에 의하게 함으로써 사후입법에 의하여 처벌할 수 없게 하는 형법법규불소급의 원칙, 셋째, 예컨대, '징역10년이상에 처한다'라는 것처럼 그 형의 정함이 상대화되어 있지 않는 형의 선고를 금지하는 절대적 부정기선고형의 금지의원칙, 넷째, 법률에서의 범죄와 형벌은 가능한 명확하게 규정하여야 한다는 법규내용명확성의 원칙, 다섯째, 유사한 사항에 관한 법률 또는 법률조항의 적용을 금지하는 유추해석금지의 원칙 등이 있다.

13

자살방조죄

사 례

평소 도박에 빠져 지내던 농부 K는 부인 L이 도박을 끊지 않으면 죽어버리겠다고 소리를 지르면서 울부짖자, 홧김에 그럼 죽어봐라 하면서 창고에 있던 맹독성 농약을 부인에게 갖다 주었다. 그러자 부인은 그 농약을 먹고 스스로 목숨을 끊어버렸다. 이 경우 K는 죄가 있는지?

사례의 해결]

"자살"이란 자유로운 의사결정에 의한 생명단절을 말한다. 역사상 자살은 여러 사회에서 비난과 찬양의 대상이 되어왔다. 이슬람교·유대교·그리스도교 사회에서 자살은 죄악으로 간주되며, 자살시도 행위에 대해 법으로 처벌할 수 있도록 되어 있었다. 반면에 한때 인도에서는 과부들의 자살이 높이 칭송되기도 했고, 일본에서는 할복자살 풍습이 오랜 세월 동안 하나의 의식처럼 행해졌다. 그런데 형법은 자살을 처벌하지 않는다. 자살이 처벌되지 않는 형식적 이유는 형법이 이에 대한 처벌규정을 두고 있지 않기 때문이고, 형법이 처벌규정을 두지 않는 이유는 처벌대상과 처벌이익이 없기 때문이다. 그러나 형법은 타인의 자살에 관여하는 행위, 즉 자살관여에 대하여는 처벌대상으로 하고 있다. 여기서 "자살관여"는 타인을 교사 또는 방조하여 자살하게 하는 것을 말하고, 자살의사가 없는 자에게 자살을 결의하게 하는 "자살교사"와 이미 자살을 결심한 자가 자살을 쉽게 할 수 있도록 도와주는 "자살방조"로 나누어진다.

위의 사례에서 K는 자살을 결심한 부인이 자살을 용이하게 할 수 있도록 농약을 제공하였으므로 자살방조죄로 처벌받게 될 것이다. 판례에 따르면, 자살방조죄는 자살하려는 사람의 자살행위를 도와주어 용이하게 실행하도록 함으로써 성립되는 것으로서, 그 방법에는 자살도구인 총, 칼 등을 빌려주거나 독약을 만들어 주거나 조언 또는 격려를 한다거나 기타 적극적·소극적·물질적·정신적 방법이 모두 포함된다 할 것이나, 이러한 자살방조죄가 성립하기 위해서는 그 방조 상대방의 구체적인 자살의 실행을 원조하여 이를 용이하게 하는 행위의 존재 및 그 점에 대한 행위자의 인식이 요구된다.

참고사항]

「형법」 제252조(촉탁, 승낙에 의한 살인 등) ② 사람을 교사 또는 방조하여 자살하게 한 자는 1년 이상 10년 이하의 징역에 처한다.

14

상해죄

▌사 례▌

같은 동네에 사는 S양을 짝사랑하던 K군은 S양에게 한 번만 만나 줄 것을 울며불며 메달렸으나, S양은 남자친구가 있다며 일언지하에 거절하였다. 화가 난 K군은 드라큐라 복장을 하고 골목길에 숨어있다가 밤늦게 귀가하던 S양에 갑자기 나타나서 놀라게 해주고 달아났다. 그 일로 인해, S양은 일 주일 동안 식욕부진에 잠도 제대로 이루지 못했다. 이 경우 K군의 행위는 상해죄에 해당하는지?

사례의 해결]

위 사례를 보면, K군의 행위는 S양의 신체를 침해하는 범죄이다. 이 경우 형법상 논의될 수 있는 범죄는 폭행죄와 상해죄가 될 수 있다. 그 이유는 폭행죄와 상해죄는 모두 다른 사람의 신체를 침해하는 범죄이기 때문이다. 그런데 현행 형법은 상해죄와 폭행죄를 엄격하게 구별하고, 그 고의의 내용이나 구성요건, 보호법익이 다른 별개의 범죄로 다루고 있다.

"폭행죄"는 신체에 대한 불법한 유형력 행사 그 자체를 처벌하는 범죄인데 반하여, "상해죄"는 생리적 기능의 훼손(즉, 유체적·정신적 병적 상태의 야기)한 결과가 있어야 한다(생리적 기능훼손설). 따라서 상해죄의 보호법익은 신체의 건강 내지 생리적 기능의 불가침성·완전성이다. 생리적 기능훼손설(일반적 견해, 판례)에 따르면, 신체상처(피하출혈, 찰과상, 처녀막파열), 일부박리(치아탈락), 질병감염(성병감염), 기능장애(보행불능, 수면쟁애, 식욕감퇴, 일시적이 아닌 인사불성)는 상해에 해당하지만, 시체외관의 변경(모발, 수명, 손톱·발톱절단, 부녀의 임신, 일시인사불성)은 상해가 아닌 폭행에 해당하게 된다,

상해의 수단·방법에는 제한이 없으며 유형적인 폭행뿐만 아니라 무형적 방법

(공포감을 주어서 정신장애를 일으키는 경우)에도 인정된다. 부작위로도 할 수 있으며, 행위자 자신이 직접 실행하는 경우뿐만 아니라 자연력·기계·동물 또는 타인을 도구로 이용하는 간접정범의 형태로도 가능하다.

다만, 의사의 치료행위, 정도를 넘지 않은 부모의 징계행위, 정당방위, 피해자의 승낙(운동시합)이 있었던 경우에는 상해죄로서의 위법이 없다.

참고사항]

「형법」 제257조(상해) ① 사람의 신체를 상해한 자는 7년 이하의 징역, 10년 이하의 자격정지 또는 1천만원 이하의 벌금에 처한다.

폭행죄

15

▌사 례▌

C와 K(여)는 행복상가내 이웃하고 있는 야채가게 주인들이다. 어느 날, C는 자신의 가게로 손님을 안내 하던 중, K가 자신의 손님을 그의 가게로 낚아채 가자 K에게 항의하였다. 그러자 K는 먼저 C에게 덤벼들어 뺨을 꼬집고, 주먹으로 쥐어 박았고, 이를 저지하기 위해 C는 K를 부둥켜안았다. 이에 K는 C가 자신을 폭행했다고 주장하는데, 과연 C의 행위가 폭행죄에 해당하는지?

사례의 해결]

"폭행"은 보통 사람의 신체에 대한 유형력의 행사를 의미한다. 형법에서 사용하는 폭행개념에는 대상·정도에 따라 네 가지로 분류한다. 첫째는, 가장 넓은 의미로 사람·물건을 가리지 않고 유형력을 행사하는 모든 경우를 말한다(내란죄), 둘째는, 넓은 의미로 사람에 대한 직접·간접의 유형력의 행사를 의미한다(공무집행방해죄), 셋째는 좁은 의미로 사람의 신체에 대한 유형력행사만을 의미한다(폭행죄). 넷째, 가장 좁은 의미로 상대방을 반항하지 못하도록 하거나 현저히 곤란하게 할 정도의 강력한 유형력행사를 의미한다(강도죄). 형법 제260조가 규정한 폭행의 개념은 협의의 폭행을 의미한다.

사람의 신체에 대한 유형력행사(폭행)의 방법에는 제한이 없다. 신체에 대한 직접·간접적인 유형력의 행사가 모두 폭행이다. 예컨대, 신체에 직접 접촉하는 유형력의 행사로는 구타하거나 차거나 밀치는 행위, 사람에게 돌 등의 물건을 집어 던지거나 침을 뱉거나 옷이나 손을 잡아당기는 행위, 좁은 방에서 칼이나 흉기를 휘두르는 행위 등이 있고, 신체에 접촉하지 않는 유형력의 행사로는 던진 돌이 상대방에게 명중하지 않고 스치거나 소지품에 맞는 경우를 들 수 있다.

또한 신체오관에 대한 유형력행사, 예컨대 피해자에게 혐오감이나 불쾌감을 줄 정도의 큰 음향이나 소음을 내거나 계속 전화를 걸어 벨을 울리는 경우, 거짓소식을 전하거나 고함을 질러 사람을 놀라게 하는 경우 등도 폭행에 해당한다. 나아가 폭언의 반복과 최면을 걸거나 마취약을 사용하여 의식을 흐리게 하는 것도 정신적 고통으로서 신체의 안전을 해치는 행위이기 때문에 폭행이 된다.

그러나 판례는 폭행죄도 형법총칙의 일반적 위법성조각사유, 즉 정당행위(형법§20)조의 사회상규에 의하여 위법성이 배제될 수 있다고 한다. 예컨대, 강제연행을 모면하기 위해 팔꿈치로 뿌리치면서 가슴을 잡고 벽에 밀어붙인 정도의 행위는 소극적 저항으로 사회상규에 위반되지 않으므로 폭행죄가 성립되지 않는다고 하였다.

따라서 위의 사례에서 C의 행위(부둥켜안았던 것)는 본질적으로 신체에 대한 유형력의 행사로서 폭행에 해당하나 그 행위가 K의 행위에 대한 소극적 저항으로 사회상규에 반하는 것이 아니므로 폭행(유형력행사)이 없다고 본다. 다만, 폭행죄는 피해자의 명시적 불처벌의사가 있으면 처벌하지 못하는 반의사불벌죄이다. 따라서 처벌을 희망하지 않는 의사표시를 하거나 처벌희망의 의사표시를 철회하면 공소를 제기할 수 없고, 공소를 제기한 경우에도 공소기각판결을 선고해야 한다.

참고사항]

「형법」 260조(폭행) ① 사람의 신체에 대하여 폭행을 가한 자는 2년 이하의 징역, 500만원 이하의 벌금, 구류 또는 과료에 처한다.

③ 제1항 및 제2항의 죄는 피해자의 명시한 의사에 반하여 공소를 제기할 수 없다.

「형법」 제20조(정당행위) 법령에 의한 행위 또는 업무로 인한 행위 기타 사회상규에 위배되지 아니하는 행위는 벌하지 아니한다.

16

협박죄

사 례

전직 야구선수 출신인 P가 공부를 열심히 하지 않고 놀기만 하는 중학생인 아들에게 스스로의 감정을 이기지 못하고 야구방망이로 때릴 듯이 “죽여버린다”고 말하는 것이 협박죄에 해당하는지?

사례의 해결]

“협박죄”는 개인의 자유로운 신체활동의 전제가 되는 개인의 의사결정의 자유를 보호법익으로 하는 범죄이다. 일반적으로 협박의 의미는 상대방에게 해악을 고지하여 공포심을 일으키게 하는 것을 말하고, 고지내용이 구체적이어서 해악의 발생이 가능한 것으로 생각될 수 있을 정도일 것을 필요로 한다. 다만, 구체적 내용과 관련하여 다음 세 가지 개념, 즉 넓은 의미로 타인에게 공포심을 불러일으킬 수 있는 모든 해악을 고지하는 것(공무집행방해죄), 둘째는 좁은 의미로 상대방이 저항할 수 없는 정도는 아니더라도 현실적으로 공포심을 느낄 수 있는 정도의 해악을 고지하는 것(공갈죄), 셋째 가장 좁은 의미로 상대방이 반항할 수 없을 정도 내지 반항을 현저하게 곤란하게 할 정도의 상당히 높은 강도의 해악을 고지하는 것(강도죄) 등으로 나눌 수 있다.

형법은 협박의 내용이 되는 해악에 대해 아무런 제한도 두고 있지 않다. 따라서 침해되는 법익내용은 생명·신체·자유·명예·재산에 국한되지 않고 성적 자결권·업무·신용·비밀 등 어떤 것이라도 상관없으며 본인뿐만 아니라 본인과 밀접한 관계에 있는 제3자의 것이라도 괜찮다. 또한 해악의 고지의 방법에도 제한이 없다. 따라서 언어뿐만 아니라 문서·거동에 의하더라고 상관없고, 명시·묵시를 묻지 않으며, 제3자를 시켜서 할 수도 있고 가해자가 제3자이더라도 무방하다.

다수설에 따르면, 해악의 고지로 상대방이 현실적으로 공포심을 일으켰을 때 기수(협박죄)가 되고(협박죄), 해악의 고지가 상대방에게 도달하지 않은 경우는 물론 도달하였더라도 상대방이 공포심을 갖지 않은 경우에는 미수(협박미수죄)가 성립한다.

협박죄도 폭행죄와 마찬가지로 피해자의 명시적 불처벌의사가 있으면 처벌하지 못하는 반의사불벌죄이다.

위의 사례를 정리하면, 친권자는 자를 보호하고 교양할 권리의무가 있고(민법§913) 그 자를 보호 또는 교양하기 위하여 필요한 징계를 할 수 있기는 하지만(민법§915) 인격의 건전한 육성을 위하여 필요한 범위 안에서 상당한 방법으로 행사되어야만 할 것임에도 불구하고, P가 스스로의 감정을 이기지 못하고 야구방망이로 때릴 듯이 피해자에게 "죽여 버린다"고 말하여 협박하는 것은 협박죄에 해당할 뿐만 아니라 그 자체로 피해자의 인격 성장에 장해를 가져올 우려가 커서 이를 교양권의 행사라고 보기도 어렵다.

참고사항]

「형법」 제283조(협박) ① 사람을 협박한 자는 3년 이하의 징역, 500만원 이하의 벌금, 구류 또는 과료에 처한다.

③제1항 및 제2항의 죄는 피해자의 명시한 의사에 반하여 공소를 제기할 수 없다.

17

강제추행죄

▌사 례▐

어느 날, K군은 같은 학과 L양이 평소와 달리 너무 예쁘게 보이자, 다가가 입맞춤하려고 시도하였으나 완강히 거절당했다. 이에 자존심이 상한 K군은 L양을 팔로 힘껏 껴안으며 강제로 세 차례 입을 맞추었다. 이 경우 K군을 강제추행죄로 처벌받게 할 수 있는지?

사례의 해결]

"강제추행죄"는 폭행 또는 협박으로 사람에 대하여 추행함으로써 성립하는 범죄이다. 강간죄와 마찬가지로 개인의 성적 의사결정의 자유를 침해하는 범죄이고, 친고죄이기 때문에 피해자의 고소가 있어야 공소를 제기할 수 있다. 여기서 폭행·협박의 정도는 상대방의 의사를 억압할 정도의 것임을 필요하지 않고 상대방의 의사에 반하는 유형력의 행사가 있으면 충분하며 그 힘의 대소강약은 중요하지 않다(판례·다수설).

"추행"은 행위자의 입장을 떠나 일반인으로 하여금 성적 수치심과 혐오감정을 불러일으키는 일체의 행위를 의미한다(다수설·판례). 그러나 추행의 판단기준이 되는 성적 수치심·혐오감이 개인에 따라 천차만별일 수 있기 때문에, 강제추행죄의 대상이 되는 행위는 적어도 사람의 성적 자유를 침해하는 것으로 인정될 수 있을 만큼 중대성이 있는 육체적인 접촉이 있어야 한다. 예를 들면, 상대방의 옷을 벗기거나 성기, 젖가슴 등을 만지는 행위, 키스를 하는 것이 여기에 해당된다. 다만, 중대성이 없는 단순히 무례일 뿐인 행위는 추행이 되지 않는다. 예컨대, 인사로서 행하는 통상의 키스나 포옹 그리고 엉덩이를 감싸거나 등을 쓰다듬는 행위 등이 이에 해당한다.

판례는 추행에 해당하는지 여부는 피해자의 의사, 성별, 연령, 행위자와 피해자의 이전부터의 관계, 그 행위에 이르게 된 경위, 구체적 행위태양, 주위의 객관적 상황과 그 시대의 성적 도덕관념 등을 종합적으로 고려하여 신중히 결정되어야 한다고 판시하였다. 결론적으로, K군이 L양의 의사에 반하여 행한 입맞춤 행위는 강제추행에 해당된다.

참고사항]

「형법」 제298조(강제추행) 폭행 또는 협박으로 사람에 대하여 추행을 한 자는 10년 이하의 징역 또는 1천500만원 이하의 벌금에 처한다.

18 명예훼손죄

사 례

영미론 중간시험이 끝난 직후, Y양은 영어과에서 라이벌인 T양이 그 시험에서 책상에 답을 미리 적어 놓고 시험지에 옮겨 적는 방식으로 부정행위를 했다는 허위의 사실을 학과사무실에서 다수의 학생들에게 수 차례 걸쳐 전파하였다. 그 일로, T양은 학과 학생들에게 부정행위자로 알려지게 되었고, 학교측에 의해서 조사도 받게 되었다. 조사결과, T양은 부정행위를 하지 않았고, Y양이 거짓말 한 것으로 밝혀졌다. 그러나 T양은 이미 지금까지 인정받아온 정직한 이미지가 실추되었기 때문에 어떻게 하던 Y양을 형사적으로 처벌하기를 원한다. 과연 T양에게 적용할 수 있는 죄는 무엇일까?

사례의 해결]

형법에서는 모든 개인에게 보호되어야 할 명예가 있다고 간주한다. 특히, "명예훼손죄"는 공연히 사실을 적시하거나 또는 허위의 사실을 적시하여 타인의 명예를 훼손함으로써 성립하는 범죄이다. 여기서 "명예"란 인간의 인격가치 또는 행동에 대한 사회일반인의 평가를 말한다(외부적 명예설, 다수설). 명예가 사회일반의 평가라면 그 내용을 이루는 인격적 가치는 제한이 없다. 사람의 성격, 신분, 가계, 건강, 외모, 재능, 지식, 직업, 경력, 과거, 신용 등 모든 사회적 평가나 가치가 사람의 명예를 구성한다고 할 수 있다.

"공연히"는 불특정 또는 다수인이 인식할 수 있는 상태, 즉 전파가능성을 말하며, 사실을 적시한 상대방이 특정된 1인인 경우에도 그 자가 불특정 또는 다수인에게 전파할 가능성이 있으면 전파가능성이 인정된다(전파가능성설 : 판례)를 말한다. 예를 들면 가족·직장동료·가까운 친구들만 있는 자리에서 사실을 적시하는 것은 공연성이 부정되지만, 동네주민 1인 또는 가족과 동네주민이 함께 있는 자리에서의 사실의 적시는 전파가능성이 있으므로 공연성이 인정된다.

여기에서 "불특정인"은 수의 다소와 상관없이 사실적시를 행한 곳이 공개된 장소이기 때문에 상대방이 한정되어 있지 않다는 의미이고, "다수인"은 특정여부와 상관없이 단순한 복수이상의 상당 다수를 의미한다. "사실의 적시"에서 "사실 "은 사람의 지위·가치를 훼손할 수 있는 사실이면 되고, 과거·현재·미래의 사실을 불문하며, "적시"는 사람의 사회적 평가를 저하시키는 데 충분한 구체적 사실을 알리는 것을 말하는 데, 그 방법에는 제한이 없다.

언어에 의하는 것이 대부분이나 문서·도화·신문·잡지·라디오 기타 출판물에 의하더라도 관계없다. 사실의 적시가 없는 단순한 욕설·모욕적 언사나 표현, 예컨대 빨갱이 계집년, 만신(무당), 첩년 등은 비록 사실일지라도 높은 추상성, 즉 구체성이 없기 때문에 모욕행위(모욕죄)에 불과하다. "훼손"이란 제3자가 이러한 사람의 명예를 왜곡하고 오도하고 깎아 내리는 것을 말하며, 그 방법은 공연히 사실을 적시하는 것이다.

위 사례의 경우, T가 부정행위를 했다는 거짓말을 다수의 학생들에 전파한 Y의 행위는 명예훼손죄의 대상이 된다.

참고사항]

「형법」 제307조(명예훼손) ① 공연히 사실을 적시하여 사람의 명예를 훼손한 자는 2년 이하의 징역이나 금고 또는 500만원 이하의 벌금에 처한다.

②공연히 허위의 사실을 적시하여 사람의 명예를 훼손한 자는 5년 이하의 징역, 10년 이하의 자격정지 또는 1천만원 이하의 벌금에 처한다.

19

업무방해죄

사 례

H교수는 출제교수들로부터 대학원 신입생 전형시험문제를 제출받아 제자인 K군과 D군에게 그 시험문제를 알려주었고, 그들은 단안쪽지를 작성한 다음 이를 답안지에 그대로 배껴 써서 그 사실을 모르는 시험감독관에게 제출하였다. 이 경우 H교수의 행위는 형법상 어떤 죄에 해당하는지?

사례의 해결]

"업무방해죄"는 허위의 사실을 유포하거나 위계 또는 위력으로써 타인의 업무를 방해함으로써 성립하는 것으로서 주로 대학의 입시부정과 위장취업에 적용됨으로써 널리 알려진 범죄이다. 업무방해죄는 사람의 인격, 사회활동의 자유를 경제적 측면에서 보호하는 범죄이다. 이 죄의 보호법익은 업무이다.

여기서 "업무"는 사람이 사회적 지위에서 계속적으로 종사하는 사무 또는 사업을 말한다. 업무는 보호가치가 있는 업무에 국한되어야 하기 때문에 정당한 업무이어야 한다. 판례는 사실상 평온하게 이루어진 사회활동을 보호가치가 있는 업무라고 한다. 따라서 경제적인 것뿐만 아니라 정신적인 것도 업무가 될 수 있으며, 업무는 보수의 유무, 영리목적의 유무 그리고 주된 것과 종된 것의 구별을 묻지 않는다. 업무를 방해하는 행위는 허위사실을 유포하거나 위계 또는 위력으로도 할 수 있다. "허위사실의 유포"는 객관적 사실과 다른 내용을 불특정 다수인에게 전파하는 것을 말하며, "위계"는 사람을 기망 또는 유혹하여 상대방을 착오에 빠지게 하는 일체의 행위를 말한다.

위계에 의한 업무방해의 예로는 상품의 품질을 악선전하는 내용의 인쇄물을 보낸 경우, 석사학위논문을 타인에 의해 대리 작성하게 하여 제출한 경우 등이 있다. “위력”은 사람의 의사를 제압할 수 있는 일체의 힘(세력)을 말한다. 유형(폭행·협박), 무형(정치·경제·사회적 지위의 이용)의 방법을 묻지 않는다. 위력에 의한 업무방해의 예로는 회의개최를 집단적 폭언으로 방해한 경우, 점포에서 영업을 하지 못하도록 단전조치를 취한 경우 등이 있다. 업무의 방해는 업무집행 자체를 방해는 경우뿐만 아니라 업무의 경영을 저해하는 경우도 포함한다.

위사례의 경우, H교수의 행위는 위계에 의한 업무방해죄에 해당된다고 볼 수 있다.

참고사항]

「형법」 제314조(업무방해) ① 제313조의 방법(허위의 사실을 유포하거나 기타 위계로써) 또는 위력으로써 사람의 업무를 방해한 자는 5년 이하의 징역 또는 1천500만원 이하의 벌금에 처한다.

20 공갈죄

[사 례]

동네 불량배 R은 장미호프에 들락거리며 술을 시켜 먹고는 가게주인이 술값을 달라고 하면 자신이 폭력조직인 속칭 'P파' 추종세력인 것처럼 말하거나 가게주인에게 신체에 어떠한 위해를 가할 듯한 태도를 취하여 그 술값청구를 단념케 하는 등의 방법으로, 2년 동안 약 100만원의 술값을 지급하지 않음으로써 그 금액 상당의 재산상 이득을 취득하였다. 이 경우 R의 행위는 어떻게 보아야 하는가?

사례의 해결]

"사기죄"가 사람을 속여 재물을 편취하는 범죄인데 비하여, "공갈죄"는 사람을 겁주어 그 목적을 달성하는 범죄라고 할 수 있다. 즉 "공갈죄"는 사람을 공갈하여 재물의 교부를 받거나 재산상 이익을 취하는 것 또는 제3자로 하여금 재물의 교부를 받거나 재산상 이익을 취득하게 함으로써 성립하는 범죄이다.

여기서 "공갈"이란 폭행·협박을 수단으로 하면서 일정한 해악을 고지하여 상대방이 겁을 먹게 하는 행위를 말한다. 강도죄와 차이점은 강도죄가 피해자의 반항을 억압할 정도의 폭행·협박을 요하는 데 반하여 공갈죄는 피해자의 임의 의사를 제한하는 정도의 폭행·협박을 요한다는 점에 있다. 공갈죄에 있어서, "폭행"은 사람에 대한 일체의 유형력의 행사로서 물건에 대한 것도 여기에 포함될 수 있다. 다만, 공갈죄의 수단은 상대방의 의사결정과 활동의 자유를 완전히 배제시키는 절대폭력은 제외되고 상대방의 의사를 일정한 방향으로 강제하는 강제폭력만이 해당된다.

또한 "협박"은 상대방에게 공포심을 갖게 할 목적으로 해약을 고지하는 일체의 행위를 말한다. 고지의 해악의 내용에는 제한이 없다. 예컨대 가장 일반적이라고 할 수 있는 생명·신체·자유·명예·신용·재산뿐만 아니라 기타 상대방이 현실적으로 공포심을 가질 수 있는 내용이면 어떤 것이라도 상관없다. 해악의 통고하는 방법에도 제한은 없다. 즉 명시적·묵시적 방법, 언어·문서·거동 등 어떤 방법을 사용하더라도 무방하다. 폭행·협박의 결과 상대방이 현실적으로 공포심을 느낄 수 있었는가에 관한 판단은 피해자가 처한 구체적 사정을 토대로 객관적으로 판단한다.

공갈죄가 성립하기 위해서는 피공갈자가 공포심을 느낀 상태에서 재물을 교부하거나 재산상 이익을 공여하는 재산처분행위를 하여야 한다. 재산처분행위는 작위뿐만 아니라 부작위 내지 묵인에 의해서도 가능하지만, 그 처분행위는 피해자의 손해발생에 대해 직적접인 원인이 되어야 한다. 그리고 공갈받은 자와 재산처분행위자는 같은 사람이어야 한다. 그러나 공갈받은 자와 재산피해자가 같은 사람일 필요는 없다. 공갈행위자와 재산이득자도 같은 사람일 필요가 없다.

따라서, 공갈죄가 성립하기 위해서는 행위자의 폭행·협박, 피해자의 겁(공포심), 피해자의 재물교부 또는 재산상의 이익의 제공, 행위자의 수령은 서로 인과관계가 있어야 한다. 위사례의 경우, R이 가게주인에게 해악을 암시·공언하여 술값을 면한 행위도 공갈죄에 해당한다.

참고사항]

「형법」 제350조(공갈) ① 사람을 공갈하여 재물의 교부를 받거나 재산상의 이익을 취득한 자는 10년 이하의 징역 또는 2천만원 이하의 벌금에 처한다.

②전항의 방법으로 제삼자로 하여금 재물의 교부를 받게 하거나 재산상의 이익을 취득하게 한 때에도 전항의 형과 같다.

21

점유이탈물횡령죄

▌사 례▌

지하철 승무원인 U는 객실상태를 점검하던 중 승객이 두고 내린 신형 노트북 컴퓨터를 분실물센터에 신고하지 아니하고 컴퓨터 중고매매상에게 팔아서, 그 돈으로 평소 갖고 싶었던 고급카메라를 샀다. 이 경우 U의 행위는?

사례의 해결]

사람들은 건망증이라는 것이 있어서 종종 자신들의 물건을 잃어버리는 수가 있는데, 이렇게 잃어버린 물건을 법에서는 점유이탈물이라고 한다. 형법에서는 점유이탈물을 주운 사람이 주인에게 돌려주지 않고 갖게 될 때에는 "점유이탈물횡령죄"로 다스린다. 즉 "점유이탈물횡령죄"는 소유자가 점유권을 상실한 재물, 예컨대 유실물·표류물·매장물 등을 횡령함으로써 성립하는 범죄이다. 점유이탈횡령은 점유침해가 없다는 점에서 절도죄와 구별되고, 소유자와 위탁관계에 의한 보관이 없다는 점에서 횡령죄 또는 업무상 횡령죄와 성질을 달리한다.

점유이탈물횡령죄가 성립하기 위해서는 우선, 그 대상이 점유이탈물 외에도 유실물·표류물·매장물이 되어야 한다. 여기서 "점유이탈물"은 점유자의 의사와 상관없이 그 점유를 떠난 물건, 예컨대 잘못 배달된 우편물, 바람에 날려온 세탁물 등을 말한다. "유실물"은 잃어버린 물건으로서 점유자의 의사에 의하지 않고 그 점유를 벗어난 상태에서 아직 누구의 점유에도 속하지 않는 물건, 예컨대 식당에서 우연히 바꾸어 신은 신발, 타인이 놓고 간 물건, 교통수단 속에 놓고 내린 물건 등을 말한다. 또한 "표류물"은 점유를 이탈하여 하천이나 바다에 떠다니는 물건이고, "매장물"은 토지·해저·건조물 등에 묻혀 있어서 누구의 소유인지 모르는 물건, 예컨대 고분안에 들어 있는 물건을 말한다.

둘째, 본죄의 행위는 횡령으로서 불법영득의사를 가지고 점유이탈물을 자기의 사실적 지배에 둠으로써 범죄가 성립하게 된다. 여기서 횡령행위는 횡령과 반환거부로 나타나는데, “횡령”이란 불법영득의사를 객관적으로 표출하는 행위로써 소비·착복·반출·은닉·타용도의 사용 등 사실상 행령행위와 매각·대여·질권설정·가등기·증여 등 법률상 횡령행위를 포괄하고, “반환거부”란 불법영득의사로써 보관물에 대해 소유자의 권리를 배제하는 의사표시를 하는 것이다. 따라서 처음부터 영득의 의사로 습득한 경우는 물론이고, 우연히 행위자의 점유에 들어오게 된 물건도 나중에 불법영득의사를 외부적으로 표출하는 행위를 하게 되면 점유이탈물횡령죄가 성립하게 된다.

위의 사례에서, 승객이 두고 내린 노트북은 전형적인 점유이탈물로서 유실물이다. 지하철 승무원인 U가 이를 주인에게 돌려주거나 경찰에 신고하지 않고 소비한 행위는 점유이탈물횡령죄에 해당한다.

참고사항]

「형법」 제360조(점유이탈물횡령) ① 유실물, 표류물 또는 타인의 점유를 이탈한 재물을 횡령한 자는 1년 이하의 징역이나 300만원 이하의 벌금 또는 과료에 처한다.

② 매장물을 횡령한 자도 전항의 형과 같다.

22

배임죄

▌사 례▌

K는 D대학 졸업 후 대학동창 10여명을 모아 유럽일주여행계를 조직하였데, 그 내용은 매월 10만원씩 내고 3년 뒤부터 추첨된 순서에 따라 유럽일주여행을 가는 것이었다. 그런데 K는 3년째 되는 해 자신의 사업이 부도날 위험에 처하자, 그 곗돈을 회사의 채무를 갚는데 써버렸다. 이 경우 K군의 책임은?

사례의 해결]

사람이 사는 사회의 기초는 역시 상호간의 신뢰이지만, 이런 신뢰를 깨는 배신행위가 도덕의 비난을 넘어 범죄가 되는 경우(예, 계가 깨진 경우)도 많이 있다. 그것은 바로 "배임죄"이다.

"배임죄"는 타인의 사무를 처리하는 자가 그 임무에 위배되는 행위를 하여 스스로 재산상 이익을 취득하거나 또는 제3자로 하여금 이를 취득하게 하여 본인에게 손해를 입히는 내용의 범죄이다. 배임죄의 본질은 내부적으로 본인과 맺은 신임관계를 위반(배신)하여 재산상 보호임무를 다하지 않은 점이다(배신설).

배임죄가 성립되기 위해서는 첫째, 행위주체가 타인의 사무를 처리하는 자이어야 한다. 타인의 사무를 처리하게 되는 원인은 법령(친권자, 후견인, 법인의 대표자), 계약(위임, 고용), 관습, 사무관리 등 다양하다고 할 수 있다. 여기서 "타인"은 대내적으로 신의성실원칙에 비추어 그 사무를 처리할 신임관계가 있는 자로서 자연인·법인·법인격없는 단체를 포괄한다. "사무"는 타인의 재산유지·증식과 관련된 재산관리사무를 말한다. 즉 사무는 재산상의 사무에 국한된다. 예컨대 의사가 환자를 치료하는 사무는 재산상의 사무가 아니므로 설사 치료를 잘못하더라도 배임죄가 되는 것은 아니다. 타인의 사무처리는 타인과 사무처리자 사이에 일정한 신임관계가 있어야 한다.

둘째, 배임행위, 즉 재산관리의무를 위반하여 자기 또는 제3자가 재산상 이익을 얻고, 본인에게 손해를 발생하였거나, 또는 손해발생의 가능성이 있어야만 한다. 여기서 배임행위에 대한 구체적 판단은 사무의 성질·내용·구체적 행위상황 등을 고려하여 통상의 사무집행범위를 일탈하였는가에 따라서 내려진다. 판례는 "배임행위"를 법령·계약·신의칙상 당연히 하여야 할 것으로 기대되는 행위를 하지 않거나 당연히 하지 않아야 할 것으로 기대되는 행위를 함으로써 본인과 신임관계를 저버리는 것이라고 정의하였다. 배임행위의 유형은 법률행위와 함께 사실행위를 포함하며, 부작위에 의하더라도 상관없고, 그것이 법률상 유효인가 무효인가 여부와도 관계없다.

셋째, 배임행위에 고의(불법이득의사)가 있어야 한다. 즉 타인의 사무처리자로서 임무에 위배되는 행위를 하여 본인에게는 손해를 가하고 자기 또는 제3자는 이에 따른 이익을 취득한다는 사실에 대한 인식·의욕이 었어야 한다.

위 사례의 경우, K군의 책임은 계원(동창생)들로부터 계불입금을 받아 이를 탈 자격이 있는 계원에게 돈을 지급하는 것이다. 그러므로 계주인 K군은 이러한 사무를 처리하는 자이고, 계원(동창생)들이 불입한 곗돈을 자기가 소비하는 행위는 배신행위이므로 배임죄가 된다.

참고사항]

「형법」 제355조(횡령, 배임) ②타인의 사무를 처리하는 자가 그 임무에 위배하는 행위로써 재산상의 이익을 취득하거나 제삼자로 하여금 이를 취득하게 하여 본인에게 손해를 가한 때에도 5년 이하의 징역 또는 1천500만원 이하의 벌금에 처한다.

재물손괴죄

23

【사 례】

Y는 외제승용차를 타고 온 친구 L을 시샘한 나머지, L이 잠시 자리를 비운 사이에 L의 차 타이어를 송곳으로 펑크를 내고 달아나 버렸다. Y의 행위는?

사례의 해결]

재산죄의 형태는 훔치고, 뺏고, 속이고, 가로채고, 배신하는 것 외에, 부수거나 숨기거나 하는 것도 포함된다. 이처럼 타인의 재물이나 문서 또는 전자기록 등 특수매체기록을 손괴, 은닉 기타의 방법으로 그 효용을 침해하는 형태의 재산범죄를 "손괴죄"라고 한다. 그런데 손괴죄가 다른 재산범죄(절도죄·강도죄 등)와 다른 점은 자기가 소유자를 배제하고 사용·처분하려는 의사, 즉 불법영득의사가 없다는 것과 그 보호법익이 소유권 그 자체가 아니라 소유권의 이용가치라는 점이다.

손괴죄가 성립하기 위해서는 첫째, 그 대상은 타인의 재물, 문서 또는 전자기록 등 특수매체기록이어야 한다. 여기서 "재물"은 유체물과 관리할 수 있는 동력을 포함하고, 동산·부동산을 불문하며, 동물뿐만 아니라 경제적 교환가치가 없는 것도 포함한다. "문서"는 공용서류에 해당하지 않는 모든 문서를 말한다. "전자기록 등 특수매체기록"은 전기적·자기적 방식으로 저장된 기록, 즉 직접회로·자기디스크·자기테이프(전자기록)와 레이저와 같은 광기술을 이용한 기록(특수매체기록)을 말한다.

둘째, 이러한 재물, 문서 또는 전자기록 등 특수매체기록은 타인의 소유에 속하여야 한다. 여기서 "타인"은 자연인·국가·법인·법인격없는 단체를 포함한다. "소유"는 단독소유뿐만 아니라 공동소유도 포함한다.

셋째, 그 행위가 손괴 또는 은닉 기타의 방법으로 효용을 해하는 것이어야 한다. 여기서 "손괴"란 재물, 문서 또는 전자기록 등 특수매체기록의 전부나 일부에 직접 유형력을 행사(물체훼손)하거나 기계적 조작으로 이용가능성을 침해(기능훼손)하는 일체의 행위를 말한다. 그러나 이러한 훼손은 물건의 본래 용도대로 사용할 수 없는 본질적 훼손이어야 한다. 그 본질성 판단은 구체적 상황에 따라서 내려져야 한다. 판례는 예컨대, 타인 소유의 광고용 간판을 백색페인트로 도색하여 광고문안을 지워버린 행위 등은 손괴행위로 인정하였으나 경리장부를 이기하는 과정에서 누계가 잘못된 부분을 찢은 행위 등은 손괴행위에 해당하지 않는다고 판시하였다. "은닉"은 물건의 소재를 불분명하게 하여 그 발견을 곤란하게 하거나 불가능하게 함으로써 물건의 효용을 침해하는 행위이다. "기타의 방법"은 사실상 또는 감정상 그 물건을 본래의 용도에 따라 사용할 수 없게 하는 일체의 행위를 의미한다. 예컨대, 새장의 새를 날려 보내는 행위, 전시장의 석고상에 페인트칠하기, 시계를 분해하는 행위, 자동차나 건물의 벽면에 스프레이를 뿌리는 행위, 타인의 금반지를 한강에 던지는 행위, 타인의 화물에 부착된 짐표를 떼어내는 행위, 타인의 앵무새에게 욕설을 가르치는 행위, 자동차 열쇠구멍에 성냥개비를 꽂아두는 행위, 휘발유탱크에 물이나 설탕을 집어넣는 행위 등이 있다.

넷째, 손괴를 행하는 자가 타인의 재물, 문서 또는 전자기록 등 특수매체기록의 이용가치의 전부 또는 일부를 침해한다는 인식이 있어야 한다. 이것은 반드시 계획적인 손괴의도가 있거나 물건의 손괴를 적극적으로 희망하여야 하는 것은 아니고, 소유자의 의사에 반하여 재물의 효용을 상실케 하는 데 대한 인식이 있으면 족하다는 것이다.

위사례의 경우, L의 소유인 외제자동차(재물)를 본래 용도대로 사용할 수 없도록 하기 위해 고의로 타이어 바람을 뺀(손괴행위) Y의 행위는 재물손괴죄에 해당한다.

참고사항]

「형법」 제366조(재물손괴 등) 타인의 재물, 문서 또는 전자기록 등 특수매체기록을 손괴 또는 은닉 기타 방법으로 기 효용을 해한 자는 3년 이하의 징역 또는 700만원 이하의 벌금에 처한다.

24

권리행사방해죄

【사 례】

지난 주 생일날, H군은 친구들과 함께 단골술집 W바에서 한잔하였고, 술값이 부족하자 차고 있던 고급시계를 맡겼다. 다음날 H군은 술값을 갚으러 술집에 갔으나 주인이 없자 술값은 갚지 않고, 술값대신 맡겨 놓은 시계를 몰래 가져갔다. H군의 행위는?

사례의 해결]

현대사회에서는 자기의 물건을 다른 사람에게 담보물로 주거나 빌려주어 이 물건을 다른 사람이 점유하거나 그 물건에 대한 권리를 갖는 경우가 많기 때문에, 비록 그 물건의 주인(소유주)라고 할지라도 다른 사람이 점유하거나 권리를 갖는 물건에 대한 방해행위를 할 경우 이를 처벌할 필요가 있다. 이에 관한 것이 "권리행사방해죄"이다. 즉 "권리행사방해죄"는 타인의 점유 또는 권리목적이 된 자기의 물건 또는 전자기록 등 특수매체기록을 취거, 은닉 또는 손괴하여 타인의 권리행사를 방해함으로써 성립하는 범죄이다.

권리행사방해죄가 성립하기 위해서는 첫째, 그 행위주체는 권리행사방해의 객체인 재물의 소유자여야 한다. 즉 자기 재물에 대해 간접점유나 간접점유를 한 소유자이어야 한다. 둘째, 그 대상은 타인의 점유 또는 권리목적이 된 자기 물건 또는 전자기록 등 특수매체기록이어야 하다. 여기서 "타인"이란 행위자 이외의 자연인·법인·법인격 없는 단체 등을 포함한다. "타인의 점유"는 민법상의 점유, 즉 점유할 권리가 있는 재산권을 의미한다. 이러한 점유의 권원은 지상권·전세권·질권 등의 물건과 임차·임치 등의 채권이다. "타인의 권리목적"이란 점유하지 않고서도 타인의 재물에 대한 제한물권 또는 채권을 갖는 것을 말하며, 판례는 가압류되어 있는 물건을 그 예로 든다. 셋째, 취거·은닉 또는 손괴로 타인의 권리행사를 방해해야 한다.

여기서 "취거"는 점유자의 의사에 반하여 목적물을 자기 또는 제3자의 지배로 옮기는 것을 말한다. "은닉"은 물건의 소재를 찾지 못하도록 하거나 또는 찾기 어렵도록 하는 경우, 즉 숨기거나 감추는 것을 말한다. 그리고 "손괴"란 물건의 전부 또는 일부에 대해 그 가치를 침해하는 일체의 행위, 예컨대 물건 그 자체를 파손하는 것, 용도대로 못쓰게 하는 것 등을 말한다. "권리행사방해"란 타인의 권리행사를 방해할 구체적 위험상태를 야기하는 것을 말한다. 그렇지만 반드시 권리행사결과가 현실적으로 발행해야 하는 것은 아니다. 넷째, 권리행사의 방해에 고의가 있어야 한다. 다수의 견해는 타인의 점유 또는 권리목적이 된 자기물건이라는 것과 이를 취거 등을 함으로써 타인의 권리행사를 방해한다는 인식이 있으면 족하고, 미필적 고의로도 충분하다고 한다.

위 사례의 경우, 술값 대신에 시계를 끌러 주면 술집 주인이 질권을 갖게 되기 때문에 이 시계를 술값을 갚지 않고 몰래 훔치는 것은 취거에 해당하는 것이다. 따라서 H군의 행위는 권리행사방해죄가 된다.

관련규정]

「형법」 제323조(권리행사방해) 타인의 점유 또는 권리의 목적이 된 자기의 물건 또는 전자기록 등 특수매체기록을 취거, 은닉 또는 손괴하여 타인의 권리행사를 방해한 자는 5년 이하의 징역 또는 700만원 이하의 벌금에 처한다.

혼인의 성립과 혼인관계

25

▌사 례▐

회사원인 갑은 부모의 극심한 반대 때문에 사귀던 여자친구 을과 결혼이 불가능하게 되자 보름달이 비치는 큰 소나무아래에서 정성스럽게 냉수를 떠놓고 결혼식을 거행하였다. 이로서 혼인이 성립되는가?

Ⅰ. 혼인의 개념

혼인은 영속적인 공동생활을 목적으로 하는 법적으로 승인된 1남 1여의 성적 결합을 말한다. 혼인은 사회공동체의 근본바탕이 되는 것으로서, 우리나라에서는 1부1처제를 따르고 있다. 이러한 혼인이 성립하기 위해서는 실질적 요건은 물론 형식적 요건까지도 충족하여야 성립된다.

Ⅱ. 실질적 요건

1. 혼인에 관한 의사의 합치

혼인에 관한 의사란 부부관계를 성립시킬 의사, 즉 사회의 통념에 따라 혼인으로 인정될 만한 생활공동체를 구성하고 하는 의사이다. 따라서 당사자는 의사능력을 갖추어야 하는 것은 물론, 그 의사는 무조건·무기한의 것이어야 한다. 또한 혼인의사는 당사자의 진정한 자유의사여야 하므로 대리가 허용되지 않는다. 그리고 혼인의사는 신고서를 작성할 때는 물론 신고수리를 하는 때에도 존재하여야 한다.

2. 혼인적령

혼인적령이란 법률이 혼인을 유효하게 성립시키기 위하여 요구하는 최저연령이다. 현행법은 남녀 만 18세 이상이면 혼인할 수 있도록 규정하고 있다. 따라서 적령인 이상 아무리 고령자이거나 연령차가 있다하더라도 무방하다. 그러나 부적령혼은 취소할 수 있다(민법 제816조 제1호).

3. 동의권자의 동의

1) 미성년자가 혼인을 할 때에는 부모의 동의를 얻어야 한다. 자의 혼인 동의권자는 친권 또는 보호권을 가지는 부모에 한정시키는 것이 타당하므로 친생부모와 양부모가 있는 경우에는 양부모의 동의가 우선한다. 부모 중 어느 한쪽이 동의권을 행사할 수 없을 때에는 다른 한쪽만의 동의로도 가능하고(민법 제808조 제1항, 제3항), 부모 모두 동의할 수 없을 때는 후견인의 동의를 얻어야 한다(민법 제808조 제1항). 후견인이 없거나 동의할 수 없을 때에는 친족회의 동의를 얻어 혼인할 수 있다(민법 제808조 제3항).

2) 금치산자는 부모 또는 후견인의 동의를 얻어 혼인할 수 있으며, 부모 또는 후견인이 없거나 동의할 수 없을 때에는 친족회의 동의를 얻어야 한다(민법 제808조 제2항, 제3항).

3) 한정치산자의 경우에는 부모의 동의가 이어야 한다고 하는 견해도 있지만 다수설은 부모의 동의를 얻을 필요가 없다고 보고 있다.

4) 부모나 후견인 또는 친족회가 정당한 사유 없이 동의를 거절하는 경우에는 권리남용을 이유로 동의에 갈음하는 재판을 청구할 수 있다.

5) 근친혼 금지

- 8촌 이내의 부계혈족 또는 모계혈적 사이에는 혼인하지 못한다.
- 6촌 이내의 혈족의 배우자, 배우자의 6촌 이내의 혈족, 배우자의 4촌 이내의 혈족의 배우자인 인척이거나 이러한 인척이었던 자 사이에서는 혼인하지 못

한다.

- 6촌 이내의 양부모계의 혈족이었던 자와 4촌 이내의 양부모계의 인척이었던 자 사이에는 혼인하지 못한다.

Ⅲ. 형식적 요건

1. 임의 혼인신고

혼인은 호적법에 정한 바에 의하여 신고함으로써 법률상 성립한다. 이러한 신고에 의하여 혼인이 성립하는 경우를 법률혼주의라 한다. 다만, 조정이나 재판에 의한 혼인신고의 경우는 예외이다. 우리 민법은 신고함으로써 '그 효력이 생긴다.'고 하고 있으나, 당사자가 신고하는 방식에 따라 혼인의사의 합치를 신고하여 성립하기 때문에 신고는 유효조건일 뿐 아니라 성립요건이라고 할 수 있다. 그렇기 때문에 혼인신고를 하지 않고 부부관계를 수십년동안 유지해 왔더라고 법률상의 혼인으로는 인정되지 않는 것이다.

혼인신고는 당사자 쌍방과 성년인 증인 2명이 연서하고, 호적법 제76조에 의한 기재사항을 기재한 혼인신고서를 작성하여 당사자의 본적지 또는 주소지나 현재지에 신고하여야 한다. 이처럼 민법은 제812조 제2항에서 신고는 '서면으로 하여야 한다고.'고 규정하고 있으나, 호적법 제27조가 신고방법으로 '서면 또는 구술로 신고할 수 있다고.'고 규정하고 이기 때문에 구술신고도 가능하다고 본다.

신고는 호적공무원이 수리함으로써 완료된다. 수리된 신고는 호적부에 기재되지 않아도 혼인이 성립한다. 호적공무원 또는 신고를 받은 자는 신고 된 혼인이 민법 제807조 내지 제811조 및 제812조의 규정 기타 법령에 위반하지 않음을 확인한 후가 아니면 수리해서는 안 된다. 여기서 호적공무원은 형식적 심사권만을 가질 뿐이지 실질적 심사권은 가지고 있지 않다.

2. 조정·재판에 의한 혼인신고

- 조정에 의한 혼인 : 사실상 혼인생활을 하면서도 일방의 비협조나 그 밖의 사유가 혼인신고가 되어 있지 않은 경우에는 사실상혼인관계존재확인청구를 통하여 혼인신고를 할 수 있다. 이 경우에는 먼저 조정을 신청하여야 한다. 혼인에 대하여 조정이 이루어지면 그 사항을 조서에 기재함으로써 조정은 성립되고 그 기재는 재판상 화해와 동일한 효력으로 혼인은 성립된다. 따라서 조정이 성립되면 신청자는 조정성립의 날로부터 1월 이내에 조정조서를 첨부하여 혼인신고를 하여야 한다.
- 재판에 의한 혼인신고 : 조정에 의하여 합의가 이루어지지 않을 경우에는 사실상혼인관계존재확인의 소를 제기할 수 있다. 재판이 확정되면 사실혼관계는 법률상의 혼인이 되는데 그것은 판결의 선고로 효력이 생긴다. 소를 제기한 자는 재판확정일부터 1월 이내에 재판서의 등본과 확정증명서를 첨부하여 신고하여야 한다.

<혼인신고서식>

[양식 제6호] <개정 2003.9.17>

혼 인 신 고 서( ) (년 월 일)	※ 뒷면의 작성방법을 읽고 기재하시되, 선택항목은 해당번호에 "O"으로 표시하여 주시기 바랍니다.

구 분			남 편(부)		아 내(처)	
①혼인당사자(신고인)	본적					
		호주 및 관계	의		호주 및 관계	의
	주소					
		세대주 및 관계	의		세대주 및 관계	의
	성명	한글	㊞(서명 또는 무인)		한글	㊞(서명 또는 무인)
		한자			한자	
	본(한자)		전화·이메일		본(한자)	전화·이메일
	주민등록번호		-		주민등록번호	-
②부모	부	본적			본적	
		성명			성명	
	모	본적			본적	
		성명			성명	
③직전혼인해소일자			년 월 일		년 월 일	
④외국방식에 의한 혼인성립일자			년 월 일			
⑤신 본 적						
⑥폐가 신고		본적			호주 및 관계	의
⑦기타사항						
⑧증인	성 명		㊞(서명 또는 무인)		주민등록번호	-
	주 소					
	성 명		㊞(서명 또는 무인)		주민등록번호	-
	주 소					
⑨동의자	남편	부	성명	㊞(서명 또는 무인)	주민등록번호	-
		모	성명	㊞(서명 또는 무인)	주민등록번호	-
	처	부	성명	㊞(서명 또는 무인)	주민등록번호	-
		모	성명	㊞(서명 또는 무인)	주민등록번호	-
	후견인		성명	㊞(서명 또는 무인)	주민등록번호	-

※ 다음은 통계법 제13조에 의거 개인의 비밀사항이 철저히 보호되고 또한 국가의 인구정책 수립에 필요한 정보 수집이 목적이므로 사실대로 기재하여 주십시요.

⑩실제결혼연월일		년 월 일부터 동거		
⑪직 업	남편		처	
⑫최종졸업학교	남편	1무학 2초등학교 3중학교 4고등학교 5대학이상	처	1무학 2초등학교 3중학교 4고등학교 5대학이상
⑬혼인종류	남편	1초혼 2사별후 재혼 3이혼후 재혼	처	1초혼 2사별후 재혼 3이혼후 재혼

작 성 방 법

- ①,②란 및 ⑦,⑧,⑨,⑩,⑪,⑫란은 신고인 모두가 기재하며, 나머지 란(③,④,⑤,⑥)은 해당되는 사람만 기재합니다.
- 처가(妻家)에 입적하는 혼인인 경우에는 신고서 명칭 (　)안에 "입부"라고 기재합니다.
- 주민등록전입신고는 본 호적신고와는 별도로 하여야 합니다.

①란 : 혼인당사자가 외국인인 경우에는 그 본적란에 국적을 기재합니다.
②란 : 혼인당사자가 양자인 경우에는 이 란에는 양부·양모의 본적·성명을 기재하며, ( )하고 양부·양모임을 표시합니다.
③란 : 이혼 또는 혼인취소가 있었던 사람의 경우 그 일자를 기재합니다.
④란 : 외국방식에 의한 혼인증서등본제출의 경우 혼인성립일을 기재합니다.
⑤란 : ·혼인으로 인한 법정분가로 본적을 새로이 만들고자 하는 경우에 새로운 본적지
·외국인 또는 무적자·본적불명자인 남자와 혼인하는 여자의 경우 일가창립장소
⑥란 : 여호주가 혼인으로 폐가하는 경우
⑦란 : 아래사항 및 호적의 기재를 분명하게 하는데 특히 필요한 사항을 기재합니다
(칸이 부족한 경우에는 별지를 붙여서 추가 기재할 수 있습니다.)
- 혼인당사자들이 동성동본인 경우 그 혼인이 첫째 당사자간에 직계혈족, 8촌이내의 방계혈족 및 그 배우자인 친족관계가 있거나 또는 있었던 때, 둘째 당사자간에 직계인척, 부(夫)의 8촌이내의 혈족인 인척관계가 있거나 또는 있었던 때에 각 해당되지 않는다는 취지 및 호적예규 제535호에 의한 확인서면 첨부 시 그 취지의 기재
- 당사자의 일방이 혼가로부터 재혼하는 때에는 친가의 호주성명, 호주와의 관계 및 그 본적
- 재혼금지기간 내에 재혼하는 여자가 직전 혼인관계의 종료 후 해산을 하였거나 임신하지 아니한 증명을 하여 혼인신고하는 경우에는 그 사유
- 수반입적자(혼인당사자와 함께 혼인당사자의 집(家)에 들어가는 사람)가 이 있는 경우에는 그 사람의 성명(한글, 한자병기), 생년월일, 부모성명, 혼인당사자와의 관계
- 여(女)호주가 폐가(廢家)하고 혼인하는 경우에는 그 취지 및 폐가(廢家)할 가(家)
- 사실상혼인관계확인판결에 의한 혼인신고의 경우에는 판결법원 및 확정일자

⑧란 : 증인은 성년자이어야 합니다.
⑨란 : 미성년자 또는 금치산자가 혼인하는 경우에 동의내용을 기재합니다.
⑪란 : 결혼할 당시의 직업을 구체적으로 기재합니다.
- 잘못된 기재의 예 : 회사원, 공무원, 사업, 운수업
- 올바른 기재 예 : ○○회사 영업부 판촉사원, 건축목공, ○○구청 건축허가 업무담당

⑫란 : 교육부장관이 인정하는 모든 정규교육기관을 기준으로 기재하되 각급 학교의 재학 또는 중퇴자는 최종 졸업한 학교의 해당번호에 "○"으로 표시합니다(예 : 대학교 3학년 중퇴 → ④고등학교에 ○표시).

첨 부 서 류

1. 당사자의 호적등본 각 1부(정보처리시스템에 의하여 그 내용을 확인할 수 있는 경우에는 첨부를 생략할 수 있습니다).
2. 혼인동의서[미성년자 또는 금치산자의 혼인의 경우 신고서 동의란에 기재하고 서명(또는 날인,무인)한 경우는 예외] 1부.
3. 동성동본인 혈족사이의 혼인인 경우 무효혼이 아님을 증명하는 아래의 서면 중 1부.
   - 호적 또는 제적등본
   - 족보사본(혼인당사자에게 관계되는 부분만 첨부하여도 무방함)1부.
   - 부모 또는 8촌 이내의 혈족이나 4촌 이내의 인척인 성년자가 작성한 호적예규 제535호 3조 별지 제1호 서식, 위 확인서를 첨부할 수 없을 경우 성년자 2인 이상이 연서한 별지 2호 서식의 확인서 1부.
4. 사실혼관계존재확인의 재판에 의한 혼인신고의 경우 그 재판서(조정조서)의 등본과 확정증명서(송달증명서) 각 1부.
5. 혼인신고특례법에 의한 혼인의 경우 심판서의 등본 및 확정증명서 1부.
6. 한국에서 외국인과 한국인이 혼인하는 경우 외국인인 남자 또는 여자의 혼인성립요건구비증명서 및 국적증명서면(예:호적등본,출생증명서,여권사본,신분등록부등본 등) 1부.

Ⅳ. 사례의 해결

갑과 을의 이러한 행위는 영속적인 공동생활을 목적으로 하는 혼인에 관한 의사의 합치가 있었다는 점에서 혼인의 실질적 성립의 요건을 충족하고 있다고 하겠다. 그러나 그것만으로는 혼인이 성립되는 것이 아니라 형식적 요건으로서의 혼인신고를 완료하여야만 혼인이 성립되는 것이다. 즉, 혼인은 그 혼인신고가 수리되지 않으면 무효로 된다. 혼인신고가 수리된 경우라도 ① 당사자간의 혼인합의가 없는 때, ② 당사자간의 직계혈족, 8촌이내의 방계혈족 및 그 배우자인 친족관계에 잇거나 있었던 때, ③ 당사자간의 직계인척, 부의 8촌 이내의 혈족인 인척관계가 있거나 있었던 때에는 그 혼인이 무효이다(민법 제815조). 따라서 갑과 을은 혼인을 성립시키기 위하여서는 이러한 무효사유에 해당하지 않고 법이 정한 형식적인 절차에 따라 혼인신고를 완료하여야 한다. 만약 갑과 을이 혼인의 적령기를 넘었다면 부모의 동의 없이도 혼인이 가능하다.

▌사 례▌

처제와의 혼인 가능여부

갑(甲)은 1년 전에 교통사고로 아내를 잃고 어린 남매(男妹)와 살아가고 있는데, 아이들을 돌보기 위하여 미혼인 처제(妻弟) 을(乙)이 자주 갑(甲)의 집에 드나들게 되었고, 아이들은 무척이나 처제를 좋아하고 따랐으며, 갑(甲)도 처제를 무척이나 아끼고 사랑하게 되었다. 그래서 갑(甲)은 처제(妻弟) 을(乙)이 혼인(婚姻)할 의사가 있다면 결혼(結婚)을 하고자하는데 법률상 가능한가?

사례의 해결]

우리 민법상 남녀 만18세 이상이 되면 부모의 동의 얻어서 혼인을 할 수 있다. 그리고 20세 이상이 되면 부모의 동의 없이도 혼인을 할 수 있다. 그러나 민법 제809조에는 일정한 친족관계(親族關係)에 있는 경우에는 근친혼(近親婚)을 금지하고 있다. 즉 8촌 이내의 혈족(血族) 사이에서는 혼인을 하지 못한다. 또한 6촌 이내의 혈족의 배우자(配偶者), 배우자의 6촌이내의 혈족, 배우자의 4

촌이내의 혈족의 배우자인 인척(姻戚)이거나 이러한 인척이었던 자 사이에서는 혼인을 하지 못한다. 그리고 6촌 이내의 양부모계(養父母系)의 혈족이었던 자와 4촌이내의 양부모계의 인척이었던 자 사이에서는 혼인하지 못한다. 위 사례에서 갑(甲)의 처제 을(乙)은 아내인 배우자의 2촌인 혈족으로서 갑(甲)과 을(乙)은 혼인을 할 수 없다. 일본의 경우에는 혈족이라도 4촌부터는 혼인할 수 있으므로 형부와 처제 사이, 시동생과 형수, 시숙과 제수 사이에서는 혼인을 할 수 있다.

사 례

남편 명의로 등기된 부동산의 매매

아내 갑(甲)과 남편 을(乙)은 대학교 다닐 때부터 사귀어 졸업과 취업 후 결혼을 하여 한 때는 아들과 딸을 낳고 알콩달콩하게 살아가고 있었는데, 남편이 어느날부터 도박에 빠지게 되었다. 그리고 을(乙)은 도박자금으로 쓰기위해 자기명의로 등기된 아파트를 팔려고 하자 아내 갑(甲)은 그 아파트는 부부가 혼인 후에 맞벌이 하여 취득한 것이므로 남편마음대로 팔 수 없다고 주장하고 있다. 아내 갑(甲)의 동의 없이는 갑(甲)은 팔 수 없는가?

사례의 해결]

우리 민법 제830조에는 부부의 일방이 혼인전부터 가진 고유재산과 혼인 중 자기의 명의로 취득한 재산은 그 특유재산으로 한다고 규정되어 있다. 그리고 부부의 누구에게 속한 것인지 분명하지 않은 재산은 부부의 공유로 추정한다고 규정되어 있다. 따라서 위 사례에서 일단 아파트가 남편 을(乙)의 명의로 등기가 되어있으므로 갑(甲)의 동의를 얻을 필요도 없이 타인에게 팔 수 있다. 이때 그 아파트를 취득할 때 협력하였다거나 혼인 중에 맞벌이 하여 샀다는 것만으로는 이러한 추정을 번복 할 수 없다. 따라서 위 아파트는 남편의 소유로 추정하므로 남편 을(乙)이 임의로 처분할 수 있다. 그러나 부부 일방의 특유재산으로 추정되는 부동산도 부부 각자가 대금의 일부씩을 분담하여 매수하였거나 부부가 연대채무를 부담하여 매수하였다는 등의 실질적 사유가 존재하는 경우에는 소송상 부부공유로 인정받을 수 있으므로 남편의 부동산을 팔지 못하도록 미리 법원에 처분금지가처분절차를 취함과 동시에 남편을 상대로 지분소유권 이전등기청구소송을 제기하는 것이 좋은 방법이 된다.

▌사 례▌

사실혼 부부의 파혼시 손해배상청구권

甲女와 乙男은 친지들을 모시고 결혼식은 올렸으나 혼인신고를 하지 않고 살고 있다. 그런데 남편(男便) 을(乙)의 외도와 술주정이 잦아 아내 갑(甲)은 헤어지자고 하고 있다. 만약 헤어지게 되는 경우에 아내 갑(甲)은 손해배상청구를 할 수 있는가?

사례의 해결]

우리 민법은 남녀가 결혼식을 올렸다고 하더라도 호적법상 혼인신고를 하지 않으면 법률혼부부가 아니라 사실혼부부로 인정받게 된다. 사실혼은 당사자의 합의에 의하여 사실상 부부로서의 공동생활을 영위하는 경우로서 특별한 의식이나 형식적인 절차를 필요로 하는 것이 아니다. 사실혼부부 사이에서도 법률혼부부와 마찬가지로 동거, 부양, 협조, 정조의 의무 등은 인정된다. 그 외에도 주택임대차보호법상 보증금에 대해서도 상속인과 공동승계를 인정하고 있다(동법 제9조). 그런데 사실혼은 법률혼과는 달리 당사자 일방이 임의로 혼인을 해소할 수 있다. 그러나 정당한 사유가 없으면 혼인의 부당파기로 인한 책임 있는 당사자는 상대방에 대하여 그로 인한 손해배상책임이 있다. 따라서 위 사례에서 남편 을(乙)의 책임 있는 사유로 사실혼 관계를 해소하게 되는 경우로서 아내 갑(甲)은 재산적 분할청구는 물론이고 정신적 손해인 위자료도 청구할 수 있다.

▌사 례▌

파혼시 약혼예물의 반환

갑(甲) 남자와 을(乙) 여자는 양가 친지와 가족을 모신 가운데 약혼식을 올리고, 서로 약혼예물도 주고받았다. 그런데 남녀는 과거의 문제로 헤어지게 되었다. 이때 서로 주고받은 예물은 돌려줘야 하는가?

사례의 해결]

우리나라 대법원 판례에 의하면 약혼시에 서로 주고받은 약혼예물은 혼인의 불성립을 해제조건으로 하는 증여계약으로 해석하여 상대방에게 돌려주어야 한다고 판시하고 있다. 즉 약혼예물을 상대방에게 건네주되 장래에 만약에 혼인이 성립되지 않을 경우에는 되돌려주는 조건으로 증여한 것으로 보는 것이다. 그러나 남녀가 이미 혼인신고를 하고 상당기간 부부생활을 하다가 특별한 사유로 혼인이 해소되었을 경우에는 약혼예물은 서로 돌려줄 필요가 없는 것이다 (서울민사 지법판결 1979. 11. 19)

<보충자료>

▣ 혼인의법적 효과와 관련한 개념정리

1. 친족관계의 발생

부부는 혼인으로 인하여 서로 배우자로서의 신분을 취득하여 친족이 된다(민법 제777조 제3호). 따라서 부부는 상대방의 혈족과의 사이에서 서로 인척관계가 생긴다.

2. 호적의 변동

처는 원칙적으로 부가에 입적한다(민법 제826조 제3항). 이 경우 부가 호적승계인이 아닌 가족이라면 부를 호주로 하여 신호적을 편제하게 된다(민법 제789조, 호적법 제19조의 2). 그러나 처가 친가의 호주 eh는 호주승계인으로서 입부혼인을 하는 경우에는 부가 처가에 입적할 수 있다(민법 제826조 제3항의 단서).

3. 부부의 성

부부의 성에 관하여는 아무런 변동 없이 각자의 성과 본을 그대로 가진다. 입법례에 의하면 부부별성, 부부공동성, 부부합성 등이 있는데, 그 사회의 풍속,

관습 또는 전통적 의식에 따라 결정하게 된다. 현재 우리나라는 부부별성제를 채택하고 있으므로 혼인을 하더라도 아내가 남편의 성을 따르지 않는다.

4. 동거·부양·협조의 의무

부부는 동거하며 서로 부양하며 협조하여야 한다(민법 제826조 제1항 본문). 혼인에 의해 형성된 부부관계는 상호 인격체에 대한 존중을 바탕으로 하여 정신적·육체적·경제적으로 합일하는 공동체로서 영위되어야 하는 바, 그러한 본질에서 요구되는 당연한 결론이다.

•동거의무 : 현대법은 부 또는 처로서의 직분을 다할 수 있도록 부부 쌍방이 반드시 같은 장소에서 부부생활을 영위하도록 하고 있다. 여기에서의 동거는 단순한 장소적인 동거만이 아니라 부부공동체로서의 동거를 의미한다. 따라서 같은 지붕 밑이라도 장벽을 하고 서로 생활을 달리하는 것은 동거가 아니며, 반대로 장소적 다소 떨어져 잇더라도 동거가 성립될 수 있다. 동거장소는 부부의 협의에 의해 정한다. 부부쌍방의 협의가 이루어지지 않은 경우에 당사자의 청구에 의하여 가정법원이 이를 정한다(민법 제826조 제2항). 그리고 정당한 이유로 인하여 일시적으로 동거하지 아니하는 경우에는 서로 인용하여야 한다(민법 제826조 제1항 단서). 직업상의 필요에 의한 해외유학이나 해외취업, 정신상·육체상의 일시적 장애에 의한 입원, 자녀의 교육상의 필요에 의한 일시적 별거 그리고 기타 이유로 일시적 별거하는 것이 부부공동생활을 위하여 바람직할 경우에는 정당한 이유가 있다고 판단된다.

•부양의무 : 여기서 말하는 부양은 부부일체의 공동생활에서 필요한 것을 부부가 서로 제공하여야 하는 것으로 상배당의 생활을 자기의 생활고 동등한 정도로 보장하는 것이다. 따라서 자기생활의 여유가 있는 경우 상대방에게 최저한도의 생활만을 보장하여 주는 친족사이의 부양과는 다르다. 일방이 부양의무를 이행하지 않는 경우에 상대방은 부양청구의 조정·심판을 청구할 수 있으며(가소법 제2조의 마류1호), 이 경우 법원은 부양의 내용정도·방법에 관하여 부양권리자의 수요, 부양의무자의 자력 등 모든 사정을 고려하여 결정해야 할 것이다.

•가사협조의무 : 또한 부부공동생활은 부부의 분업에 기초한 협조에 의해 원

만히 유지될 것인 바, 당사자의 합의에 의해서 분업의 정도를 정해야 할 것이다. 이때 부부 각자의 자력·직업 등 일체의 사정을 고려하여 판단해야 할 것이다. 당사자 일방이 정당한 이유 없이 이 의무를 이행하지 않았을 경우에는 다른 일방은 조정 또는 심판에 의해 그 이행을 청구할 수는 있으나 그에 의해 법적 강제를 할 수는 없다.

5. 정조의무

정조는 혼인공동체 존립의 기초적 요건이다. 혼인의 실질에는 부부가 서로 정조를 지켜야 하는 의무가 내재되어 있으며 이에 정조의무에 관하여 민법은 직접적인 규정을 두고 있지는 않지만, 부정한 행위를 이혼원인을 규정함으로써 정조의무가 부부의 의무임을 확인하고 있다. 판례는 배우자와 별거하고 있는 경우에도 정조의무에 의한 간통죄의 성립을 인정하고 있으나(대판 1980. 4. 8, 79도1848), 이혼에 합의한 이후 부부관계가 해소되기 전의 상태(사실상의 이혼)에서는 간통죄의 성립을 부정하고 있다(대판 1977. 10. 11, 77도2071).

6. 부부간의 계약취소권

부부간에 체결된 계약은 혼인 중 언제든지 부부의 일방이 이를 취소할 수 있다(민법 제828조). 부부 사이의 계약은 애정이나 압력에 의해 체결된 진의가 아닌 의사표시인 경우가 많고, 그 이행을 위하여 법률상의 문제로 삼는다는 것도 원만한 부부생활을 해칠 우려가 있다는 이유에서 둔 규정이다. 그러나 취소할 수 있는 것은 '혼인 중'에 한하므로 혼인 전 계약이나 사실혼 부부사이에는 적용되지 않는다. 취소는 또한 정상적인 부부관계를 전제로 해서만 인정되므로 이미 파기되어 이혼할 것을 양해하고 있거나 이혼소송의 제기 중에 특별한 사정의 변경이 없는 한 제828조에 의한 취소의 효과는 생기지 않는다고 보고 있다(대판 1979. 10. 30, 79다1344). 또 취소에 의하여 계약은 처음부터 성립하지 않은 것으로 되지만 제3자(부부 의외의 자)의 권리는 침해할 수 없다(민법 제828조 단서).

7. 성년의제

미성년자는 친권 또는 후견에 복종하게 되므로, 혼인한 후에는 혼인당사자가 아닌 자의 간섭을 받게 되어 원만한 부부생활이 저해될 뿐만 아니라 혼인에 의한 부부공동체의 자주독립성이 침해될 것이다. 따라서 미성년자의 혼인하면 성년자로 간주하여 부부공동체의 자주성을 보장하고 있다(민법 제826조의 2). 그러나 성년의제의 경우 민법 이외의 법률에 대해서는 그대로 적용되는 것은 아니다. 예컨대 국회의원선거법, 미성년자보호법, 근로기준법 제50조 이하의 연소근로자보호규정 등에서는 미성년자가 혼인을 했더라도 여전히 미성년자로 취급받게 된다.

26 미성년자의 법률행위

▌사 례▐

A는 19세인 고등학생으로서 생일선물로 사준 노트북을 부모의 동의도 없이 B에게 50만원에 매도하였고, 그 돈으로 앰피쓰리 10만원에 사고 또한 친구들과 피자 사먹고 오락실에 가서 쓰고 현재 30만원이 남아 있다. 그런데 B는 그 노트북을 이러한 사실을 모르는 C에게 60만원에 팔아버렸다. 이 때 A와 B, A와 C의 법률관계는 어떻게 되는가?

Ⅰ. 행위무능력자의 의의

행위무능력자란 자기의 행위결과를 인식과 판단에 따라 정상적인 의사결정을 할 수 있는 의사능력(意思能力)이 완전하지 않은 자를 말한다. 이에는 미성년자와 법원으로부터 선고를 받은 한정치산자 및 금치산자가 있다. 이 제도는 행위무능력자를 보호하는 것을 우선으로 하고 부수적으로 거래의 상대방도 보호하기 위한 것이다.

Ⅱ. 행위무능력자의 종류

행위무능력자에 관해 민법에 규정된 것으로는 미성년자, 한정치산자, 금치산자로서 강행규정에 해당한다. 미성년자(未成年者)는 입법정책상 만20세 미만인 자를 말하고(민법 제4조), 그의 법정대리인(法定代理人)은 친권자인 부 또는 모가 된다(민법 제911조). 다만 신분법상 친권의 행사는 부모가 공동으로 행사함이 원칙이고(민법 제909조), 예외적으로 단독으로 친권을 행사하거나(민법 제

909조), 친권자가 없거나 친권자가 법률행위의 대리권 및 재산관리권을 행사할 수 없는 때에는 후견인(後見人)이 법정대리인이 된다(민법 제938조). 또한 한정치산자(限定治産者)는 정신적 장애로 심신이 박약하거나 재산의 낭비로 인하여 자기나 가족의 생활을 궁박하게 할 염려가 있는 낭비자인 자로서 본인. 배우자. 4촌 이내의 친족. 후견인 또는 검사의 청구가 있으면 법원은 선고하여야 한다(민법 제9조). 그리고 금치산자(禁治産者)는 심신상실의 상태에 있는 자로서 본인 등 청구권자의 청구에 의하여 법원의 선고가 있어야 한다(민법 제12조). 따라서 의사능력이 전혀 없는 의사무능력자라 하더라도 금치산선고를 받지 않는 한 금치산자가 아니다. 후견인이 법정대리인이 되는 것은 한정치산자와 동일하나, 금치산자는 법정대리인의 동의가 있더라도 단독으로 재산상의 법률행위를 할 수 없고, 다만 신분법상 법률행위는 후견인의 동의를 얻어 할 수 있다.

Ⅲ. 무능력자의 상대방보호

민법은 무능력자가 법정대리인의 동의 없이 단독으로 법률행위를 한 경우에는 추인할 수 있는 날(법정대리인이 안날 또는 성년이 된 날)로부터 3년 내에, 법률행위를 한 날로부터 10년 내에 취소할 수 있기 때문에, 그동안 무능력자의 상대방은 불안한 상태에 있을 수 있다. 이러한 불안한 상태를 해소시켜주기 위한 제도를 두고 있다.

1.상대방의 최고권

상대방은 무능력자와 법률행위를 할 당시 무능력자가 동의 없이 함을 알든 모르든 무능력자가 20세가 되거나 혼인을 한 경우에는 본인에 대하여, 아직 무능력자인 동안에는 법정대리인에 대하여 1월 이상의 기간을 정하여 그 법률행위를 취소할 것인지의 여부(추인 여부)에 대한 확답을 촉구하여, 그 확답이 없으면 취소하지 않겠다는 의사(즉 追認 한 것)로 보고 취소권을 박탈시키는 제도이다(민법 제15조 제1항). 다만 법정대리인이 단독으로 확답을 할 수 없고 친족회의 동의절차를 요하는 경우에는 확답을 발하지 않으면 취소한 것으로 본다

(민법 제15조 제3항).

2. 상대방의 철회권과 거절권

상대방은 법률행위를 할 당시에 무능력자임을 모르고 한 경우에는 무능력자 측에서 추인하기 전에는 그 의사표시를 철회할 수 있다(민법 제16조 제1항). 다만 계약할 당시 무능력자임을 알았을 경우에는 철회 할 수 없다. 상대방이 계약을 철회하면 그 계약은 처음부터 소급하여 없었던 것으로 되고, 무능력자 측에서는 추인할 수도 없다.

또한 상대방은 무능력자가 한 일방적 의사표시인 단독행위(예: 상계, 채무면제, 해제 등)에 대하여는 추인하기 전에는 거절하여 그 의사표시를 무효로 할 수 있다(민법 제16조 제2항).

3.취소권의 배제

무능력자가 상대방에게 능력자임을 속이거나 법정대리인의 동의가 있는 것으로 거짓말을 한 경우에는 무능력자 측의 취소권을 박탈시킴으로써 상대방을 보호하고 있다(민법 제17조). 이 때 사소한 사술일 경우(예: 군대를 필하였다고 한 경우)에는 해당하지 않고, 적극적인 사술일 경우(예: 호적을 위조하거나 법정대리인의 동의서 위조 한 경우)에 취소권이 없다고 보는 것이 판례의 입장이다.

Ⅳ. 위 사례의 해결

위 사례에서 무능력자 A 또는 그 법정대리인 父母는 B에게 계약을 취소할 수 있고, 또한 그 사실을 모르고 노트북을 B로부터 매수한 C에게도 그 노트북을 반환할 것을 청구할 수 있다. 이 때 무능력자 측에서는 현존이익인 현금 30만원과 앰피쓰리를 B에게 반환하여야 한다. 여기서 현존이익의 입증은 무능력자 측에 있다는 것이 판례의 입장이다. C는 B에게 계약해제하고 매매대금 60만원 반환청구와 손해배상청구여부가 있게 된다. 그리고 한편으로 B는 무능력자의 법정대리인이 추인 또는 취소하기 전에 추인이나 취소여부에 대하여 최고해볼 수 있다. 이 때 1월 이내에 확답이 없으면 취소권이 박탈되고 말 것이다.

27

실종선고 취소의 효과

▌사 례▌

갑(甲)은 가족들과 해외여행 중 2005년 7월 7일 한국시간 오전7시경에 태풍과 해일에 의하여 시체도 찾지 못하여 생사를 알 수가 없게 되었다. 이 사고로 갑(甲)의 아내 을(乙)과 아들 병(丙)은 중상을 입고 치료를 받고 완치되었다. 그 후 아픈 마음의 상처를 극복하고 아내 을(乙)은 정(丁)과 재혼문제와 아들과의 재산상속 및 보험금 수령을 하기 위해 갑(甲)의 실종선고를 2007년 1월 5일에 법원에 신청하여 2007년 7월 7일에 실종선고를 받았다. 그래서 아내 을(乙)은 정(丁)과 결혼을 하였고, 아들 병(丙)은 상속받은 부동산의 일부를 무(戊)에게 팔아서 자동차를 사고 일부는 유흥비와 생활비로 써버렸다. 그런데 세월이 흘러 죽은 줄로만 알았던 갑(甲)은 2009년 6월 6일에 살아서 돌아왔다.

(1)위 사례에서 갑(甲)의 상속일이 되는 법적 사망일은 언제인가?

(2)위 사례에서 갑(甲)이 생환하여 실종선고를 취소한 경우에 아내 을(乙)과 정(丁)의 재혼 무효를 주장할 수 있는지, 또한 상속인 아들 병(丙)으로부터 부동산을 매수한 무(戊)는 이전등기를 말소해주어야 하는가?

(3)아내 을(乙)과 아들 병(丙)은 이미 처분하였거나 낭비한 재산과 보험금을 피상속인 갑(甲)과 보험회사에 반환하여야 하는가?

사례의 해결]

위 사례 (1)은 실종선고에 있어서 선고기간의 기산점인 위난이 종료된 날로부터 만 1년이 되는 2006년 7월 7일에 사망한 날인 상속개시일이 된다.

그리고 우리 민법 제29조 1항 단서에서 '실종선고 후 그 취소 전에 선의로 한 행위의 효력에는 영향을 미치지 아니 한다'라고 규정하여 실종선고를 전제로 한 이해관계인들에게 불측의 혼란과 손해를 최소한도로 보호하고 있는 것이다. 따라서 위 사례 (2)에서 아내 을(乙)과 정(丁)의 재혼의 효력은 당사자가 갑

(甲)의 생존사실을 모르고 선의로 결혼을 하였다면 갑(甲)은 혼인 무효를 주장할 수 없고, 어느 일방이 갑(甲)의 생존사실을 알면서 혼인을 하였다면 갑(甲)은 후혼을 무효로 주장할 수 있다(다수설). 또한 아들 병(丙)이 상속재산 중 부동산을 무(戊)에게 매매로 이전등기를 한 경우에도 병(丙)과 무(戊)는 모두 선의라야 무(戊)는 이전등기를 갑(甲)으로부터 말소당하지 않는다(다수설).그러나 소수설에 의하면 재산적인 처분행위에 대하여서는 계약의 당사자 중 일방만이 선의이면 보호되어야 한다고 보고 있다. 따라서 소수설에 의하면 비록 병(丙)은 악의였다 하더라도 무(戊)는 선의였다면 갑(甲)은 무(戊)에게 이전등기 말소를 주장할 수 없다.

위 사례 (3)에서는 우리 민법 제29조 2항에 '실종선고를 직접 원인으로 하여 재산을 취득한 자가 선의인 경우에는 그가 받은 이익이 현존하는 한도에서 반환할 의무를 지고, 악의인 경우에는 그가 받은 이익에 이자를 붙여서 반환하여야 하며, 손해가 있으면 이를 배상하여야 한다 '라고 규정하고 있다. 따라서 아내 을(乙)은 선의로 처분하여 소비한 금전은 반환할 필요가 없고, 현존하는 상속재산과 상속재산을 매도한 금전이나 보험금으로 매수한 물건인 자동차 등은 갑(甲)에게 반환하여야 한다. 만약에 생존사실을 알고 있었다면 손해배상을 하여야 한다. 이 반환의무는 성질상 부당이득반환이다.

28

법인의 불법행위능력

사 례

A대학교 재단법인 대표이사 갑(甲)은 학교건물 증축공사에 사용할 목적으로 B로부터 2억원을 차용함에 있어서 사립학교법상 관할관청의 허가를 받지 않았다. 이때 B는 대여금 2억원의 담보로 당좌수표를 갑(甲)으로부터 교부받았다. 그 후 A재단법인이 위 차용금을 변제기에 지급하지 않으므로 B는 위 당좌수표를 지급제시 하였으나, A법인은 위 차용금거래는 무효라고 주장하며 지급거절 하였다.

(1) 위 A재단법인의 지급거절은 정당한가?

(2) 위 A재단법인 대표이사 갑(甲)이 차용금 전부를 개인용도로 사용한 경우에는 누가 책임을 져야 하는 가?

Ⅰ. 법인의 의의

법인(法人)이란 법률에 의하여 권리능력이 인정되는 권리와 의무의 주체를 말하는 것으로서, 민법이 규정하고 있는 법인에는 일정한 목적하에 결합된 사람의 집합체로서 사단법인(社團法人)과 재산의 결합체로서 재단법인(財團法人)이 있다. 이는 자본주의 경제체제하에서는 경제활동의 규모가 거대하고 집단적·계속적으로 거래가 이루어지므로 기능적인 면에서는 일정한 사람의 단체 또는 재산이 마치 자연인과 같은 독립적인 권리의 주체로서 활동할 수 있도록 하고 있는 것이다. 따라서 법적 거래가 간편하고 용이하게 이루어질 수 있으며, 법인격을 취득한 법인은 법률행위나 불법행위에 의한 결과에 대하여 스스로 책임을 지므로써 거래의 안전에 기여할 수 있다.

Ⅱ. 법인의 종류

법인은 설립의 준거법에 의하여 설립할 수 있다(민법 제31조). 민법이 인정하는 법인은 사법인(私法人)으로서 사적인 목적으로 설립하는 사단법인과 재단법인이 있으며, 비영리법인에 한하고 내국법인이다. 그러나 공법에 의하여 국가나 지방자치단체가 특정의 공공목적을 수행하기 위하여 설립하는 공법인(公法人)이 있다. 그리고 영리를 목적으로 하는 영리법인(營利法人)과 영리를 목적으로 하지 않는 비영리법인(非營利法人)이 있는데, 전자에는 민법상은 인정되지 아니하고 상법상 인정되는 것으로 회사가 있고, 후자에는 학술·종교·자선·기예·사교 기타 영리 아닌 사업을 목적으로 사단법인과 재단법인이 있다.

Ⅲ. 법인설립절차

2인 이상이 영리 아닌 일정한 목적을 가지고 발기인조합을 결성하여 정관작성과 주무관청의 허가를 받아 지방법원등기소에 등기함으로써 법인의 권리능력(법인격)을 취득하게 된다. 단 재단법인을 설립할 경우에는 재산의 출연(出捐)이 있어야 한다.

Ⅳ. 법인의 행위능력

법인도 자연인과 마찬가지로 권리능력과 행위능력 및 불법행위능력을 가진다. 그러나 법인은 성질상 자연인과는 달리 법인의 능력의 범위를 정함에 있어서는 설립목적이 중요시 되므로 입법정책상 어느 정도 제한이 따르고 있다. 법인은 법률의 규정에 좇아 정관으로 정한 목적의 범위 내에서 권리와 의무의 주체가 된다(민법 제34조). 권리능력에 있어서 법인은 성질상 생명권·정조권 등 신체적 권리는 인정되지 않는다. 그러나 명예권·성명권은 인정된다. 또한 법인은 상속권은 없으나 유증은 받을 수는 있다. 그리고 청산법인은 법률에 의하여 청산의 목적범위 내에서만 권리능력을 인정하고 있다(민법 제81조).

법인의 행위능력은 법인실재설에 의하면 법인을 대표하는 기관(이사, 임시이사, 특별대리인, 청산인 등)이 법인을 대표하여 행위를 하면, 그 행위는 법인 자신의 행위로 된다. 법인을 대표하는 기관은 대리인은 아니지만, 민법상 대리에 관한 규정(제114조 내지 제136조)을 준용하고 있다.

Ⅴ. 법인의 불법행위능력

법인은 이사 기타 대표자가 그 직무에 관하여 타인에게 가한 손해를 배상할 책임이 있다(민법 제35조 제1항). 그러나 대표기관이 아닌 기관인 사원총회나 감사의 행위는 법인의 불법행위가 되지 않는다. 법인의 불법행위가 성립하는 경우에는 가해행위를 한 기관 개인은 법인과 연대하여 피해자에게 손해배상책임을 진다(민법 제35조 제1항). 따라서 피해자는 법인 또는 대표기관에 대하여 선택적으로 손해배상을 청구할 수 있으며, 법인이 피해자에게 배상하면 법인은 기관의 부주의하였음을 이유로 기관 개인에게 구상권(求償權)을 행사할 수 있다(민법 제65조).

Ⅵ. 위 사례의 해결

사립학교법 제28조에 의하면 학교법인이 그 기본재산을 매도·증여·교환 또는 용도 변경하거나 담보에 제공하고자 할 때 또는 의무를 부담하거나 권리를 포기하고자 할 때에는 관할관청의 허가를 받아야 한다. 따라서 위 사례 (1)에서 A법인의 이사 갑(甲)이 금전차용시 관할관청의 허가를 받지 않은 경우에는 무효가 되어, B는 유효한 금전소비대차계약을 전제로 하는 수표상의 권리 내지는 대여금채권을 가질 수 없으므로 B의 수표상의 금원지급청구에 대하여 A법인은 거절할 수는 있다. 그러나 법인의 이사 기타 대표자가 그 직무에 관련하여 타인에게 손해를 입힌 불법행위에 대해서는 법인과 그 대표자는 연대하여 손해배상책임을 지며, 또한 그 사항을 의결함에 찬성하거나 그 의결을 집행한 사원·이사 및 기타 대표자가 연대하여 배상하여야 한다. 이때 법인이 손해배상을 한 경우에 대표자 등에게 고의나 중과실이 있었다면 개인에게 구상권을 행사할 수 있다. 위 사례 (2)에서는 사립학교법인의 대표자가 학교건물 증축하기 위하여 금전을 차용하는 것은 외형상 직무행위의 범위에 들어간다고 볼 수 있고, 그 금전차용과 수표발행은 A학교법인에 대한 의무부담행위 이므로 관할관청의 허가를 받아야 함에도 불구하고 대표자가 받지 않아 강행법규인 사립학교법 위반으로 무효가 된다. 따라서 대표자의 B에 대한 행위가 A재단법인의 불법행위가 성립되므로 B는 A재단법인 또는 대표이사 갑(甲)에게 선택적으로 손해배상을 청구할 수 있다. A학교법인이 손해배상을 한 경우에는 A학교법인은 대표이사 갑(甲)에게 구상권을 행사할 수 있다.

29 재단법인 설립시 출연재산의 귀속시기

사 례

갑(甲)은 사회사업가로서 장애자복지를 위한 A재단법인을 설립에 필요한 토지 X를 출연(出捐)하였고, A재단법인은 지방법원에 설립등기를 마쳤다. 그 후 갑(甲)은 그 출연한 토지를 A재단법인 앞으로 이전등기를 넘겨주지 못하고 사망하자, 그의 아들 을(乙)은 상속인으로서 아버님 갑(甲)께서 재단법인 설립시에 내어 놓으신 토지임을 모르고 상속에 의한 이전등기를 마치고, 자신의 빚을 갚기 위해 그 토지를 병(丙)에게 팔고 소유권 이전등기를 넘겨주었다.

(1)갑(甲)의 상속인 아들 을(乙)이 토지 X를 병(丙)에게 소유권 이전등기 하기 전이라면 A재단법인은 을(乙)에게 상속에 의한 이전등기를 말소청구 할 수 있는가?

(2)토지 X를 A재단법인이 을(乙)에 말소청구하기 전에 이미 병(丙)에게 팔고 이전등기를 하였을 경우에 A재단법인은 병(丙)에게 이전등기의 말소를 청구할 수 있는가?

사례의 해결]

우리 민법상은 권리변동에 있어서 의사표시를 요소로 하는 법률행위에 의하는 경우에는 부동산은 등기(제186조), 동산인 경우에는 인도(제188조), 지시채권과 무기명채권의 경우에는 배서 및 교부(제508조)와 교부(제523조)가 있어야 한다. 반면에 법률의 규정에 의한 권리변동은 등기나 인도 없이도 소유권이 귀속이 되나, 제3자에게 처분하거나 대항하기 위해서는 이전등기나 인도(점유이전)를 필요로 하고 있다. 그런데 재단법인 설립행위는 '상대방 없는 단독행위'로서 법률행위로 인한 권리변동에 해당된다. 따라서 위 사례와 같이 재단법인명의로 이전등기를 하여야 소유권이 귀속된다고 볼 수 있다.

그러나 재단법인을 설립하기 위해서는 재산을 출연하여야 하는데, 재단법인을 설립자가 생전에 설립하는 때에는 출연재산은 법인이 성립된 때(설립등기시)로부터 재단법인의 재산이 되고, 설립자가 유언으로 재단법인을 설립하는 때에는 출연재산은 유언의 효력이 발생한 때(사망시)로부터 재단법인에 귀속되게 됨을 민법 제48조에 규정에 있어서 해석상 학설과 판례의 입장이 다르다.

다수설과 판례는 제48조를 재단법인의 재산적 기초를 충실히 하기 위한 특별규정으로 보고, 재단법인명의로 이전등기가 없더라도 법인설립등기를 한 때에 소유권이 귀속된다고 해석하고, 다만 법인이 그것을 가지고 제3자에게 처분하거나 대항하기 위해서는 이전등기를 필요로 한다고 본다. 그러나 소수설은 재단법인 앞으로 이전등기를 한 때에 소유권이 이전된 것으로 보는 입장이다.

위 사례(1)에서 갑(甲)의 X토지는 다수설과 판례의 입장에 따르면 A재단법인 설립등기시 소유권이 이미 귀속되었으며, 상속인 아들 을(乙)은 비록 출연재산임을 모르고 선의로 이전등기를 하였더라도, 상속인은 제3자가 아니므로 A재단법인으로 소유권 이전등기 말소청구에 응하여야 한다. 그리고 사례(2)에서 병(丙)이 상속인 을(乙)과 매매계약 체결당시 재단설립에 출연한 토지라는 사실을 모르고 있었다면 A재단법인으로부터 말소청구에 응할 필요가 없으나, 을(乙)과 계약체결당시에 이러한 사실을 알고 있었다면 말소청구에 응하여야 한다.

부동산 소유권의 절대적 소멸

30

사 례

갑(甲)의 농지의 일부가 대홍수로 하천이 범람하여 부근 일대의 토지와 함께 물에 잠기게 되었다. 그 중 약 660 제곱미터는 평소에 물이 흐르는 하천바닥이 되었고, 약 150 제곱미터는 간이 제방부지와 그 인근의 땅이 되어 홍수 때에는 물에 잠기는 상태가 되었다. 그런데 그 후 수십년이 지나 지방행정기관인 을(乙) 군에서는 하천을 새로이 정비하기위해 하천직강공사를 한 결과 하천이 된 논이 경작이 가능한 논으로 되었다. 이때 갑(甲)은 을(乙) 군을 상대로 토지의 반환을 청구할 수 있는가?

사례의 해결]

부동산이라 함은 토지 및 그 정착물을 말한다. 토지에는 용도에 따라 28가지의 지목이 있으며, 그 토지 위에 정착하고 있는 것으로서 토지와는 별개의 부동산으로는 건물을 비롯한 공시방법을 갖춘 수목의 집단, 성숙한 농작물, 바위에 조각한 불상, 공시방법을 갖춘 미분리과실 등이 있다. 그리고 교량, 담장, 공시방법을 갖추지 않은 수목은 부동산 이지만 토지에 딸린 부합물이지 토지와의 별개의 부동산이 아니다. 위 사례에서 갑(甲)의 농지의 일부가 대홍수로 인하여 포락되어 하천부지화 되어 항시 그 위로 물이 흐르고 있어 그 복구가 어려워 토지로서의 효용성을 상실함으로써 그 토지에 관한 개인의 소유권은 포락으로 소멸되었다. 즉 이 사건 토지는 포락으로 항시 물이 흐르는 하천부지화 되고, 그러한 상태가 수십년 계속되어 이와 같은 사실만으로서도 이 사건 토지는 그 복구가 매우 어렵게 되어 토지로서의 효용을 상실한 것이라고 아니할 수 없다. 따라서 그 토지가 국가의 하천직강공사에 의하여 다시 농지로 되었다 하더라도 종전의 소유자인 갑(甲)은 소유권을 되찾을 수는 없다(대판 1983. 12. 27, 83다카1561)

31

신축중인 건물의 소유권 취득 시기

사 례

D건설회사는 4층짜리 상가건물을 건축허가를 받아 4층까지 전체 골조 및 지붕공사(전체공정의 약50%를 진행하다가 부도가 나서 더 이상 공사를 계속하지 못하였다. 그 후 D건설회사는 건축주 명의를 갑(甲)으로 변경하고 갑(甲)이 공사를 마무리하면 상가를 분양하여 공사비를 지급하기로 하였다. 그러나 갑(甲)은 약20%의 공정을 추가로 시공하였으나 역시 부도가 나고 도피를 하고 말았다. 그 후 D회사로부터 이 건물을 분양 및 대물변제를 받은 을(乙) 등은 잔여공사를 마치고 소유권보존등기를 하지 않은 상태에서 점유하고 있다. 위 갑(甲)은 이 건물에 대한 소유자라고 주장하며 을(乙) 등을 상대로 건물의 명도를 청구하는 것은 정당한가?

사례의 해결]

건물은 토지(대지)와는 독립된 별도의 부동산으로서 건물을 신축한 경우에는 소유권 보존등기(부동산등기법 제131조)를 하지 않더라도 건축주가 소유권을 원시취득하게 된다. 비록 건축주가 타인명의로 건축허가를 받아 건축을 한 경우에도 준공된 건물의 소유권은 건축주가 원시취득하게 된다(대판 1991. 2. 12, 90다15174). 신축건물로서 볼 수 있는 시점은 판례에 의하면 네 기둥과 지붕 및 주벽이 갖추어졌다면 사회통념상 건물로서의 독립성을 가진다고 보고 있다(대판 1986. 11. 11, 86누173). 따라서 건물을 건축하던 중 건축주의 사정으로 건축공사가 중단된 후, 타인이 그 나머지 건축공사를 완성하였다 하더라도 건축공사가 중단될 당시에 이미 사회통념상 독립한 건물이라고 볼 수 있는 형태와 구조를 갖추고 있었다면 원래의 건축주가 그 건물의 소유권을 원시취득하게 된다(대판 1993. 4. 23, 93다1527). 위 사례에서 건축허가상의 건축주 명의를 D건설회사에서 갑(甲)으로 변경한 시점에 위 사건의 건물은 이미 4층 전체의 골

조와 지붕의 공사가 완료된 상태였고, 사회통념상 독립된 건물로 볼 수 있는 형태와 구조를 갖추었으므로 원래의 건축주인 D건설회사가 위 사건 건물에 대한 소유권을 원시취득하게 되고, 만약에 갑(甲)이 위 건물의 소유권을 D건설회로부터 취득하였다고 하더라도 그에 관한 등기를 경료받지 아니하는 한 그 소유권을 취득하였다고 볼 수 없으므로 갑(甲)은 을(乙) 등에게 건물명도(즉 비워달라는 주장)를 주장하는 것은 부당하다.

32 관습법상의 공시방법인 명인방법

사 례

D광역시는 갑(甲)의 소유 X임야 지상의 소나무 약50000그루를 매수하여, 가로 50cm, 세로 40cm의 판자에 "이 임야내 입목은 D광역시에서 매수하여 관리함"이라고 게시판을 세워두고 공시하였다. 그 후 갑(甲)은 위 임야 X를 을(乙)에게 매도하고 소유권 이전등기를 해주었다. 이에 D광역시는 임야를 양수한 을(乙)에 대하여 소나무의 소유권을 주장할 수 있는가?

사례의 해결]

토지위에 생립하고 있는 수목의 집단으로서 등기된 입목이 아니라 하더라도 관습법상의 공시방법인 명인방법(明認方法)을 갖추면 토지와는 별도의 소유권의 객체로 인정된다. 명인방법이란 수목이나 미분리 과실 등을 소유자가 누구라는 것을 일반인이 알 수 있게 하는 방법으로서, 나무껍질을 벗기고 소유자의 성명을 묵서(墨書)한다든지, 줄로 울타리를 둘러치고 소유자의 성명을 표시한 표찰을 세우는 것 등을 말한다. 예를 들면 과일이나 엽연초 및 인삼 등을 분리 또는 수확하기 전에 그 소유권을 취득한 경우 당사자의 합의만으로는 소유권에 대한 권리변동이 있었다고 볼 수 없고, 권리의 변동이 있음을 일반인에게 알리는 문구를 기재한 푯말을 과수원이나 인삼밭을 통과하는 사람이면 누구나 쉽게 볼 수 있는 장소에 설치하여 공시하는 경우에는 토지와의 독립된 소유권이 이전되었음을 인정한다. 그러나 토지의 주위에 울타리를 치고 그 안에 정원수를 심어 가꾸어 온 사실 또는 수목에 페인트칠을 하고 일련번호를 붙인 사실만으로는 명인방법을 갖춘 것으로 인정되지 않는다(대판 1991. 4. 12, 90다20220; 대결 1990. 2. 13, 89다카23022). 명인방법은 대상이 되는 수목을 특정하여야 하고 계속 유지되어야 한다. 위 사례에서 D광역시가 매수한 입목은 X임야 지상의 소나무를 일정수량을 매수한 것에 불과하고, D광역시가 위 게시판을 설치한 것만으로는 매수한 입목의 소유권 취득을 위한 공시방법인 명인방법을 갖추었다고 볼 수 없다(대판 1973. 9. 25, 73다1229). 따라서 D광역시는 X임야를 양수한 을(乙)에 대하여 소나무의 독립된 소유권을 주장하는 것은 부당하다.

33 주된 물건과 종된 물건

▌사 례▌

갑(甲)은 도로변 휴게소에서 주유소를 경영하다가 을(乙)에게 주유소 건물을 매도하기로 하고 건물의 소유권 이전등기를 하였으나, 갑(甲)은 점포를 정리하면서 각종 비품들뿐만 아니라 주유소의 주유기 4대를 분리하여 가져가려고 한다. 이때 을(乙)은 주유기도 주유소 건물에 딸린 것이라고 주장하면서 이를 저지하려고 한다. 주유소 건물의 양수인 을(乙)의 주장은 타당한가?

사례의 해결]

물권의 객체인 물건에는 동산과 부동산이 있으며, 물건에는 각각 독립된 두 개의 물건 사이에 한편이 다른 편의 효용을 돕는 관계가 있다. 이러한 관계에 있는 물건을 주물(主物)과 종물(從物)이라 한다. 종물의 요건은 ① 종물은 주물로부터 독립된 물건이어야 한다. ② 종물은 주물의 상용에 이바지 하여야 한다. ③ 종물은 주물에 부속된 것으로 어느 정도 밀접한 장소적 관계가 있어야 한다. ④ 종물과 주물이 동일한 소유자에게 속하여야 하지만, 종물이 타인의 소유라고 하더라도 그 타인의 권리를 해하지 아니하는 범위에서 제100조가 적용된다는 것이 통설이다. 예를 들면 배와 노, 자물쇠와 열새, 주택과 창고 등의 관계를 말한다. 민법 제100조에서 "물건의 소유자가 그 물건의 상용(常用)에 제공하기 위하여 자기 소유인 다른 물건을 이에 부속하게 한 때에는 그 부속물은 종물이며, 이 종물은 주물(主物)의 처분에 따른다"라고 규정하여 그 경제적 효용을 높이려고 한다. 따라서 주물만을 처분하기로 하였다는 주장하는 자가 그 사실을 입증하지 못하면 종물도 이전하여야 한다.

위 사례에서 주유소 건물과 주유기는 모두 독립한 물건으로서 갑(甲)의 소유에 속하였고, 주유소의 영업을 위하여 동일한 장소에서 항상 필요한 것으로서 기름저장탱크에 연결되어 기름을 수요자에게 공급하는 기구이다. 또한 주유기는 주유소의 영업을 위한 건물이 있는 토지의 지상에 설치되어 있고, 그 주유기가 설치된 건물은 주유소 영업을 위한 건물로 건축되어 있기 때문에 서로 간에 항상 경제적 효용을 같이하는 주종관계에 있다고 볼 수 있다. 따라서 주물인 주유소 건물의 처분으로 종물인 주유기에 대한 소유권도 건물 양수인 을(乙)에게 이전되었다고 볼 수 있으므로 을(乙)은 양도인 갑(甲)이 주유기를 분리하는 것을 저지할 수 있다(대판 1995. 6. 29, 94다6345).

34

원물에 대한 과실수취권

사 례

갑(甲)소유의 토지와 건물을 을(乙)이 5년 기한으로 임대차계약을 하기로 하고 거주하고 있다. 그런데 을(乙)이 임차하기 이전부터 당해 토지 내에는 감나무가 두 그루가 있어 매년 많은 감을 수확하고 있다. 이때 임대인 갑(甲)은 임차인 을(乙)에게 감나무의 감은 자기가 따갈 수 있는 권리가 있다고 주장하면서 을(乙)에게 이미 따간 감을 반환 내지 손해배상을 요구하고 있다. 여기서 갑(甲)의 주장은 정당한가?

사례의 해결]

물건인 동산과 부동산으로부터 생기는 수익을 과실(果實)이라 하고, 수익인 과실을 생기게 하는 물건을 원물(元物)이라고 한다. 민법은 과실의 범위에는 천연과실(天然果實)과 법정과실(法定果實)로 나누고 있다. 민법 제101조에서 "물건의 용법에 의하여 수취하는 산출물은 천연과실이고, 물건의 사용대가로 받는 금전은 법정과실로 한다"고 규정하고 있다. 또한 제102조에서 "천연과실은 그 원물로부터 분리하는 때에 이를 수취할 권리자에게 속하고, 법정과실은 수취할 존속기간 일수의 비율로 취득한다"고 규정하고 있다. 천연과실이든 법정과실이든 물건이어야 하고, 또 물건인 원물로부터 생긴 것이어야 한다. 따라서 노동의 대가인 임금, 주식의 배당금, 특허권의 사용료는 물건으로부터 생긴 것이 아니므로 과실이 아니다. 천연과실은 물건의 용법에 의한 원물의 경제적 용도에 따르는 것으로 화분의 열매나 일소의 우유는 과실이 아니라고 보는 것이 일반적이다. 천연과실로는 과수의 열매, 곡물, 젖소의 우유, 양털, 가축의 새끼 등과 같이 자연적으로 생산되는 것에 한하지 않고, 광물, 석재, 토사 등과 같이 인공적으로 수취되는 것이더라도 과실로 인정될 수 있는 것도 있다. 천연과실 수취권자는 통상 원물의 소유자가 수취함이 원칙이지만, 예외적으로 임차인, 사용차

주, 매매목적물을 인도하기 전 매도인, 전세권자, 선의점유자 등이 과실수취권을 가질 수 있다. 그리고 유치권자, 질권자, 저당권자는 담보기간 중에는 과실수취권이 없고, 경매실행시 과실에 대해서도 다른 채권자들 보다 우선변제에 충당할 수 있을 뿐이다. 한편 법정과실이라고 하는 것은 물건의 사용대가로 받는 금전 기타의 물건으로서 건물과 토지의 대가로 받는 임대료 및 지료, 금전사용의 대가로 받는 이자 등이 있는 데, 이를 수취하는 권리의 존속기간의 일수에 비율에 의하여 이를 취득한다(제102조). 위 사례에서 원칙은 토지와 건물의 소유자인 갑(甲)이 과실인 감을 수취할 수 있으나, 위 감나무도 토지상의 부합물로서 토지와 건물과 함께 양도나 담보된다고 보아야 하므로 임차인 을(乙)이 감나무의 감을 따먹을 수 있다. 그러므로 갑(甲)의 주장은 부당하다.

35

주된 물건과 종된 물건물건의 멸실 (후발적 이행불능)

사 례

갑(甲)은 호수가 내려다보이는 곳에 있는 별장을 을(乙)에게 1억에 매도하기로 하고 계약서작성과 계약금 1천만원을 받았다. 그 후 중도금을 지급할 날이 도래할 무렵에 병(丙)의 실화(失火)로 인하여 그 건물이 전소되고 말았다. 이 경우 갑(甲), 을(乙), 병(丙)의 법률관계는 어떻게 되는가?

사례의 해결]

법률행위인 계약이 성립되기 위해서는 ① 당사자가 존재하고 ② 목적이 있어야 하며 ③ 의사표시가 있어야 한다. 또한 그 법률행위가 완전하게 유효한 효력이 발생하려면 ① 당사자는 행위능력자라야 하고 ② 목적은 적법하고 실현 및 확정가능과 사회적 타당성이 있어야 하며 ③ 효과의사와 표시행위는 일치하여야 한다. 비록 당사자의 합의로 계약이 성립되었다 하더라도 무능력자가 법정대리인의 동의 없는 경우에는 취소사유가 되고, 목적이 위법하거나 반사회적. 반윤리적이거나 실현불가능한 계약은 계약이 성립은 되었으나 무효인 법률행위가 된다. 그러므로 법률행위의 성립요건과 효력요건은 다르다. 즉 법률행위의 불성립과 무효는 다르다. 예를 들면 혼인신고를 하지 않은 혼인은 혼인 자체가 성립되지 않은 것이지 무효가 아니다. 즉 혼인신고는 요식행위인 혼인의 성립요건이 된다. 또한 이미 불타버리고 없는 건물이나 물건을 매매계약을 체결한 경우는 그 계약이 성립은 되었으나 무효인 계약이므로 대금청구권이나 물건인도 및 부동산 소유권 이전등기청구권은 발생하지 않는다. 다만 계약체결상의 과실문제가 될 뿐이며, 매도인이 그 불능을 알았거나 알 수 있었을 경우에는 매수인이 그 계약의 이행가능하리라고 믿은데 대하여 받은 손해배상책임을 매도인은 져야 한다. 그리고 매매계약을 체결할 당시에는 부동산이 존속하여 이전등기를 해줄 수 있었고 동산은 인도 가능하여 유효한 계약이었으나, 그 후에 이행불가능하게 된 경우를 후발적 불능(後發的 不能)이라 한다. 여기서 이행불가능하게 된 귀책사유(과실)가 채무자인 매도인에게 있는 경우에는 채무불이행에 대한 손해배상책임이 있다(민법 제390조). 반면에 귀책사유가 채무자에게 없는 경우에는 위험부담문제가 있을 뿐이다. 즉 이행불가능하게 된 것이 매도인의 잘못이 아니라 제3자의 잘못이나 자연재해(自然災害) 등과 같이 불가항력에 의해 소실되어 이행할 수 없게 된 경우는 손해배상책임은 지지 않는다. 단지 매도인은 매수인에 대하여 계약을 해제하고 , 아직 이행하지 않은 대금은 지급할 필요가 없고 이미 지급한 계약금 등은 반환청구할 수 있다. 위 사례에서 ① 갑(甲)과 을(乙)의 법률관계는 당사자 쌍방의 책임 없이 제3자인 병(丙)의 실화로 인하여 매매의 목적물인 별장건물이 소실되어 이전등기를 해줄 수 없으므로 후발적 불능이 되고, 귀책사유가 채무자인 매도인에게 없기 때문에 위험부담문제가 된다. 즉 당사자의 책임이 아닌 태풍. 지진. 벼락 등 불가항력에 의한 이행불가능하게 된 경우에는 매도인이 그 손해를 감수하여야 한다. 따라서 매도인 갑(甲)의 매수인 을(乙)에 대한 대금청구권은 당연히 소멸하며, 갑(甲)에게 고의나 과실이 없었다면 을(乙)에게 계약금 1천만원은 부당이득으로서 되돌려주고 손해배상책임은 지지 않는다. ② 갑(甲)과 병(丙)의 법률관계에서는 제3자 병(丙)의 실화로 인하여 매매목적물이 소실되었으므로 갑(甲)은 병(丙)의 중과실에 의한 것임을 입증하여 손해배상을 청구할 수 있다.

36

상대방의 궁박을 이용한 불공정한 법률행위

사 례

갑(甲)은 을(乙)의 토지를 10년 기한으로 빌려 그 위에 건평 20평 정도의 건물을 지어 식당업을 운영하면서 명성도 얻었고 단골고객도 많았다. 그러나 기한이 만료되자 토지 소유자 을(乙)은 재계약을 거절하고, 그 건물을 철거하여 줄 것을 요구하였다. 갑(甲)은 이미 많은 단골고객과 소문이 난 식당업을 그만 두어야 한다고 생각하니 살아갈 일이 막막하였을 뿐만 아니라 엄동설한(嚴冬雪寒)에 가족들과 다른 곳으로 이사를 한다는 것도 쉬운 일이 아니었다. 이러한 상황에서 토지 소유자인 을(乙)은 약 6천만원에 상당하는 건물을 2천만원에 자기에게 매도하면, 그 건물을 다시 갑(甲)에게 임대하여 식당을 운영할 수 있도록 하겠다고 제의하자, 갑(甲)은 울며 겨자먹기식으로 그 건물을 2천만원에 매도하기로 하고 계약을 체결하였다. 이때 갑(甲)은 을(乙)에게 그 계약을 무효로 주장할 수 있는가?

사례의 해결]

법률행위로서 정당한 계약이 되기 위해서는 당사자 간에 급부와 반대급부 사이에 현저하게 재산적 이익의 균형을 잃지 않아야 한다. 불공정행위란 소위 폭리행위라고도 불리어지는 것으로서 자기의 급부에 비하여 현저하게 균형을 잃은 반대급부를 상대방에게 하게 하여 부당한 재산적 이익을 얻는 행위를 말한다. 이러한 폭리행위는 금지하고 있으며, 이러한 계약은 공정성이나 윤리성에 입각하여 무효인 것으로 민법 제104조에 이를 규정하고 있다. 불공정한 법률행위의 객관적 요건으로는 당사자 간의 급부와 반대급부가 현저히 균형을 상실한 것을 말하는 것으로서, 부담 없는 증여와 같은 아무런 반대급부가 없는 일방적인 급부를 하는 경우에는 불공정성 여부가 문제될 수 없다. 불균형에 대한 판단기준은 일반사회통념에 의하여 객관적으로 판단하여야 한다. 판례는 시가의 3분의 1에 미달하는 건물의 매매계약을 무효로 본 예가 있고(대판 1973. 5. 22,

73다231), 시가의 3, 4배 차이가 나는 대물변제예약을 무효로 본 예가 있다(대판 1962. 2. 8, 4294民上773). 불균형의 판단시기는 법률행위시인 계약체결당시를 기준으로 보는 것이 판례와 다수설의 입장이다(대판 1965. 6. 15, 65다610). 단 예외적으로 대물변제예약은 이행기를 기준으로 본 판례도 있다. 그리고 불공정한 법률행위의 주관적 요건으로는 불이익을 받은 자에게 궁박, 경솔, 무경험 중, 어느 하나의 원인으로 인하여 불공한 계약을 체결하였어야 한다. 여기서 궁박이란 경제적이든 정신적이든 관계없고, 그 궁박의 상태가 계속적이든 일시적이든 무방하다. 경솔이라 함은 의사를 결정할 때에 그 행위의 결과나 장래에 대하여 보통인이 판단하는 고려를 하지 않은 상태를 말한다. 또한 부당하게 이득을 취한 폭리자의 주관적 요건으로서 피해자가 궁박, 경솔, 무경험한 자임을 알면서, 이를 이용하려는 의사인 악의가 있어야 한다(대판 1988. 9. 13, 86다카563). 이러한 악의가 없는 때에는 설사 폭리자에게 과실이 있다고 하더라도 불공정한 법률행위는 아니다. 위 사례에서 토지 소유자 을(乙)은 갑(甲)의 궁박한 상태를 이용하여 통상의 시세보다 현저하게 저렴한 가격으로 매매계약을 체결하였으므로 그 계약은 절대적 무효로서 갑(甲)은 을(乙)에게 이전등기를 하였다면 부당이득반환청구로서 이전등기 말소청구할 수 있다.

37

인륜에 반하는 법률행위

사 례

갑(甲)의 아내와 자녀들은 유학 때문에 외국으로 떠나 갑(甲)은 국내에서 혼자 외로이 생활하고 있었다. 그러나 세월이 흘러 갑(甲)은 직장동료 미혼인 여직원 을(乙)과 자주 만나면서 점점 가까워지게 되자 갑(甲)은 을(乙)에게 아파트를 하나 사주기로 약속하고, 만약에 두 사람이 헤어지게 되면 아파트를 갑(甲)에게 되돌려주는 조건으로 같이 동거생활을 하게 되었다. 그래서 갑(甲)은 약속한대로 새 아파트를 분양받아 을(乙)의 명의로 등기를 해주었다. 그런데 아내와 자녀들이 유학을 마치고 귀국하게 되고 을(乙)과의 생활도 이젠 끝을 내어야 하였다. 이 때 갑(甲)이 을(乙)에게 사준 아파트의 소유권을 자기에게 이전등기를 해줄 것을 요구함에 을(乙)은 응하여야 하는가?

사례의 해결]

민법 제103조에는 “선량한 풍속 기타 사회질서에 위반한 사항을 내용으로 하는 법률행위는 무효로 한다”고 규정하고 있다. 선량한 풍속이란 모든 국민에게 지킬 것이 요구되는 최소한도의 도덕률을 말하고, 사회질서란 국가 및 사회의 공공적 질서 내지 일반적 이익을 말한다. 법률행위의 당사자는 법률행위가 사회질서에 위반한다는 것까지 인식할 필요는 없지만, 적어도 그 점을 판단할 만한 기초사정의 존재는 인식하여야 한다. 그리고 어느 법률행위가 사회질서에 반하는지 여부는 원칙적으로 법률행위를 할 당시를 기준으로 판단하여야 한다. 따라서 법률행위를 할 당시에는 반사회성을 띤 무효인 법률행위는 그 후 사회질서의 개념이 바뀌더라도 다시 유효로 되지 않는다. 다만 일단 유효하게 성립한 법률행위가 아직 이행되지 않고 있던 중, 그 법률행위가 그 후의 사정이 변하여 사회질서에 반하는 것으로 된 때에는 그 채무의 이행을 청구할 수 없다고 할 것이다.

사회질서에 반하는 형태로는 ① 법률행위의 중심적 내용이 사회질서에 위반할 때 ② 내용은 위반하지 않으나 여기에 금전이 결부되었을 때 ③ 내용은 위반하지 않으나 이것이 강제되었을 때 ④ 내용은 위반되지 않으나 불법한 조건이 붙여졌을 때 ⑤ 동기가 불법할 때, 다수설은 동기의 불법이 표시된 경우에 한하여 무효라고 하나 소수설은 표시되지 않더라도 상대방이 악의인 때에는 무효라고 한다. 또한 사회질서에 반하는 실질적 유형으로는 ① 정의관념에 반하는 것: 경매에서의 담합행위, 밀수입의 자금으로 사용하기 위한 금전소비대차계약, 범죄해위나 불법행위를 하지 않는 조건으로 금전을 지급하기로 하는 약정, 증언의 대가로 금전을 지급하기로 하는 약정 등 ② 인륜에 반하는 행위: 일부일처제에 반하는 내용의 계약인 첩계약, 부부간이나 친자 간에 동거하지 않기로 약정한 경우, 자가 부모를 상대로 불법행위에 의한 손해배상을 청구하는 행위 등 ③ 개인의 자유를 극도로 제한하는 행위: 어떠한 일이 있어도 이혼하지 않겠다는 각서, 영업양도인이 평생 동안 경업(競業)을 하지 않는다는 양수인과의 계약, 간호사를 채용하는 규정에 재직 중에 결혼하면 사표를 써야한다는 약속 등 ④ 생존의 기초가 되는 재산의 처분행위 ⑤ 도박 등 사행성을 띤 법률행위 등이 있다. 따라서 위 사례에서 갑(甲)과 을(乙)의 약정은 불륜관계의 유지 내지 강요를 목적으로 재산적 이익을 제공하기로 약정한 것은 인륜에 반하는 법률행위이고, 민법 제746조에 해당하는 불법원인급여로서 갑(甲)이 을(乙)에게 이미 이행한 아파트는 반환청구 할 수 없다. 위 사례에서 만약에 갑(甲)이 을(乙)에게 아직 아파트를 사주지 않았다면 갑(甲)은 아파트를 을(乙)에게 사줄 필요는 없다. 그러나 위 사례에서 갑(甲)과 을(乙)이 불륜관계의 단절로서 헤어지는 조건으로 생활비나 자녀의 양육비를 지급하기로 약정한 경우에는 유효하다(대판 1980. 6. 24, 80다458)

38

부동산의 2중 매매

▌사 례▌

갑(甲)은 자기 소유의 토지를 을(乙)에게 매도계약을 체결하고 계약금 및 중도금을 수령하였다. 그 후 갑(甲)은 병(丙)이 나타나 그 토지를 을(乙)보다 더 비싼 가격으로 사겠다고 제의하자, 갑(甲)은 병(丙)과 매매계약을 하고 소유권 이전등기를 하였다. 이 때 갑(甲), 을(乙), 병(丙)의 법률관계는 어떻게 되는가?

사례의 해결]

이 사례는 부동산의 2중 매매에 관한 문제이다. 동산이나 부동산을 계약에 의하여 취득하고자 하는 경우에는 당사자의 합의만(의사주의)으로는 취득하지 못하고, 부동산은 이전등기를 하여야 하고 동산은 점유이전인 물건의 인도가 있어야 소유권을 취득하게 된다(형식주의). 따라서 위 사례에서 제1매수인 갑(甲)은 계약은 먼저 체결하였으나 아직 토지에 대한 이전등기를 하지 않았기 때문에 소유권을 취득하지 못하고, 제2매수인 병(丙)이 소유권 이전등기를 먼저 하였으므로 그 토지에 대한 소유권은 병(丙)에게 있는 것이다. 갑(甲)과 병(丙)과의 계약체결 당시 병(丙)이 이미 을(乙)에게 매도계약이 있었다는 사실을 알고 있었더라도 병(丙)이 소유권을 취득하게 되고, 을(乙)은 갑(甲)과의 계약을 해제하고 손해배상을 청구할 수 있으며, 형사적으로는 배임죄로 고소할 수 있다. 그러나 만약 병(丙)이 매도인 갑(甲)을 적극적으로 꼬드겨 그 토지를 팔 것을 권유하였다면 이는 정의관념에 반하여 민법 제103조에 기하여 무효가 된다. 따라서 제1매수인 을(乙)은 매도인 갑(甲)을 대위(代位)하여 병(丙)에게 등기를 말소할 것을 청구할 수 있으며, 이어서 을(乙)은 갑(甲)으로부터 소유권 이전등기를 청구할 수 있다.

39

비진의 의사표시(단독허위표시)

【사 례】

중소기업에서 일하는 근로자 갑(甲)은 사장 을(乙)에게 임금인상과 야간작업을 피해줄 것을 요구하였으나, 사장이 이를 들어주지 않자 이것을 관철하고자 사표를 제출하였고 사장은 그 사표를 수리하였다. 그 후 갑(甲)은 사표를 제출한 것은 단지 자기의 요구를 관철하려고 한 것이므로 그 사표수리의 무효를 주장하고 있다. 이 때 갑(甲)의 주장은 정당한가

사례의 해결]

이 사례에서 근로자 갑(甲)은 내심적 효과의사는 사표 낼 생각은 없었고 오로지 자기의 요구사항을 실현시키려는 의사로 사표를 제출하였다고 볼 수 있다. 이와 같이 표의자가 표시된 내용이 내심의 의사와 다른 의미로 이해된다는 것을 스스로 알면서 하는 의사표시를 비진의표시(非眞意表示) 또는 단독허위표시라고 한다. 민법 제107조에 "의사표시는 표의자가 진의 아님을 알고 한 것이라도 그 효력이 있다. 그러나 상대방이 표의자의 진의 아님을 알거나 이를 알 수 있었을 경우에는 무효로 한다"고 규정하고 있다. 따라서 이 사례에서 갑(甲)의 사표제출은 내심으로는 사표를 낼 생각은 없었고, 그 사실을 상대방인 사장 을(乙)도 알고 있었으므로 무효라고 보아야 한다.

<보충자료>

*眞意 아닌 意思表示 : 표의자 스스로가 표시와 진의와의 불일치를 알면서 한 의사표시를 말하며, 心理留保 또는 非眞意表示라고도 한다. 진의 아닌 의사

표시는 표의자가 의사와 표시가 불일치함을 스스로 알고 있는 점에 있어서 錯誤에 의한 의사표시와 다르고, 상대방과 通情하지 않는 점에서 虛僞表示와 다르다. 진의 아닌 의사표시를 『단독허위표시』라고 하는데 대응하여 허위표시를 『통정허위표시』라고도 한다.

1) 요건 : ① 의사표시가 있을 것 ② 표시와 진의가 일치하지 않을 것 ③ 표의자가 스스로 그 표시와 진의와의 불일치를 알고 있을 것 ④ 표의자가 그러한 행위를 하게된 이유나 동기는 묻지 않을 것

2) 효과 : ① 원칙적 - 유효하다(제107조 1항 본문) 즉 표시된 대로 효과를 발생시킨다(표시주의), 거래의 안전을 위하여 상대방이나 제3자를 보호하게 됨. ② 예외적 - 상대방이 표의자의 진의 아님을 알았거나 알 수 있었을 경우에는 무효로 한다.(제107조 1항 단서) 이 경우의 무효를 가지고 선의의 제3자에게 대항하지 못한다(제107조 2항).

3) 제107조의 적용범위: ① 동조 본문은 계약 및 상대방 있는 단독행위는 물론이고, 상대방 없는 단독행위에도 적용된다. 그러나 상대방 없는 단독행위의 경우에는 동조항 단서는 적용될 여지가 없으므로 언제나 유효한 것이 된다. ② 가족법상의 행위는 그 성질상 당사자의 진의를 절대 존중해야 하므로 진의 아닌 의사표시는 언제나 효력이 발생하지 않는다. 따라서 언제나 무효이다. ③ 주식인수의 청약에 관하여는 제107조 1항 단서를 적용하지 아니한다(상법 제302조 3항). 따라서 주식인수의 청약은 비진의표시인 경우라도 언제나 유효하다.

통정허위표시(가장매매)

40

사 례

갑(甲)은 채권자 을(乙)로부터 강제집행인 압류를 피하기 위하여 자기가 소유하는 임야를 친구인 병(丙)에게 매도한 것처럼 가장하여 병(丙)의 명의로 이전등기를 하였다. 그 후 갑(甲)은 을(乙)에 채무를 변제하여 빚을 모두 갚았다. 그래서 병(丙)에게 그 임야의 소유권 이전등기를 말소해줄 것을 요구하자 병(丙)은 이미 정(丁)에게 그 임야를 매도하여 돈을 모두 다른 용도로 써버렸다. 이 때 갑(甲), 을(乙), 병(丙), 정(丁)의 법률관계는 어떻게 되는가?

사례의 해결]

이 사례에서 갑(甲)과 병(丙)은 위 부동산을 진정으로 매매한 것이 아니라 단지 갑(甲)의 채권자 을(乙)로부터 강제집행을 피하기 위하여 친구인 병(丙)과 매매한 것처럼 꾸며서 병(丙)의 명의로 소유권 이전등기를 한 것으로 민법 제108조 규정에 의하여 무효인 법률행위로서 갑(甲)은 병(丙)에게 부당이득반환청구로써 이전등기를 말소해줄 것을 청구할 수 있고, 채권자 을(乙)은 민법 제406조에 의해 병(丙)에게 안날로부터 1년, 이전등기한날로부터 5년 이내 취소할 수 있다. 그런데 위 사례에서는 갑(甲)이 친구인 병(丙)에게 등기말소청구하기 전에 이미 병(丙)이 제3자인 정(丁)에게 그 부동산을 매도하여 이전등기를 한 경우에는 정(丁)이 병(丙)으로부터 그 부동산을 매수계약 할 당시에 갑(甲)과 병(丙)의 매매가 거짓으로 가장하여 매매한 것으로 알고서 취득하였다면 갑(甲)은 정(丁)에게도 등기를 말소하고 부동산을 되찾을 수 있으나, 만약에 정(丁)이 그러한 사실을 모르고 병(丙)으로부터 매수하여 취득하였다면 갑(甲)은 정(丁)에게는 등기의 말소를 요구할 수는 없고, 단지 병(丙)에게 손해배상을 청구할 수 있을 뿐이다.

41

착오로 인한 의사표시

▌사 례▐

갑(甲)은 을(乙)에게 중고노트북을 63만원에 매도하려는 생각을 하면서 청약서에는 착오로 36만원으로 기재하여 우편으로 을(乙)에게 발송하였고, 상대방 을(乙)은 갑(甲)의 청약서를 받아보고는 36만원에 사겠다는 승낙서를 갑(甲)에게 발송하였다. 이 때 갑(甲)과 을(乙) 사이에 노트북매매계약은 어떻게 되는가?

사례의 해결]

이 사례는 의사표시에 있어서 표의자가 의도하고자하는 생각인 효과의사와 겉으로 나타낸 표시행위가 불일치한다는 사실을 모르고 한 경우인 착오에 의한 의사표시로서 취소사유가 된다(민법 제109조). 표의자가 착오를 이유로 의사표시를 취소하기 위해서는 법률행위의 중요부분의 착오이어야 하는 것으로, 이는 표의자가 그러한 착오가 없었더라면 그 의사표시를 하지 않았을 것으로 생각될 정도로 중요한 것이어야 하고, 보통 일반인이라면 누구나 표의자의 입장이었다면 그러한 의사표시를 하지 않았으리라고 생각할 정도로 중요한 것이어야 한다. 또한 취소하기 위해서는 표의자에게 중대한 과실이 없어야 하는 데, 중대한 과실이라 함은 표의자의 직업·행위의 종류·목적 등에 비추어 통상적으로 요구되는 주의를 현저하게 결여한 것을 말한다. 이 때 의사표시에 착오가 있었다는 사실과 그 착오가 법률행위의 내용의 중요부분에 있는 사실을 표의자가 입증하여야 한다. 한편 법률행위의 내용의 중요부분에 착오가 있다하더라도 그 착오가 표의자의 중대한 과실로 인한 때에는 취소할 수 없는 것으로, 표의자가 중요부분의 착오를 이유로 법률행위의 취소를 주장해오는 경우에 상대방이 표의자에게 중대한 과실이 있었음을 입증하여야 취소를 막을 수 있다. 따라서 위 사례에서 갑(甲)의 청약의 의사표시는 표시상의 착오로서 상대방인 을(乙)의 입장에서는 갑(甲)이 중고노트북을 36만원에 매도하려고 하는 것으로 알고 승낙하였으므로 계약은 36만원에 체결되었다고 보고, 다만 이 법률행위는 취소할 수 있다.

<보충자료>

* 착오(錯誤)로 인한 의사표시

일반적으로 착오라고 할 때에는 사실과 인식의 불일치, 즉 어떤 객관적 사실에 대한 인식에 잘못이 있는 경우를 말한다. 『착오로 인한 의사표시』또는『의사표시에 있어서의 착오』는 표시상의 효과의사와 내심의 효과의사가 일치하지 않음을 표의자 자신이 모르는 것이다. 의사와 표시의 불일치를 자신이 모른다는 점에서 불일치함을 아는 비진의표시나 허위표시와 구별된다.

1) 착오의 유형

① 표시상의 착오 : 표시행위 자체를 그르쳤기 때문에 效果意思와 表示行爲가 합치하지 않는 경우이다.

예) 2년이라고 쓴다는 것을 3년이라고 쓴 경우. $라고 쓴다는 것을 ₩로 쓴 경우

② 내용의 착오 : 표시행위 자체에는 착오가 없으나 내심의 효과의사와 표시행위가 일치하지 않는 경우를 말한다.

예) 달러와 파운드가 같은 가치의 것이라고 오인하고 100달러하고 할 것을 100파운드라고 한 경우나 ㎡와 평의 단위가 같은 것으로 안 경우 등

③ 표시기관의 착오 : 使者나 우체국에 전보로 의뢰하는 경우와 같이 표시기관 내지 중개자를 통하여 잘못 전달한 때에는 본인의 착오와 동일시한다. 그러나 대리인의 경우에는 착오의 유무는 대리인을 표준으로 하여 판단되기 때문에 (제116 조) 대리인에 의한 표시의 내용과 본인의 의사가 다르더라도

본인 자신의 착오가 아니다.

④ 전달기관의 착오 : 표의자는 잘못 표시한 바가 없으나 이를 전달하는 자가 잘못 전달한 경우, 즉 수신인이 주소가 잘못 기재된 편지의 도달과 같은 경우는 의사표시의 부도달이라는 문제가 생길 뿐이고 착오는 아니다.

⑤ 동기(動機)의 착오 : 의사표시를 하게된 동기 또는 연유에 있어서 사실을 잘못 인식한 경우이다. 이를 『연유의 착오』라고도 한다. ⇒ 착오가 아니다.

예) 그린벨트가 풀릴 것이라고 생각하고 부동산을 매수한 경우에는 취소하 지 못한다. 단지, 동기가 외부에 표시되었거나 동기가 효과의사의 내용 또 는 조건이 되고 있는 경우에는 그 의사표시는 착오가 된다. 따라서 취소 할 수 있다(판례).

⑥ 계산착오(計算錯誤) : 원칙은 동기의 착오이나 산출기초 내지 계산기초가 상대방에게 표시되었다든가 상대방이 알 수 있었을 경우에는 내용의 착오로 본다. 예를 들면 공사수급인이 견적을 잘못 뽑은 경우

⑦ 法律의 착오 : 법률의 규정 또는 그 의의에 관하여 잘못 인식하는 것을 말하는데, 법률에 관한 착오라도 그것이 법률행위의 내용에 있어서 중요부분에 관한 것인 때에는 표의자는 그 의사표시를 취소할 수 있다(판례)

2) 중요부분의 착오

① 의의 : 법률행위의 내용의 『重要部分의 錯誤』란 의사표시에 의하여 달성하고자 한 사실상의 效果(의사표시 내용)의 중요한 부분에 착오가 있는 것을 말한다.

② 요건

i) 주관적 요건 : 표의자가 그러한 착오가 없었더라면 그 의사표시를 하지 않았을것이라고 생각될 정도로 중요해야 한다.

ii) 객관적 요건 : 보통의 일반인도 표의자의 입장에 섰더라면 그러한 의사표시를 하지 않았으리라고 생각될 정도로 중요한 것이어야 한다.

③ 중요부분의 착오의 유형 : 종래의 학설과 판례에 따라 그 중요한 것을 살펴보면 다음과 같다.

i) 법률행위의 성질에 관한 착오 : 예컨대, 임대차를 사용대차로 오인한 경우

ii) 사람에 관한 착오

a. 사람의 동일성에 관한 착오는 개인에 중점을 두는 법률행위(예 : 증여, 임대차, 외상매매, 금전대차)에서는 중요부분의 착오가 되고, 그렇지 아니한 법률행위(예 : 현실매매)에서는 중요부분의 착오가 되지 않는다.

b. 사람의 속성(직업·자산·신분 등)도 경우에 따라서는 중요부분의 착오가 된다.

채권자가 고리대금업자인 줄 모르고 금전차용한 경우에는 착오가 아니다(판례)

iii) 목적물에 관한 착오

a. 물건의 동일성에 관한 착오는 일반적으로 중요부분의 착오가 된다.

b. 물건의 성상·내력 등에 관한 착오는 일반적으로는 동기의 착오가 되는데 그것이 거래상 중요한 의미를 가지고 또한 표시된 때에만 중요부분의 착오가 된다.

c. 물건의 가격·수량 등에 관한 착오는 일반적으로는 중요부분의 착오가 되지 않고, 다만 그 것이 예상과 너무 큰 차이가 날 때에만 중요부분의 착오가 된다.

토지의 경계나 현황에 관한 착오도 중요부분의 착오로 본다.

소유자의 동일성에 관한 착오는 중요부분의 착오가 아니다.

3) 제109조의 적용범위

① 가족법상의 행위에 대하여는 그 성질상 당사자의 의사를 절대적으로 존중해야 하므로 언제 나 무효로 보아야 한다.

② 주식의 인수와 같이 일반 사회에 큰 영향을 미치는 단체적 행위에는 본조의 적용이 제한된 다. 즉 주식회사 설립등기 후에는 착오를 이유로 취소할 수 없다(상법 제320조).

③ 화해계약에 있어서는 화해당사자의 자격 또는 화해의 목적인 분쟁에 관

하여 착오가 있더라도 취소는 허용되지 않는다(제733조)

판례]

환자가 의료과실로 사망한 것으로 전제하고 의사가 유족에게 손해배상금을 지급키로 화해하였으나, 사망의 원인이 치료와는 관련이 없는 것으로 판명되었다면 위 화해계약은 착오를 이유로 취소할 수 있다.

**공법상의 행위나 소송상의 행위에 대해는 착오를 이유로 한 의사표시의 취소규정인 제109조는 원칙적으로 적용되지 않는다. 따라서 취소하지 못한다.

42

사기에 의한 의사표시

▌사 례▌

갑(甲)은 병(丙)으로부터 사기를 당하여 헐값으로 부동산을 을(乙)에게 매도하고 이전등기를 해주었다. 이 때 갑(甲)은 을(乙)에게 이전등기를 말소청구 할 수 있는가?

사례의 해결]

이 사례는 표의자가 상대방 또는 제3자의 기망행위나 강박행위로 인한 의사표시를 한 경우로서 그 법률행위를 취소할 수 있다(민법 제110조). 사기란 어떤 상황에 관하여 진실에 반하는 사실을 적극적·명시적인 작위에 의한 기망행위와 신의칙 및 거래관념에 비추어 어떤 상황을 알려주어야 할 의무가 있음에도 불구하고 이를 고지하지 않음으로써 표의자에게 실제와 다른 관념을 야기·강화·유지하게 하는 경우에는 묵시적인 부작위에 의한 기망행위에 해당된다. 또한 강박이란 상대방 또는 제3자가 불법으로 어떤 해악을 고지함으로써 표의자로 하여금 공포심을 생기게 하고 이로 인하여 법률행위시 의사결정을 하게하려는 경우이다. 이 때 상대방의 사기나 강박에 의한 의사표시는 언제나 취소할 수 있으나, 제3자의 사기나 강박에 의한 의사표시는 상대방이 그 사실을 알았거나 알 수 있었을 경우에 한하여 그 의사표시를 취소할 수 있다. 위 사례에서 갑(甲)이 병(丙)의 기망행위로 인하여 착오에 빠지고 그러한 상태에서 의사표시를 한 것으로 이 때 상대방 을(乙)이 갑(甲)과 매매계약체결 당시에 그러한 사실을 모르고 있었다면 갑(甲)은 을(乙)에게 이전등기말소를 청구할 수 없다. 그러나 을(乙)이 병(丙)의 기망행위로 인하여 헐값으로 부동산을 매수하게 되었다는 사실을 알고 있었다면 갑(甲)은 을(乙)에게 이전등기말소를 청구할 수 있다.

43

의사표시의 효력발생 시기

【사 례】

갑(甲)은 자기소유의 부동산을 을(乙)에게 5천만원에 매도하기로 하고 계약금 500만원을 받고 계약서에 계약금 수령한 내용과 중도금 및 잔금 지급날짜를 각각 기재하여 서로 한 장씩 서로 주고받았다. 그런데 매수인 을(乙)이 중도금 지급기일을 미루고 있자 갑(甲)은 을(乙)에게 중도금을 지급하라고 전화로 독촉하였으나 을(乙)은 곧 마련되면 입금하겠다고 하였으나 아무 연락이 없었다. 그래서 갑(甲)은 을(乙)에게 채무이행지체로 인한 그 매매계약을 해제하겠다는 편지를 보냈으나 그 당시 을(乙)은 잠시 집을 비우고 외국에 다녀왔고 갑(甲)은 이미 그 부동산을 5천 5백만 원에 사겠다는 병(丙)이 나타나자 병(丙)과 매매계약을 체결하였다. 이 때 을(乙)은 중도금과 잔금을 갑(甲)의 통장으로 입금하고 자기에게 소유권 이전하라고 주장하고 있는데 갑(甲)은 그에 응하여야 하는가?

사례의 해결]

이 사례는 법률행위에 있어서 일정한 법률효과를 발생시키기 위한 의사표시는 언제 상대방에게 효력이 발생하는 가에 대한 문제이다. 민법 제111조 제1항에서 "상대방 있는 의사표시는 그 통지가 상대방에게 도달한 때로부터 그 효력이 생긴다" 라고 규정하고 있다. 이와 같이 우리 민법은 의사표시의 효력발생은 상대방이 그 내용을 알았을 때(요지주의)가 아닌 상대방에게 서신이 도달한 때인 도달주의(到達主義)를 원칙으로 하고 있으며, 예외적으로 발신주의(發信主義)(예: 격지자간의 계약에서 청약에 대한 승낙의 의사표시, 무능력자의 상대방의 최고에 대한 법정대리인의 확답 등)를 취하는 경우가 있다. 그리고 유언(유증)이나 권리포기각서 및 법인설립시 정관에 설립자의 기명날인 또는 서명만으로 의사표시로서 효력이 발생함으로 표백주의(表白主義)에 입각한 것으로 볼 수 있다.

이때 의사표시가 상대방에게 도달한 때란 구체적으로 어느 시점에 도달로 보아야 하는 가에 대하여 견해가 다르나 다수설은 상대방이 읽을 수 있는 상태(요지할 수 있는 상태)인 수신함에 투입된 때로 보고 있다. 보통우편은 표의자인 발신자가 그 발신하였다는 사실만으로는 도달을 주장할 수 없고 도달을 입증하여야 하며, 내용증명으로 보낸 등기우편은 반송되지 않았다면 특단의 사정이 없는 한 도달된 것으로 본다(대판 1980. 1. 15, 79다1498). 따라서 위 사례에서 을(乙)이 갑(甲)이 해제한다는 편지가 을(乙)의 아파트 수신함에 투입되어 있었다면 비록 을(乙)이 그 편지를 나중에 확인하였더라도 이미 투입된 때에 갑(甲)이 그 계약을 해제한다는 의사표시는 효력이 발생한 것으로 볼 수 있다. 그래서 을(乙)과의 부동산 매매계약은 해제된 것으로 서로 계약금 및 중도금과 잔금반환과 손해배상문제가 있을 뿐이고 갑(甲)은 을(乙)에게 이전등기를 해줄 의무가 없다.

44

대리인이 한 법률행위의 효과

사 례

서울에서 회사를 다니고 있는 갑(甲)은 퇴직 후에 경치와 공기가 좋은 시골에서 전원생활을 하기위해 경북 청도 운문사 근처에 전원 주택지를 매입해놓을 생각이 있으나 회사생활에 바쁘고 시골지역의 여러 사정도 잘 모르고 있어서 청도에 살고 있는 친구인 을(乙)에게 매수계약을 체결하라고 부탁하였다. 친구인 을(乙)은 토지소유자인 병(丙)과 매매계약을 체결하고 갑(甲)에게로 부동산 소유권 이전등기를 하였다. 그 후 갑(甲)은 여름휴가 때 그 전원 주택지를 둘러보러 가보니 위치나 경관이 마음에 들지 않았다. 그래서 갑(甲)은 매도인 병(丙)을 찾아가 그 땅을 선택한 것은 친구인 을(乙)이 한 것이고 갑(甲) 자신이 선택한 것이 아니므로 그 매매계약을 해제하겠다고 주장하는 것은 정당한가?

사례의 해결]

이 사례에서와 같이 오늘날 교통과 통신이 발달하였다 하더라도 우리들은 일상생활에서 늘 바쁜 일과를 보내고 무수한 법률행위를 하게 된다. 이러한 시간적. 지역적으로 제한을 받는 가운데 모든 법률행위를 사적자치의 원칙대로 본인이 직접 하여야 한다면 불편하고 많은 경제적 불이익을 가져올 것이다. 그러한 문제들을 극복하기 위해서 필요한 제도가 대리제도로써 법률행위를 다른 사람에게 부탁하여 할 수 있는 것이다. 이처럼 다른 사람이 본인의 이름으로 본인을 위하여 어떤 법률행위를 할 때 이 사람을 대리인(代理人)이라고 하는 데, 대리인에는 본인이 직접 위임이나 부탁에 의하여 이루어지는 임의대리인(任意代理人)과 미성년자나 한정치산자와 같이 단독으로 완전한 법률행위를 할 수 없는 경우에는 법률의 규정이나 법원에서 선임되는 법정대리인(法定代理人)이 있다. 이러한 대리제도는 근대법의 소산으로 사회적으로 사적자치의 확장과 보충하는 기능을 하게 되었다.

그리고 우리가 다른 사람에게 법률행위를 부탁할 때에 반드시 위임장이라는 일정한 형식이 요구되는 것이 아니고 구두로도 할 수 있다. 즉 본인이 대리인에게 계약을 부탁하는 대리권 수여행위는 불요식행위 이다. 또한 대리인은 미성년자나 한정치산자인 행위무능력자라도 될 수 있다(민법 제117조). 따라서 무능력자가 대리인 자격으로 법률행위를 법정대리인의 동의 없이 하였더라도 그 법률행위를 본인이 취소할 수는 없다. 특히 주의할 것은 법률행위시 의사표시는 본인이 하는 것이 아니라 대부분 법률행위 내용이나 의사결정은 대리인이 하고 그 법률효과는 직접 본인에게 귀속되므로 대리인은 적어도 의사능력(意思能力)은 있어야 한다(민법 제116조). 따라서 의사표시에 대한 흠결인 비진의 표시(제107조). 통정허위표시(제108조). 착오(제109조). 사기 또는 강박(제110조) 등은 대리인을 기준으로 판단하게 된다.

위 사례에서 본인 갑(甲)이 대리인 을(乙)에게 부동산 매매계약을 부탁하였고 이 때 법률행위에 있어서 내용이나 의사결정은 대리인 을(乙)이 하게 되고 법률효과는 직접 본인인 갑(甲)에게 귀속되므로 대리인 을(乙)의 의사표시에 특별한 흠결이 없는 한 대리인이 설사 부동산의 위치 선정이나 가격결정에 잘못이 있다하더라도 본인 갑(甲)은 상대방 병(丙)에게 주장하지 못한다. 다만 본인과 대리인 간의 책임문제일 뿐이다.

<보충자료>

1. 넓은 의미의 무권대리

대리인이라고 칭하는 자가 대리행위의 요건을 갖추어 법률행위를 하였으나 실제상으로는 대리권이 없는 경우를 말한다. 이에는 거래의 안전과 대리제도의 신용유지를 위하여 외관상 신뢰한 상대방을 보 호하기 위한 표현대리(表見代理)와 본인의 보호를 위한 협의의 무권대리(狹義의 無權代理)가 있다.

2. 표현대리

본인과 무권대리인 사이에 마치 대리관계가 있는 거와 같이 상대방이 믿고 신뢰한 경우에, 그 대리인 에게 진정한 대리권이 있었던 것과 동일한 법률효과를 생기게 하는 것이 표현대리제도이다. 이는 외관(外觀)을 신뢰한 상대방을 보호하여 거래의 안전을 유지하려는 제도라 할 수 있다.

민법은 이러한 외관의 존재형태에 따라서 3가지 유형의 표현대리를 인정하고 있다.

1) 대리권 수여표시에 의한 표현대리(제125조).

① 본인이 제3자에 대하여 어떤 사람을 본인의 대리인으로 선임한다는 뜻의 표시를 하였어야 한다. 그 표시방법에는 제한이 없으므로 서면이든 구두이든 상관이 없으며, 특정한 제3자에게 하든 불특정 다수의 상대방에게 신문이나 방송을 통하여 하든 상관없다. 또한 그것은 명시적이든 묵시적이든 관계없다. 따라서 타인에게 자기의 명의를 사용하는 것을 허락하거나 묵인하는 것도 대리권수여의 표시에 해당한다.

② 무권대리인이 행한 법률행위가 그 통지에서 수여한 것으로 표시된 대리권의 범위내의 것이어야 한다(판례).

③ 대리행위는 대리권 수여의 통지를 받은 상대방과의 사이에서 하여야 한다. 단 표시의 상대방이 불특정다수인에게 한 경우에는 모든 제3자가 보호를 받는다.

④ 상대방은 선의이고 무과실이어야 한다. 이때 상대방의 선의·무과실이 아님을 입증책임은 본인에게 있다.

⑤ 제125조의 표현대리는 임의대리에만 적용된다. 왜냐하면 법정대리는 본인의 대리권수여로 대리권이 생기는 것이 아니기 때문이다.

⑥ 본인은 표현대리인의 대리행위에 대하여 책임이 있다. 즉 본인은 무권대리행위라는 것을 이유로 그 효과가 자기에게 미치는 것을 거부하지 못한다. 그리고 상대방이 표현대리를 주장하지 않는 한, 본인 쪽에서 표현대리를 주장하지 못한다.

2) 대리권한을 넘은 표현대리(제126조)

① 권한을 넘는 법률행위를 한 경우에 제3자인 상대방이 대리인에게 그 권한이 있다고 믿을 만한 정당한 이유가 있는 때에는 본인은 그 대리행위에 대하여 책임이 있음을 규정한 것이다.
② 대리인이 기본 대리권의 범위를 넘어서 법률행위를 하였어야 한다. 예를 들면 갑이 을에게 집을 사용·수익할 권리를 주었는데 이를 기회로 그 사정을 모르는 병에게 갑의 위임장과 등기서류를 이용하여 그 집을 팔아버린 경우이다.
③ 상대방은 선의이고 무과실이어야 한다. 선의·무과실의 입증책임은 본인에게 있다. 따라서 본인은 상대방의 악의·유과실은 입증하여야 한다.
④ 민법 제126조의 규정은 법정대리·임의대리 양자에 공통으로 적용된다.
⑤ 권한을 넘은 대리행위가 기존의 대리행위의 종류와 동종 또는 유사한 행위뿐만 아니라 전혀 별 개의 대리행위에 대해서도 성립한다(판례).

제126조와 일상가사대리권(日常家事代理權)

부부간(夫婦間)의 일상가사(제827조)의 범위를 넘는 夫 또는 妻의 법률행위에 대하여 제126조를 적용할 것인가에 대하여 학설의 대립이 있다. 일상가사대리권은 법정대리권의 일종으로 제126조는 당연히 적용된다는 것이 통설·판례이나, 일반적·추상적 일상가사의 범위 내에서만 제126조를 유추적용하고, 그 밖의 행위에 대하여는 특별한 대리권의수여가 있어야 한다고 보는 견해가 있다.

① 처가 남편의 승낙없이 그의 부동산에 대해 담보목적의 가등기를 설정하는 것은 일상가사대리권의 범위를 벗어난것이지만, 일상가사대리권에도 제126조의 적용이 있으므로 제3자가 처에게 그 권한이 있다고 믿은 것에 정당한 이유가 있다면 남편은 그에 관해 책임을 져야 한다(대판 81.6.23).
② 아내에게 가사대리권이 있다는 사실만으로 다른 사정이 없이 권한을 넘은 표현대리가 성립된다고 할 수 없다(대판 71.1.29).
③ 처가 남편의 소유 부동산을 타인에게 양도하거나 근저당권을 설정할 경

우에 제126조의 표현대리가 되려면 그 아내에게 가사대리권이 있다는 것뿐만 아니라, 상대방은 남편이 그 아내에게 그 행위에 관한 대리권을 주었다고 믿었음을 정당화할 만한 객관적인 사정이 있어야 한다(대판 68.11.26).
④ 남편이 정신이상으로 장기간 병원에 입원하고 있고, 입원 전후에 입원비·가족의 생활비 등을 준비하여 둔 바가없었는데, 처가 남편의 인장을 도용(盜用)하여 남편 소유의 부동산을 적정가격으로 매도하고 이로써 입원비·생활비등에 지출하였다고 하면 객관적으로 보아서 대리권이 있다고 믿을 만한 정당한 사유가 된다(대판 70.10.30).
⑤ 처가 그의 인장을 남편에게 보관시켰다면 특별한 사정이 없는 한 일응 일정한 대리권을 준 것이라 추측할 수 있는 것이라고 판시하였다(대판 67.3.28).

3) 대리권 소멸후의 표현대리(제129조)

① 제129조의 표현대리는 과거에는 대리권이 존재하였으나 대리행위를 할 당시에는 이미 대리권이 소멸하고 없는 자가 대리행위를 한 경우에, 선의이고 무과실로 거래한 상대방인 제3자를 보호하기 위한 것이다.
② 상대방은 대리행위의 상대방만을 가리키며, 그 상대방과 거래한 제3자는 포함되지 않는다.
③ 선의·무과실의 입증책임에 대하여는 본인이 상대방의 악의 또는 과실을 입증하여야 한다는 것 이 다수설이나, 선의의 입증책임은 상대방에게 있고 무과실의 입증책임은 본인에게 있다는 견해도 있다.
④ 제129조는 임의대리·법정대리 양자에 적용된다.
⑤ 제129조의 표현대리가 성립하는 범위를 넘는 경우에는 제126조의 표현대리가 된다(다수설). 판례는 대리행위가 소멸된 대리권과 다른 종류의 행위인 경우 제126조와 제129조가 경합된다고 한다.

3. 협의의 무권대리(狹義의 無權代理)

1) 의 의

대리인이 대리권 없이 대리행위를 한 경우에 표현대리라고 볼 수 있는 특별한 사정이 존재하지 않는 경우의 무권대리를 「협의의 무권대리」라고 한다. 이는 본인의 추인이 없는 한 본인에게 효과가 없다. 즉 본인이 추인하지 않으면 무효이다.

협의의 무권대리는 그 대리행위가 계약이냐 단독행위이냐에 따라서 그 효과에 차이가 있다.

2) 계약의 무권대리

(1) 본인에 대한 효과

① 본인의 추인권 : 협의의 무권대리행위는 본인이 추인하지 않는 한 그 효과는 본인에게는 무효이다. 따라서 본인은 그 무권대리행위에 대하여는 책임도 지지 않는다. 그러나 무권대리행위이더라도 본인에게 유리할 수도 있으므로 만일 본인이 그 계약을 추인함으로써 무권대리행위의 효력을 본인에게 확정적으로 유효하게 할 수 있다(제130조).

이 때 추인의 의사표시는 무권대리인에게 하든 또는 상대방에게 하든 상관없다. 그러나 상대방에 대하여 추인한 경우에는 효력이 완전히 생기지만, 무권대리인에 대하여 하는 경우에는 상대방이 추인이 있었음을 알지 못하는 경우에는 상대방에 대하여 추인의 효력을 주장하지 못한다. 협의의 무권대리행위를 본인이 추인을 함으로써 소급하여 유효가 되고 사무관리적 성격을 가지게 된다.

② 본인의 추인거절권 : 본인이 추인의 의사없음을 적극적으로 표시하여 무권대리행위를 확정적으로 무효로 하는 것을 말한다.

(2) 상대방에 대한 효과

무권대리행위는 본인의 의사에 따라서 그 효력이 좌우되므로 상대방은 불안한 상태에 있는 입장이 된다. 따라서 민법은 이러한 상대방을 보호하기 위하여 상대방에게 「최고권」과 「철회권」을 인정하고 있다.

① 최고권(催告權) : 상대방은 대리행위가 무권대리임을 알았든 몰랐든 상당한 기간을 정하여 본인에게 추인여부 확답을 최고할 수 있다. 만약 일정한 기간 내에 확답을 발하지 않는 경우에는 추인의 거절이 있는 것으로 본다(제131조). 이 점에서 무능력자 상대방의 최고권의 효력과 다르다(제15조).

② 철회권(撤回權) : 철회는 무권대리행위의 상대방이 무권대리인과의 사이에 체결한 계약을 확정적으로 무효로 하는 행위이며, 이 철회가 있으면 그 후 본인은 추인을 할 수 없다. 철회는 본인이 추인하기 전에 본인이나 그 무권대리인에게 하여야 한다. 이러한 철회권은 선의의 상대방에게만 인정된다.

(3) 상대방과 무권대리인 사이의 효과

① 무권대리인의 책임 : 민법은 제135조에서 상대방을 보호하고 거래의 안전을 꾀함과 동시에 대리제도의 신용을 유지하기 위해서 무권대리인에게 특히 무거운 책임을 지우고 있다. 즉 무권대리인의 과실유무와 관계없이 책임을 지는 무과실책임이다.

② 무권대리인의 책임발생요건 : ⓐ 대리인이 대리권이 존재함을 증명할 수 없을 것 ⓑ 상대방은 선의이고 무과실일 것, 그러나 무권대리인의 고의·과실은 요하지 않는다. ⓒ 상대방이 아직 철회권을 행사하지 않을 것 ⓓ 무권대리인이 행위능력자일 것

③ 책임의 내용 : 상대방의 선택에 좇아 이행 또는 손해배상의 책임을 진다(제135조).

④ 본인과 대리인 사이의 효과 : 본인이 추인하지 않는 한 본인에게는 효력이 귀속되지 않으나, 본인이 추인하면 소급하여 유효하게 되고 따라서 사무

관리가 된다. 즉 본인이 추인하더라도 무권대리인이 유권대리인으로 되는 것은 아니다.

3) 단독행위의 무권대리

(1) 상대방 없는 단독행위

언제나 절대무효이다. 이 경우 본인에게 추인권을 인정한다면, 본인의 자의에 따라 무권대리행위의 효과가 좌우되어 불합리하기 때문이다.

(2) 상대방 있는 단독행위

원칙적으로 무효이고 무권대리인의 책임문제는 발생하지 않는다. 그러나 상대방의 보호를 위하여 다음과 같은 예외를 인정한다. 즉 본인이 추인하지 않으면 본인에게는 그 효과는 귀속되지 않고 무권대리행위가 되어 무권대리인에게 책임이 발생하고, 본인이 추인하게 되면 소급하여 유효가 된다.

① 능동대리 : 능동대리에 있어서는 상대방이 대리권이 없는 행위에 동의하거나 또는 대리권을 다투지 아니한 때에는 계약의 무권대리와 동일하게 취급한다(제136조 전문).

② 수동대리 : 수동대리에 있어서는 무권대리인의 동의를 얻어 행위를 한 때에 한하여 계약의 무권대리와 동일하게 취급된다(제136조 후문).

부부간의 일상가사대리행위의 효과

45

▌사 례▌

갑(甲)의 처 을(乙)은 남편이 해외출장 중에 병(丙)으로 부터 남편이 빌려간 금전채무 1천만원을 갚을 것을 요구하자 병(丙)과 직접 만나 위 금전채무에 대하여 10회 분할하여 변제하기로 하고, 그 지급을 담보하기 위하여 남편의 소유로 된 부동산에 병(丙)과 대물변제예약을 하면서, 갑(甲)이 출장을 가면서 맡겨둔 인감도장과 등기필증을 사용하여 위 부동산에 대하여 소유권이전 청구권 보전의 가등기를 하였다. 이 경우 갑(甲),을(乙),병(丙)의 법률관계는 어떻게 되는가?

사례의 해결]

이 사례는 부부(夫婦)간의 일상가사(日常家事)에 관한 것으로 보고 민법상 제126조의 표현대리(表現代理)가 성립하는가에 대한 문제이다.

우리 민법 제832조는 「부부의 일방이 가사에 관한 제3자와 법률행위를 한 때에는 다른 일방은 이로 인한 채무에 대하여 연대책임이 있다. 그러나 이미 제3자에 대하여 다른 일방의 책임 없음을 명시한 때에는 그러하지 아니하다.」라고 규정하고 있다. 부부일상가사란 부부가 가정공동생활을 하면서 필요로 하는 모든 사항을 포함되는 것으로 볼 수 있지만, 그 범위는 부부의 사회적 지위, 직업, 자산, 수입 등을 고려하여 현실적 생활 상태에 의하여 결정하여야 한다. 예를 들면 학설이나 판례에서 인정되고 있는 것으로는 쌀·연료·의복 등의 구입, 집세·전기요금·가재도구 구입비 등의 지급, 자녀의 교육비·병원비·유학비 등을 충당하기 위하여 타인으로부터 빌린 차용금은 일상가사생활에 해당한다고 보고 있다. 이와 같이 비교적 금액이 낮은 것으로서 가정에서 실제로 부부와 가족들이 함께 이용되고 있는 물건이나 식품 구입대금 및 생활비나 병원비 등을 위해 빌린 금전채무는 부부가 연대책임을 지는 것에 대해서는 문제가 되지 않는다.

그러나 부동산의 매매나 전세권의 설정 등과 같이 일상가사로 보지 않는 경우나 부부관계가 파탄되어 별거중인 경우에 문제가 된다. 부부의 별거생활기간이 일상가사의 범위에 영향을 미치는 것으로 혼인관계의 파탄에 의한 별거의 경우에는 혼인공동생활관계가 소멸되는 것이므로 민법 제832조는 적용되지 않는 다는 견해도 있다. 그러나 외형상 부부인 경우에는 혼인이 파단 되어 별거 중에 있다는 사실을 모르는 제3자는 보호되어야 한다는 취지로 본다면 별거하고 있더라도 가족관계부에 남아 있는 때에는 책임을 부담하여야 할 것이다. 만약 별거 또는 대리권이 없는 경우에는 민법 제126조의 표현대리제도에 의하여 선의의 제3자는 보호되어야 한다.

따라서 위 사례에서 갑(甲)의 아내 을(乙)이 병(丙)에 대한 남편의 채무변제에 대한 대물변제예약은 확대된 부부일상가사 대리의 범위에 속하는 것으로(민법 제727조 제1항), 을(乙)과 병(丙)의 법률행위는 유효하고 갑(甲)은 병(丙)에 대하여 아내 을(乙)과 연대하여 책임을 져야 한다. 즉 아내 을(乙)의 행위는 일상가사대리권에 기한 대리행위로서 그 효과는 본인인 갑(甲)에게 귀속하므로 남편 갑(甲)은 아내 을(乙)이 병(丙)과 행한 10회 분할변제의 지급연기와 대물변제의 예약에 기한 소유권이전 청구권의 보전을 위한 가등기는 말소청구할 수 없고 감수하여야 한다. 또한 아내 을(乙)의 행위가 일상가사의 범위에 속하는 경우에는 민법 제126조의 표현대리가 성립된다고 볼 수 있다.

46

기한을 정하지 않은 금전대여계약

▌사 례▌

갑(甲)은 사업을 하는 친구 을(乙)이 물품구입에 필요하다고 하면서 며칠만 융통해달라고 부탁하자 3백만원을 빌려주었다. 그런데 돈을 빌려줄 당시에 언제 갚기로 하는 기한을 정하지도 않았는데, 이때는 언제를 기한으로 보아야 하는지, 또한 갑(甲)의 금전채권은 언제부터 소멸시효가 진행되는가?

사례의 해결]

이 사례는 금전소비대차계약에 있어서 차용금을 언제 갚기로 기한을 정하지 않은 경우로서 우리 민법은 변제기일의 약정이 없는 금전대차는 채권자가 상당한 기간을 정하여 차용금을 갚을 것을 채무자에게 최고하고 상당한 기간이 지난 후가 변제기일이 된다고 규정하고 있다. 「상당한 기간」이란 계약의 목적이나 금액 기타 사정에 따라 결정되는 것으로 일률적으로 몇 일, 한 달 등이 상당한 기간이 된다고 말할 수는 없다. 만약 「상당한 기간이 아닌 기간」을 정하여 최고하였다 하더라도 다시 「상당한 기간」을 정하여 최고할 필요는 없고, 최고한 후 상당한 기간이 경과되면 그 때가 변제기일이 된다. 이 때 최고란 채무자가 빌려간 돈을 갚기로 약속한 날까지 변제하지 않을 경우에 채권자가 채무자에게 채무의 이행을 청구하는 의사의 통지를 말하는 것으로서 특별한 형식을 요하지는 않고, 구두로나 서면에 의하여 하면 되며, 보통 「내용증명」으로 보내는 것이 가장 확실한 최고의 수단이 된다. 이와 같이 변제기한을 정하지 않은 금전대차에 있어서는 채무자가 언제든지 채권자에게 빌린 돈을 갚을 수 있으며, 이자 약정이 있더라도 차용금을 변제할 때 까지만 이자를 붙여서 지급하면 된다. 그러나 변제기일을 정한 금전소비대차계약에 있어서는 무이자로 돈을 빌린 경우에는 위약금 없이 원금만 채무자가 변제기일 전에 언제든지 갚을 수는 있으나, 이자부 금전대차일 경우에는 채무자가 변제기일전에 미리 변제할 수 있으나, 즉 채무자는 기한의 이익을 포기할 수는 있으나 그로 인한 채권자에게도 기한의 이익을 침해하게 되므로 채권자에게 손해배상(통상 위약금이라고 함)을 하고 변제기일이 도래하기 전에 미리 채무변제를 할 수 있다.(민법 제153조)

따라서 위사 안에서 갑(甲)은 상당한 기간을 정하여 을(乙)에게 금전채무를 이행할 것을 청구할 수 있으며, 최고 후 상당한 기간이 지나면 변제기한이 도래한 것으로 보고, 무이자 금전소비대차계약이라 하더라도 그 때부터는 연체이자도 발생하게 된다. 그리고 갑(甲)의 금전채권의 소멸시효는 변제기한을 정하지 않은 경우로서 을(乙)이 금전을 차용한 날로부터 10년이 지나면 소멸하게 된다. 그러나 금전 차용시 변제기한을 정한 경우에는 그 기한이 도래한 때로부터 소멸시효가 진행된다.

<보충자료>

1. 소멸시효의 의의

시효란 사실상태가 오랫동안 지속된 경우에 그 상태가 진실한 권리관계와 일치하지 않더라도 그 사실 상태를 그대로 권리관계로 인정하여 법률상 일정한 법률효과를 부여함으로써 법률관계를 확정지우기 위함에 있다. 즉 시효는 일정한 권리의 행사 또는 불행사라는 사실상태가 일정한 기간동안 계소됨으로써 권리의 취득·소멸이라는 효과를 생기게 하는 법률요건이며, 이는 법률사실로서 사건이다. 시효는 재산적 법률관계에 적용되는 것이며, 가족관계인 신분관계에는 적용되지 않는다.

2. 시효제도의 취지

"권리 위에 잠자는 자는 보호할 필요가 없다."

1) 사회질서의 유지 (공익성)

① 진실한 권리관계와 다른 사실상태가 일정한 기간동안 계속되면 그러한 사실상태를 바탕으로 많은 법률관계가 발생한다. 이러한 오랫동안 계속되어 온 사실상태를 뒤집으면 새로이 형성된 법률관계에 혼란을 가져오게 되어 법적 안정성을 해할 수가 있다. 따라서 소멸시효는 사회질서의 유지와 거래관계의 신속한 해결을 위한 공익적 목적 하에 둔 제도이다.
② 입증곤란성 제거 : 오랜 기간의 경과로 증거보전의 곤란으로 인한 입증의 어려움을 제거하는 데 있다.
③ 권리 불행사에 대한 징벌(권리남용이 됨) : 권리위에 잠자는 자는 보호할 필요가 없다. 따라서 소멸시효는 권리를 행사하지 않는 것도 권리남용이며, 그에 대한 권리자는 권리의 소멸에 대한 감수를 하여야 하며, 권리자를 응징하는 제도라고 보는 것이 다수설이다.

참 고

◉ 시효제도의 존재이유(대판 전원합의체판결 1992. 3. 31, 91다32053)

시효제도의 존재이유는 영속된 사실상태를 존중하고, 권리위에 잠자는 자를 보호하지 않는다는 데에 있고, 특히 소멸시효에 있어서는 후자의 의미가 강하므로 권리자가 재판상 그 권리를 주장하여 권리 위에 잠자는 것이 아님을 표명한 때에는 시효중단의 사유가 되는 바, 이러한 시효중단 사유로서의 재판상의 청구에는 그 권리 자체의 이행청구나 확인청구를 하는 경우만이 아니라, 그 권리가 발생한 기본적 법률관계에 관한 확인청구가 이로부터 발생한 권리의 실현수단이 될 수 있어 권리 위에 잠자는 것이 아님을 표명한 것으로 볼 수 있을 때에는 그 기본적 법률관계에 관한 확인청구도 이에 포함된다고 보는 것이 타당하다고 판시하고 있다.

참 고

① 실효(失效)의 원칙 : 실효의 원칙은 신의성실의 원칙의 파생원칙으로서

권리자가 상당한 기간 그 권리를 행사하지 아니하였으므로 상대방이 앞으로도 그 권리를 행사하지 않을 것으로 확신하였고, 상대방도 이렇게 신뢰하도록 행동을 하였다면 권리자가 이러한 확신에 반하여 새삼스럽게 권리를 주장하는 것은 신의성실의 원칙에 반한다.

② 제척기간(除斥期間) : 제척기간이라 함은 어떤 권리에 대하여 신속히 확정하기 위하여 법률이 별도로 규정하는 권리의 존속기간을 말하는 것으로, 일정한 기간내에 그 권리를 행사하면 일정한 법률효과를 부여하고, 그 기간내에 행사하지 않으면 권리가 당연히 소멸하게 되는 제도이다. 이는 주로 형성권인 취소권·해제권·해지권 등이 해당된다. 예를 들면 취소권은 추인할 수 있는 때로부터 3년내, 법률행위를 한 때로부터 10년 내에 행사하지 않으면 취소권은 당연히 소멸한다. 소멸시효는 권리를 행사하면 시효진행이 중단되고 다시 시효가 진행되지만, 제척기간은 이러한 중단의 효력이 없다는 점이 기본적인 차이점이다.

3. 소멸시효와 제척기간의 차이

1) 소멸시효

중단·정지가 있음, 소급하여 소멸함. 기간을 단축할 수 있음(제184조 제2항)
당사자가 원용하여야 법원은 고려함. 기간의 배제나 연장은 허용되지 않는다.
시효이익의 포기제도가 있다.
예를 들면 불법행위로 인한 손해배상청구권은 안날로부터 3년, 불법행위가 있은 때로부터 10년 내에 행사하지 않으면 소멸한다.

2) 제척기간

중단·정지가 없음, 비소급하여 소멸함. 기간이 법정되어 있지 않은 때에는 단축할수 있다(판례). 기간의 연장이나 배제는 허용되지 않는다.
법원은 반드시 고려하여야 함. 포기제도가 없다.
예를 들면 취소권의 소멸은 추인할 수 있는 때로부터 3년, 법률행위를 한 때로부터10년 내에 취소하지 않으면 취소권은 소멸한다. 그 외에도 해제권·해지

권 등

4. 기간의 계산방법

1) 자연적(自然的) 계산법 : 시 · 분 · 초

기간을 시·분·초로 정한 때 즉시로부터 기산하고(제156조), 소정의 시·분·초가 경과한 때에는 만료한다. 예를 들면 오후2시 30분부터 3시간 이라고 하면 같은 날 오후 5시 30분이 만료점이 된다. 자연적 계산법은 정확하나 계산이 복잡하고 불편하다.

2) 역법적(曆法的) 계산법 : 일(日) · 주(週) · 월(月) · 년(年)

정확성은 없으나 계산이 간편하다는 장점이 있으므로 일반적으로 역법적 계산법을 취하고 있다.

(1) 기산점(起算點)

① 원칙 : 초일을 산입하지 않고 익일부터 기산하는 것이 원칙이다(제157조), 기간을 역산할 경우 에도 초일을 산입하지 않는다.

② 예외 : 예외적으로 기간이 0시부터 시작되거나 연령 계산시에는 출생일을 산입한다.

(2) 만료점

기간의 말일이 만료한 때이다. 즉 말일의 24시(24 : 00) 정각이 만료시점이 된다.

① 기간을 일로 정한 경우에는 소정의 일수가 경과한 날이 만료점이 된다.

② 기간을 주·월·연으로 정한 경우에는 일수로 계산하지 않고 역(歷)에 의하여 계산한다.

③ 주·월·연의 처음부터 기산하는 때에는 최후의 주. 월. 연이 종료하는 날이 만료점이 된다.

④ 주·월·연의 처음부터 기산하지 아니하는 때에는 최후의 주·월·연에서 그 기산일에 해당하는 날의 전일이 만료점이 된다.

⑤ 기간을 월·연으로 정한 경우에 최종의 월에 해당일이 없는 때에는 그 월의 말일이 된다.

(3) 공휴일의 특칙

공휴일도 기간 내에 계산에 포함되며, 다만 기간의 말일이 공휴일에 해당하는 때에는 기간은 그 다음날로 만료한다. 공휴일에는 국경일. 일요일. 임시공휴일도 포함된다(대판 1964. 5. 26, 63다958)

판 례 기간의 초일이 공휴일이라 하더라도 기간은 초일부터 기산한다. "기간의 말일이 공휴일에 해당한 때에는 기간은 그 익일로 만료한다"는 제161조는 기간기산일의 초일에는 적용이 없다(대판 1982. 2. 23, 81누204). 한편 기간의 말일이 공휴일에 해당하는 경우에 있어 공휴일은 임시공휴일도 포함된다.

판 례 ① 대한석탄공사에 피용된 채탄부의 정년이 53세라함은 만53세에 도달하는 날을 말하는 것이라고 보는 것이 상당하다(대판 1973. 6. 12, 71다2669) ② 근로기준법 제19조 제1항 소정의 평균임금을 산정하여야 할 사유가 발생한 날 이전 3월간의 기산에 있어서 사유가 발생한 날인 초일은 산입하지 않아야 한다(대판 1989. 4. 11, 87다카2901) 즉, 기간을 역산할 경우에도 초일을 산입하지 않는다.

47

금전채권의 소멸시효

▌사 례▐

갑(甲)은 아주 친한 친구인 을(乙)에게 사업자금으로 돈 5백만원을 빌려준 지가 벌써 9년이 넘었다. 갑(甲)은 친구이기 때문에 믿고 별로 재촉도 하지 않고 있었으나, 친구 을(乙)은 갚을 능력이 있으면서도 갚지 않고 있어서 원망스럽기도 하였다. 만약 갑(甲)이 을(乙)에게 빌려준 돈을 몇 년 내에 청구하여야 되는 지, 또한 소멸시효를 중단시킬 수는 없는가?

사례의 해결]

이 사례는「권리위에 잠자는 자는 보호할 필요가 없다」라는 법격언에 따라 일정한 기간 동안 자기의 권리를 주장하지 않으면 법은 보호하지 않는다는 취지로 두고 있는 소멸시효제도에 관한 것이다. 아무리 오래된 대여금 채권이라 하더라도 채무자가 스스로 갚는 다면 걱정이 없겠으나, 그 대여금 채권이 변제기한일로부터 일정한 기간이 경과되게 되었을 때에는 채무자가 소멸시효(消滅時效)를 주장하고 변제를 거부할 수도 있다. 친구라든가 친척 등 일반 사람들 간의 대여금 채권은 10년으로 시효에 걸리며, 상거래에서 발생한 채권은 5년(단 도매상의 산매상에게의 물품대금은 3년)으로 시효에 걸린다. 이러한 소멸시효의 기산점은 변제기일을 정한 경우에는 변제기일 다음날부터 시효가 진행되고, 변제기일을 정하지 않은 경우에는 돈을 빌려준 날의 다음날인 익일부터 시효기간을 계산하게 된다. 그리고 이러한 채권의 소멸시효에 걸리지 않도록 하는 것을 소멸시효의 중단이나 정지제도가 있다. 소멸시효를 중단시키는 방법으로는 채무자에게 언제 갚겠다는 지불각서를 받아 두거나 차용금의 일부를 지불하게 하는 것도 중단이 되며, 반대로 채무자가 빌린 돈을 언제 갚겠다고 전화(녹취되어야 증거가 됨)나 편지를 보내온 경우에도「채무 있음을 승인」한 것으로 시효가 중단된다. 따라서 시효가 중단되면 시효기간의 진행은 중단된 날로부터 다시 계산을 하게 된다. 그리고 소송을 제기하여도 시효가 중단되며, 소송기간 중에도 계속 시효의 진행이 정지되고 판결이 종료되면 다시 그 익일부터 시효진행이 시작된다. 소송에 의하여 판결을 받은 경우에는 10년 보다 짧은 1년·3년·5년의 시효에 걸리는 채권도 모두 10년으로 연장된다. 즉 그 판결의 효력은 10년 동안 존속하게 되며, 또한 10년 지나기 전에 다시 판결을 받아두어야 한다. 시효에 걸리기 직전에 소송을 제기할 여유가 없을 때에는 우선 내용증명으로 갚을 것을 독촉해 놓으면 시효의 진행을 6개월간 연장을 할 수가 있다. 즉 6개월 내에 강력한 중단의 수단인 소송제기·압류·가압류·가처분 등을 하지 않으면 시효중단의 효력이 없다. 따라서 위 사례에서 갑(甲)은 친구인 을(乙)에게 변제일로부터 10년이 다 되어 가므로 내용증명을 보내고 그래도 갚지 않으면 6월 내에 소송을 제기할 수 밖에 없다.

<보충자료>

1. 소멸시효의 기산점

① 확정기한이 있는 채권은 기한이 도래한 때

② 불확정기한이 있는 채권은 객관적으로 기한이 도래한 때 : 채권자는 그 기한의 도래를 알든 모르든 상관이 없다. 다만, 이 경우에 그 채권이 지체에 빠지는 것은 채무자가 기한이 도래함을 안 때이다(제387조 1항)

③ 정지조건부 채권은 조건이 성취된 때

④ 기한을 정하지 않은 채권은 채권이 성립한 때

⑤ 부작위채권(不作爲債權)은 채무자가 위반행위를 한 때(제166조 2항)

⑥ 해지통고 또는 청구 후 일정기간이 경과한 후에 청구할 수 있는 채권은 실제 청구할 수 있는 때 (제603조 2항)

⑦ 불법행위에 대한 손해배상청구권은 손해 및 가해자를 안 날로부터 3년 내. 불법행위가 있은 때로부터 10년 내에 행사하지 않으면 소멸한다(제766

조 제 2항). 한편 후유장애의 발생으로 인한 손해 배상청구권의 소멸시효는 후유장애로 인한 손해가 발생한 때로부터 진행된다(대판 1992. 5. 22, 91 다 41880)

⑧ 동시이행의 항변권이 붙은 채권은 그 채권의 이행기가 도래한 때로부터 소멸시효가 진행된다.

⑨ 채무불이행(債務不履行) : 판례는 이행불능으로 인한 손해배상청구권의 소멸시효는 이행이 불능으로 된 때로부터 소멸시효가 진행된다고 한다(대판 1990. 11. 9, 90다카22513)

2. 소멸시효의 중단사유

1) 재판상의 청구

재판상의 청구란 원칙적으로 민사소송을 의미하는 것으로 본소(本訴)이든 반소(反訴)이든, 재심의 소이든 무방하다. 다만 기각판결이 확정된 경우에는 청구권의 부존재가 확정됨으로써 중단의 효력이 생길 수 없으므로, 청구기각의 확정 후 재심을 청구하였더라도 시효는 중단되지 않는다(대판 19924. 24, 92다6983). 형사소송이나 행정소송은 사권의 행사라 볼 수 없으므로 시효중단의 효력이 없다, 과세의 오납에 대한 부당이득반환청구권의 행사는 비록 행정소송이라도 시효중단의 효력이 있다(대판 1992. 3. 31)

일부청구가 있는 경우에는 청구한 일부에 대해서만 시효중단의 효과가 생긴다(대판 1975. 2. 25, 74다1557). 다만 일부청구를 한 경우에도 그 취지로 보아 채권 전부에 관하여 판결을 구하는 것으로 해석되는 경우에는 그 전부에 관하여 시효중단의 효력이 생긴다(대판 1992. 4. 10, 91다43695)

2) 파산절차 참가

파산재단에의 배당참가(파산법 제201조). 파산선고신청이나 강제집행절차에서의 배당신청, 화의법에 의한 화의절차 참가 등이 있으면 재판상 청구에 준하여 소멸시효가 중단된다. 단, 채권자가 이를 취소하거나 그 청구가 각하된 때에는 시효중단의 효력은 없다.

파산절차참가는 채권자가 이를 취소하거나 그 청구가 각하된 때에는 시효중단의 효력은 없다.

3) 지급명령

금전 기타 대체물이나 유가증권의 일정한 수량의 지급을 목적으로 하는 청구에 대하여는 법원은 채권자의 신청에 의하여 지급명령을 할 수 있다. 이때에는 지급명령 신청서를 관할법원에 제출한때 중단의 효력이 있다.

4) 화해를 위한 소환

화해를 위한 소환은 상대방이 출석하지 아니 하거나 화해가 성립되지 아니한 때에는 1월내에 소를 제기하지 아니하면 시효중단의 효력이 없다. 임의출석의 경우에 화해가 성립되지 아니한 때에도 그러하다. 민사조정법에 의한 조정은 재판상의 화해와 동일한 효력이 있으므로 조정신청에도 시효중단의 효력이 있다.

5) 임의 출석

임의출석이란 소송당사자가 임의로 법원에 출석하여 소송에 응하여 구두변론을 함으로써 제소하거나 화해신청을 하도록 하는 제도를 말한다. 다만 임의출석에 의하여 화해가 성립하지 않으면 1월 이내에 소를 제기하여야 시효중단의 효력이 유지된다(제173조 후단) 소액사건심판법은 임의출석에 의한 소의 제기를 허용한다(소액사건심판법 제5조)

6) 최고(催告)(=이행청구)

최고란 채권자가 채무자에 대하여 행하는 재판외의 청구이며, 그 성질은 준법률행위인 의사의 통지에 해당된다. 최고의 방법에는 아무런 제한이 없다. 최고는 6월내에 재판상의 청구, 파산절차참가, 화해를 위한 소환, 임의출석, 압류 또는 가압류, 가처분을 하지 아니하면 시효중단의 효력이 없다.

7) 압류 · 가압류 · 가처분

압류, 가압류 및 가처분은 권리자의 청구에 의하여 또는 법률의 규정에 따르지 아니함으로 인하여 취소된 때에는 시효중단의 효력이 없다. 압류, 가압류 및 가처분은 시효의 이익을 받은 자에 대하여 하지 아니한 때에는 이를 그에게 통지한 후가 아니면 시효중단의 효력이 없다.

8) 승인(承認)

시효가 진행하는 도중에 시효의 이익을 받을 자가 시효로 인하여 권리를 잃을 상대방에 대하여 그 권리의 존재함을 시인하는 행위로써 관념의 통지인 준법률행위이다. 대리인의 승인은 중단의 효력이 있다. 따라서 제3자의 승인은 시효중단사유가 되지 않는다.

판 례 피용자에 의한 승인은 중단사유가 되지 않는다 예를 들면 경리과장. 총무과장 또는 출장소장, 군부대의 참모장은 특별한 사정이 없는 한 채무를 승인을 할 수 없다.(대판 1965. 12. 28, 65다2133, 대판 1970. 3. 10, 69다401)

① 재판상 청구하는 경우 시효중단의 시기(時期) : 소를 제기한때이다. 소의 변경 또는 중간확인의 소에서는 그 청구의 서면을 법원에 제출한 때이다.

② 재판상의 청구가 있더라도 소송의 각하·기각 또는 소취하가 있는 경우에는 시효중단의 효력이 소멸한다. 그러나 이 경우에도 6개월 이내에 재판상 청구, 파산절차참가, 압류 또는 가압류, 가처분을 한 때에는 시효는 최초의 재판상의 청구로 인하여 중단된 것으로 본다(제170조 2항)

48

동물점유자의 불법행위책임

▌사 례▐

갑(甲)의 이웃집에 사는 乙은 개를 무척 좋아하는 사람이어서 개를 한 마리 기르고 있다. 그런데 하루는 甲의 아들이 이웃에 사는 乙의 집에 심부름을 갔다가 그 개에게 손이 물리어 전치 3주 정도의 상처를 입었다. 乙은 항상 개집에 넣어 목줄을 달아매어 놓는데 그날은 목줄을 잘못매어 개가 줄을 풀고 뛰쳐나와 甲의 아들을 물고 말았던 것이다. 이 때 乙은 법률상 어떤 책임을 져야하는가?

사례의 해결]

우리 민법 제759조에는 「동물의 점유자와 보관자는 그 동물이 타인에게 가한 손해를 배상할 책임이 있다. 그러나 동물의 종류와 성질에 따라 그 보관에 상당한 주의를 게을리 하지 아니한 때에는 그러하지 아니하다」라고 규정하고 있다. 즉 동물의 사육주는 기르고 있는 동물이 남을 물거나 할퀴거나 해서 상처를 입히지 않도록 주의할 의무가 있으며, 이를 태만히 하여 동물이 타인에게 상해를 입힌 경우에는 손해배상을 하여야 한다. 그러나 그 동물의 종류 및 성질에 따라서 상당한 주의를 기울여 보관을 하였는데도 사고가 일어났을 경우에는 책임을 지지 않을 수도 있다. 통상적으로 개에게 물리는 경우에만 해당되는 것이 아니라 광포성(狂暴性)이 있는 닭이나 고양이 등이 타인에게 위해(危害)를 가하지 않도록 주의를 해야 할 의무가 있다. 또한 유원지의 동물원 우리에서 기르는 원숭이에 대해서도 유아가 우리 안에 손을 넣어 원숭이에게 손이 물린 경우에 사육주나 관리자는 손님에게 손을 넣거나 가까이 접근하지 않도록 주의나 경고를 할 의무가 있다.

위 사례에서도 이웃집의 개사육주는 개의 목줄을 잘못 매어 풀고 뛰쳐나와 甲의 아들을 물어 상해를 입혔기 때문에 손해배상책임을 면하지 못한다.

49

타인의 애완용 동물을 죽인 자의 불법행위책임

【사 례】

갑(甲)의 아내는 애완용 개인 복실이를 끌고 산책을 나갔는데 잠시 끈을 놓아준 사이에 차도에 나가 乙이 운전하는 속도위반으로 질주하던 택시에 치어서 죽어버렸다. 이런 경우에 甲의 아내는 손해배상을 청구할 수 있는가?

사례의 해결]

이 사례에서 자동차사고의 객체가 사람과는 다른 개에 대한 사고로서 자동차를 운전하는 자는 사람에 대한 만큼의 주의의무를 요구하는 것은 아니다. 그러나 동물이라고 해서 함부로 죽여도 되는 것은 아니다. 특히 사람이 소유하는 애완용 개는 법률상 재산권의 객체이기 때문에 손해를 가하지 않도록 주의의무를 가지는 것이 일반적인 생각일 것이다. 그러므로 택시 운전사가 교통법규를 위반하여 질주하였기 때문에 일어난 사고로서 택시 운전사 乙은 甲의 아내의 애완용 개의 죽음에 대한 손해배상할 의무를 지게 된다. 물론 택시회사도 사용자로서 연대책임을 져야 한다. 다만 택시회사는 그 운전사의 감독에 상당한 주의를 기울여온 경우에는 책임을 면하게 된다(민법 제756조) 또한 애완용 동물에 대한 사랑이 너무나 깊어 그 개의 죽음으로 인한 정신적 충격이 크다면 위자료도 청구할 수 있다는 외국의 판례도 있다.

그런데 여기서 문제가 되는 것은 甲의 아내가 개의 끈을 꼭 잡고 있지 않았기 때문에 개가 뛰쳐나가 차도로 뛰어들어 일어난 사고로서 피해자 쪽에서도 상당한 주의를 하지 않아 과실이 있다고 볼 수 있다. 이와 같이 양쪽에 모두 주의를 게을리 하여 일어난 손해에 대하여 과실상계(過失相計)의 법리를 적용하게 된다. 이는 가해자인 운전사만을 탓하는 것은 공평의 원칙에도 반하는 것으로 피해자에게도 과실이 있을 경우에는 법원은 손해배상금을 정함에 있어서 이를 참작하여야 한다.

50

제조물의 결함으로 인한 손해배상책임

▌사 례▌

갑(甲)은 乙회사의 제품인 청량음료수 몇 병을 동네 슈퍼에서 사서 냉장고에 넣어 두었다가 그 중 한 병을 꺼내어 마시려 하자, 갑자기 그 병이 깨어지는 바람에 파편에 맞아 눈에 상처를 입게 되었다. 이때 甲은 누구를 상대로 손해배상을 청구할 수 있는가?

사례의 해결]

이 사례는 제조물의 결함으로 인하여 신체에 손해를 입은 경우에 그 결함제품을 제조한 회사나 판매상인이 손해배상책임을 지도록 하는 제조물책임에 관한 것이다. 현재 우리나라의 경우에 음료수를 넣는 병의 안전규격에 관한 법률상 규정은 없으며, 국내 판매하는 음료수의 병의 규격에 대하여는 제조업자에게 일임되어 있다. 이 사건에서 병이 파열하게 된 원인이 甲이 냉동실에 넣어 얼어서 파열되었다면 제조회사의 책임은 없겠으나, 그 음료수 병을 냉장실에 넣어둔 경우라면 그 병의 제조의 결함내지 음료수의 제조과정상 탄산가스의 과량주입 등에 의한 결함으로 인한 사고라고 추정할 수 있으며, 그 병의 제조회사나 음료수제조회사는 과실이 있음이 인정되어 민법 제750조에 의한 불법행위로 인한 손해배상책임을 면하지 못한다. 그러나 병이 파열되게 된 원인을 밝힐 수 없는 경우에는 소비자가 음료수병을 통상적인 주의로 다루었는데도 불구하고 이러한 사고가 발생하였다면, 그 병의 파열 원인은 그 음료수를 제조한 회사측에 과실이 있는 것으로 추정하는 것이다. 이러한 추정을 통상적·일반적 경험에 기초를 두는 추정으로서 이를 「표현증명이론」에 근거를 두고 있다. 즉 소비자의 음료수병의 취급상 잘못이 없는 한 그 제조회사의 과실이 표면상 나타나 있다고 보는 것이다. 따라서 위 사례에서 청량음료수 제조회사 乙이 소비자인 甲의 과실로 인하여 병이 파열되었다는 사실을 입증하지 못하면 손해배상책임을 면하지 못한다. 또한 이러한 사고가 발생한것이 그 음료수를 판매한 슈퍼주인에게 과실이 있었다면 甲은 슈퍼주인에게도 손해배상을 청구할 수도 있다.

51 성형수술의 부작용에 대한 의사의 책임

▌사 례▌

갑(甲)은 26세의 미혼 여성으로서 결혼 적령기를 맞아 약혼한 남자에게 좀 더 예쁘게 보이기 위하여 빈약한 가슴을 시내에 있는 을(乙)성형외과에서 이른바 풍흉수술(豊胸手術)을 받았는데, 몇 일후 가슴이 아파 을(乙)병원에 찾아가서 하소연 하였으나 담당의사도 그 원인을 충분히 밝히지 못하고 조금만 여유를 가지고 지켜보자 고만 한지가 벌써 6개월이 지났다. 이러한 통증으로 인하여 약혼한 남자와도 헤어지게 되었다. 이 때 성형수술을 받은 의사는 손해배상책임을 져야하는가?

사례의 해결]

이러한 의료사고는 근래에 와서 잇달아 일어나고 있어 사회적으로 큰 문제가 되고 있다. 오늘날 경제적으로 풍족하여 삶의 질이 향상되면서 남녀노소 할 것 없이 누구나가 젊고 예쁘게 보이고 싶어 하는 마음은 누구나 똑 같은 생각일 것이다. 이러한 이유로 성형외과를 찾게 되는 경향이 늘어나고, 또한 성형수술에 의한 부작용과 신체적 피해도 점차적으로 늘어나고 있는 실정이다. 때로는 풍흉수술이나 기타 미끈한 다리를 만들기 위한 종아리 수술의 부작용으로 인하여 생명을 잃는 사례도 발생하고 있다. 이러한 성형수술로 인한 부작용이 발생하는 사례로는 풍흉수술에 한하지 않고 콧대를 세우는 수술, 쌍커플 수술 등에도 사고가 종종 일어나고 있다. 미용 성형은 적어도 현재보다는 좀 더 아름답고 예쁘게 해주기로 하고 의사는 일정한 비용을 받기로 하는 법률상 계약이다. 이러한 계약을 위반하여 수술을 잘못하여 얼굴이 수술전 보다도 못하거나 그 수술로 인하여 부작용이 발생하였다면 채무의 불완전 이행이 되거나, 또한 의사의 고의나 과실로 인하여 그와 같은 결과가 발생하였다면 불법행위가 성립하여 손해배상책임을 져야할 것이다(민법 제750조) 그리고 위 사례에서 의사의 잘못이 판명된다면 파혼으로 인한 정신적 손해에 대한 위자료도 청구할 수 있을 것이다.

52

매매계약의 성립시기

【사 례】

대구에서 과일상회를 경영하는 갑(甲)은 제주도에서 감귤농장을 경영하는 을(乙)에게 최고상품으로 1상자에 2만원으로 하여 200상자를 매수하겠다는 청약서를 11월 5일에 제주도로 우편으로 발송하였다. 갑(甲)은 을(乙)이 그러한 조건으로 감귤을 팔지 않을 경우에는 거래처를 다른 농장주와 계약을 하기위해 11월 15일 까지 승낙여부를 통지해주기를 을(乙)에게 청약서에 함께 부탁하였다. 갑(甲)의 청약서는 11월 8일에 제주도에 있는 을(乙)에게 도달하였고 을(乙)은 11월 10일에 갑(甲)의 요구조건과 내용대로 감귤을 팔겠다는 승낙서를 발송하였다. 그러나 우편으로 을(乙)이 보낸 서신은 통상적으로는 2, 3일 후에는 대구에 도착하는 것이 특별한 사정으로 11월 18일에야 대구에 있는 갑(甲)에게 도달하게 되었다. 그런데 갑(甲)은 을(乙)의 승낙여부의 확답이 없자 11월 17일에 다른 농장주인 병(丙)과 감귤매매계약을 하게 되었고, 몇 일이 지나서야 을(乙)에게 을(乙)에게 병(丙)과 계약을 하였다고 통지를 하였다. 갑(甲)과 을(乙) 사이의 감귤매매계약은 체결되었는가?

사례의 해결]

이 사례는 격지자간(隔地者間)의 계약이 언제 성립되는 가에 대한 문제이다. 여기서 격지자간이란 청약의 의사표시나 승낙의 의사표시가 상대방에게 도달하는데 일정한 시간이 필요한 경우를 의미한다. 즉 팩스로 보내거나 우편으로 주고받는 경우가 그러하다. 계약당사자가 직접 만나서 계약하거나 전화상 구두로 계약하는 경우를 대화자간의 계약이라고 한다. 이렇게 계약 당사자의 계약의 내용이나 조건이 합치하여 계약하기로 서로 합의만 되어도 계약이 성립되는 경우를 낙성계약(諾成契約)이라고 한다. 즉 계약금을 지급하지 않아도 대금지금청구권과 지급의무 및 물건인도청구권이 발생한다. 계약이 성립되기 위해서는 우선 누가 먼저 상대방에게 의사표시를 하는 것을 청약의 의사표시로서 상대방에게 도달하게 되면 효력이 발생하게 되고, 그 청약은 구속력을 가지게 된다. 즉 청약자는 청약의 의사표시가 상대방에게 도달한 후에는 철회하지 못한다(민법 제527조). 또한 계약이 성립하기 위하여는 당사자의 서로 대립하는 수 개의 의사표시의 객관적 합치가 필요하고, 객관적 합치가 있다고 하기 위하여는 당사자의 의사표시에 나타나 있는 사항에 관하여는 모두 일치하고 있어야 하는 한편, 계약 내용의 '중요한점' 및 계약의 객관적 요소는 아니더라도 특히 당사자가 그것에 중대한 의의를 두고 계약성립의 요건으로 할 의사를 표시한 때에는 이에 관하여 합치가 있어야 계약이 적법, 유효하게 성립한다(대판 2003. 4. 11, 2001다53059).

위 사례에서도 갑(甲)과 을(乙) 사이에 감귤 매매계약이 체결되기 위해서는 갑(甲)이 제시한 가격에 의하고, 청약에 대하여 다른 조건을 덧붙이거나 계약의 내용을 변경하지 않았다면 당사자의 의사표시는 합치가 되어 계약은 정상적으로 성립되게 된다. 그런데 청약자가 청약시에 승낙기간을 정하지 않은 경우에는 승낙자가 상당한 기간 내에 승낙하지 않으면 계약은 성립하지 않는다. 이 때 상당한 기간이란 청약이 상대방에게 도달하여 상대방이 그 내용대로 계약을 할 것인지 여부를 결정하여 회신을 함에 필요한 기간을 가리키는 것으로, 이는 구체적인 경우에 따라서 즉 청약과 승낙의 방법, 계약내용의 정도, 거래상의 사정 등을 고려하여 객관적으로 정하여진다(대판 1999. 1. 29, 98다48903). 그런데 이 사례에서는 청약자인 갑(甲)이 승낙기간을 11월 15일 까지 정했었고 승낙자의 승낙은 2, 3일 후에는 청약자에게 도달할 수 있도록 11월 10일에 발송하였으나, 그 승낙이 11월 18일에야 갑(甲)에게 연착하여 도달하게 되었다. 그러므로 갑(甲)은 을(乙)에게 승낙이 연착되었다는 사실을 통지하여야 함에도 그대로 방치한 상태에서 다른 농장주인 병(丙)과 계약을 체결한 것이다. 이 때 갑(甲)이 을(乙)에게 승낙이 연착되었다는 사실을 통지하였더라면 을(乙)과의 계약은 성립되지 않았지만, 갑(甲)이 지체 없이 연착된 사실을 을(乙)에게 통지를 하지 않았기 때문에 그 승낙은 연착되지 않은 것으로 보고 계약은 을(乙)이 승낙서를 발송한 때인 11월 10일에 이미 성립된 것으로 된다(민법 제528조 제3항)

<보충자료>

1) 청 약 (請約)

① 청약은 의사표시로써 법률사실이다.
② 청약은 특정인에게 하는 것이 보통이나 불특정인 에게도 할 수 있다(예 : 현상광고, 자판기 설치 등). 단, 승낙은 특정인에게 하여야 함.
③ 청약은 그에 응하는 승낙만 있으면 계약이 성립하는 확정적 의사표시이다.

cf) 청약의 유인(誘引)

예)가격표가 없는 마네킹의 옷, 구인광고, 상품목록의 배부, 열차 등의 시간표와 운임표 등

2) 청약의 효력

① 청약의 의사표시가 상대방에게 도달한 때 발생.
따라서 청약자가 의사표시(통지)를 발(發)한 후 상대방에게 도달하기 前에 사망하거나 행위능력을 상실하여도 청약의 효력에는 영향이 없다(제111조 2항).
② 청약의 구속력(拘束力)
청약은 그것이 효력을 발생한 때에는 상대방의 신뢰를 보호하기 위하여 청약자가 임의로 철회하지 못한다(제527조). 이는 청약의 존속기간 내에 한해 성립하고 존속기간이 경과하면 청약은 효력이 없음. 청약의 존속기간은 청약자가 승낙기간을 정한 때에는 그 기간이고(제528조 1항), 승낙기간을 정하지 않은 경우에는 그 청약에 대응하여 계약을 성립시키는데 소요되는 상당한 기간이다(제529조).
③ 승낙적격(승낙만 있으면 계약을 성립하게 되는 효력)

ㄱ. 승낙기간을 정하여 청약한 경우

청약자가 그 기간 안에 승낙의 통지를 받지 못한 때에는 청약은 그 효

력을 잃고 계약은 성립되지 않는다(제528조1항). 이때 청약자는 승낙의 통지가 승낙기간 후에 도달한 경우에, 보통 그 기간 내에 도달할 수 있는 발송인 때에는 청약자는 지체 없이 상대방에게 그 연착의 통지를 하여야 한다. 만약 통지를 하지 아니한 때에는 승낙의 통지는 연착되지 아니한 것으로 보고, 승낙자가 승낙의 통지를 발신(發信)한 때에 계약은 성립한 것으로 된다. 그러나 청약자가 승낙이 연착되었음을 상대방 승낙자에게 통지를 한 경우에는 계약은 성립되지 않은 것이 된다. 즉 연착된 승낙은 청약자가 이를 새 청약으로 볼 수 있다(민법 제530조). 또한 승낙자가 청약에 대하여 조건을 붙이거나 변경을 가하여 승낙한 때에는 그 청약의 거절과 동시에 새로 청약한 것으로 본다(민법 제534조)

ㄴ. 승낙기간을 정하지 않은 경우

청약자가 상당한 기간 안에 승낙의 통지를 받지 못한 때에는 그 청약은 효력을 잃고 계약은 성립되지 않는다(제529조).

3) 승낙(承諾)

① 청약의 상대방은 법률상 어떤 의무를 부담하지는 않는다.

② 승낙은 특정의 청약자에 대하여 하여야 한다.

③ 승낙자가 청약에 대하여 조건을 붙이거나 변경을 가하여 승낙한 때에는 그 청약의 거절과 동시 에 새로운 청약을 한 것으로 본다(제534조).

④ 청약의 존속기간 내에 승낙하여야 효력발생

⑤ 대화자간은 도달주의, 격지자간은 발신주의를 취한다.

⑥ 교차청약(交叉請約)은 양 청약이 상대방에게 도달 한 때 계약이 성립한다. 따라서 두 청약이 동시에 도달 하지 않을 경우에는 후에 상대방에게 도달한 청약이 도달하는 때에 계약은 성립한다.

53

후발적 불능에 대한 매도인의 책임

사 례

갑(甲)은 을(乙)의 건물을 1억에 매수하기로 하고 계약금 1천만원을 지급하였다. 그런데 중도금을 지급할 무렵에 그 건물이 전기 누전에 의해 화재가 발생하여 소실되어 버렸다. 이 때 갑(甲)과 을(乙)간의 법률관계는?

사례의 해결]

이 사례는 계약의 목적물이 소실되므로 인하여 매도인 을(乙)이 채무를 이행할 수 없게 된 경우로서, 이러한 경우를 이행불능이라고 한다. 즉 채무자가 채무를 이행하고 싶어도 이행할 수 없는 경우를 말하는 것으로, 이행할 수 있음에도 불구하고 채무자가 이행을 미루는 이행지체와는 그 성격이 다르다. 이러한 이행불능에는 넓은 의미로는 이미 계약체결 당시에 이행불가능한 경우인 원시적 불능(原始的不能)과 계약 체결 당시에는 이행 가능하였으나 계약체결 후에 이행할 수 없게 된 경우인 후발적 불능(後發的不能)이 있다.

현행 민법은 원시적 불능의 경우에 계약체결상의 과실을 인정하는 규정을 두고 있다(제535조). 계약체결당시 이행불가능한 것으로서 契約의 不成立과는 다르다. 고로 契約이 成立은 되었으나 無效이다.

1) 요건

① 체결된 계약이 원시적·객관적 불능으로 무효일 것

② 무효가 된 계약이 유효하였다면 그 계약에 기하여 급부를 하였어야 할 자가 불능임을 알았거나 알 수 있었을 것

③ 상대방이 선의·무과실일 것

④ 상대방이 계약을 유효한 것으로 믿었기 때문에 손해를 입었을 것

2) 효과

과실있는 당사자는 상대방이 그 계약의 유효를 믿었기 때문에 받은 손해, 즉 신뢰이익을 배상해야 한다. 그러나 배상액은 그 계약의 유효로 상대방이 얻었을 이익액, 즉 이행이익을 넘지 못한다.

그리고 후발적 불능인 경우에는 채무자의 고의나 과실로 인하여 이행할 수 없게 된 경우에는 채무불이행의 문제로서 채무자는 손해배상책임을 져야한다(민법 제390조)

그러나 쌍무계약에서 당사자의 채무가 당사자 쌍방의 책임 없는 사유로 이행불능이 되어 소멸할 경우 상대방의 채무도 이와 운명을 같이하여 소멸하게 되고, 위험부담문제가 발생하게 된다.

1)요 건

① 채무가 쌍무계약에 의하여 생긴 것일 것

② 당사자 일방의 채무가 당사자 쌍방의 책임 없는 사유로 이행할 수 없게 된 것이어야 한다.

③ 제3자의 행위로 인한 것이든 자연력에 의한 것이든 불문한다.

2) 효력(법률행위 자체는 유효함)

① 채무자에게 귀책사유가 있는 경우에는 채무불이행의 문제가 발생함으로써 손해배상책임이 있다(제390조).

② 귀책사유가 불분명하거나 불가항력에 의한 경우에는 위험부담문제가 발생한다.

ㄱ. 채무자주의(원칙) : 채무자는 이행불능으로 채무의 전부 또는 일부를 면하나, 동시에 채권자 에 대한 반대급부 청구권이 없다(제537조).

이 때 원상회복은 하여야 하나, 손해배상문제는 발생하지 않는다.

ㄴ. 채권자의 귀책사유로 인한 이행불능(채권자주의)

ⓐ 쌍무계약의 당사자 일방의 채무가 채권자의 책임 있는 사유로 이행할 수 없게 된 때에는 채무자는 상대방의 이행을 청구할 수 있다(제538조).

ⓑ 채권자의 수령지체 중 당사자 쌍방의 책임 없는 사유로 이행 할 수 없게 된 때에도 채권자주의가 적용되고, 채무자는 반대급부를 청구할 수 있다.

ㄷ.채무자가 자기의 채무를 면함으로써 이익을 얻은 경우에는 이를 채권자에게 반환하여야 한다.

3) 위험의 이전시기

① 특정물매매는 매도인이 매수인에게 인도한 때

② 부동산의 경우에는 소유권이전등기를 한 때에 매수인에게 이전된다.

위 사례는 건물이 전기누전에 의한 화재이므로 채무자 을(乙)의 과실로 인한 불능으로서 채무자 을(乙)은 갑(甲)으로부터 받은 계약금을 돌려주고 손해가 갑(甲)에게 손해가 발생하였다면 채무불이행으로 인한 손해배상책임을 져야한다. 그러나 상대방인 갑(甲)은 이행하지 않은 채무는 모두 소멸되므로 이행할 필요도 없게 된다.

54

매매목적물의 일부가 타인의 권리일 때 매도인의 책임

사 례

갑(甲)은 공장건물을 짓기 위해 을(乙)과 토지1000평을 1평당 20만원에 매수하기로 하고 계약금 2천만원을 을(乙)에게 지급하였다. 그런데 중도금을 지급하기 전에 지적도면을 확인 해본 결과 약 200평이 병(丙)의 소유토지에 해당하였다. 이 때 갑(甲)은 을(乙)에게 계약을 해제하고 계약금 반환을 청구할 수 있는가?

사례의 해결]

이 사례는 매도인이 목적물에 대한 권리(權利)나 물건(物件)의 완전한 이행을 할 수 없는 경우에 법률상 책임을 지우는 것으로서 매도인의 하자담보책임에 관한 문제이다. 이러한 매도인의 하자담보책임으로는 민법 제570조 이하에 권리에 대한 하자담보책임과 민법 제580조 이하에 물건에 대한 하자담보책임에 관하여 규정하고 있다. 매매계약은 매도인은 목적물을 완전하게 매수인에게 이전하고 매수인은 매매대금을 지급할 의무를 내용으로 하는 쌍무, 유상, 낙성계약에 해당된다. 이때 당사자의 쌍방의무는 특별한 약정이나 관습이 없으면 동시에 이행하여야 하고, 당사자는 서로 상대방이 먼저 이행할 때까지 거절할 수 있는 동시이행의 항변권을 가지고 있다. 따라서 매도인은 부동산 소유권이전등기나 동산 인도하기 전에는 매수인에게 이행지체로 인한 계약을 해제할 수 없으며, 매수인은 매도인에게 매매대금을 완불하기 전에는 역시 매도인의 이행지체로 인한 계약해제를 할 수 없다. 그러나 어느 일방이 먼저 채무를 이행하였으나 상대방이 채무를 계속 이행하지 않고 있을 경우에는 상대방에게 상당한 기간 내에 이행할 것을 최고하고, 그래도 이행하지 않을 경우에는 이행지체로 인한 계약을 해제할 수 있다.

위 사례는 매매하기로 한 토지의 일부인 200평이 타인인 병(丙)의 소유에 속하는 경우로서 을(乙)이 병(丙)으로부터 취득하여 매수인 갑(甲)에게 이전해주어야 한다. 만약에 을(乙)이 취득하여 갑(甲)에게 이전해주지 못한다면 갑(甲)은 매매계약 전부를 해제하고 손해배상을 청구할 수 있다. 물론 계약체결 할 당시에 이미 일부가 병(丙)의 토지임을 알고 있었다면 계약을 해제할 수는 없고, 다만 1년 이내에 200평에 대한 대금감액을 청구할 수는 있다.

<보충자료>

1.매매에 있어서 매도인의 하자담보책임

책임원인	매수인의 선의/악의	대금감액 청구권	손해배상 청구권	해 제 권	제척기간	비 고
권리의 전부가 타인에게 속하는 경우(§570)	선의		유	유		선의의 매도인은 보호받는다 (§571)
	악의		무	유		
권리의 일부가 타인에게 속하는 경우(§572)	선의	유	유	잔존부분만으로 목적달성 불능시 있다.	사실을 안 날로부터 1년	
	악의	유	무	무	계약일로 부터 1년	
수량부족, 일부멸실의 경우 (§574)	선의	유	유	목적달성 불능시 있다	사실을 안 날로 부터 1년	
	악의	무	무	무		매도인은 담보책임이 없다.
제한물권이 있는 경우(§575)	선의		유	목적달성 불능시 있다.	사실을 안 날로부터 1년	
	악의		무	무		
저당권, 전세권의 행사(§576)	선의		일정한 경우에 있다.	일정한 경우에 있다.		저당권의 목적이 된 지상권, 전세권이 매매의 목적이 된 경우에 준용
	의					
특정물건의 하자 (§580)	선의 /무과실		유	목적달성 불능시 있다.	사실을 안 날로 부터 6개월	경매시 부적용
	악 의		무	무		담보책임 없다.
종류물건 (불특정물건)의 하자(§581)	선의 /무과실		손해배상청구권, 완전물급부 청구권	목적달성 불능시 있다.	사실을 안 날로 부터 6개월	§580 준용
	악의		무	무		

2. 경매에 있어서의 하자담보책임(경락인 보호)

① 권리에 하자 있는 경우

1차적 : 채무자가 책임을 짐

2차적 : 대금의 배당을 받은 채권자가 각각 경락인에 대하여 담보책임을 짐

②물건에 하자 있는 경우 → 담보책임 無, 경매의 결과를 확실히 하기 위함

3. 계약의 해제

1) 의 의

이미 유효하게 성립하고 있는 계약의 효력을 당사자 일방의 의사표시에 의하여 소급적으로 해소케 하여 계약이 처음부터 존재하지 않았던 것과 같은 상태에 복귀시키는 법률효과를 발생케 하는 것이다.

2) 해제와 구별되어야 할 개념

① 해제와 구별되어야 할 개념

	해 제	해 지	취 소
분 야	계약(일시적 계약)에만 인정되는 제도	계약(계속적 계약)에만 인정되는 제도	모든 법률행위에 인정되는 제도
사 유	법정해제사유와 약정해제사유가 있음	법정해지사유와 약정해지사유가 있음	법정취소사유만 있음(무능력자의 행위, 사기. 강박. 착오)
효 력	• 원상회복의무(제3자의 권리를 해하지 못함) • 손해배상의 의무 • 해제의 효과는 소급함(소급효는 당사자간에만 미친다.)	• 청산의무가 생기나 해제와 같은 원상회복의무는 생기지 않음 • 장래에 향하여 계약의 효력이 소멸 (소급효 없음)	• 부당이득으로 인한 반환 의무가 생기는 경우가 많음 • 취소의 효과는 소급함이 원칙(다만, 선의의 제3자에게 주장할 수 없는 경우가 있다.)
공통점	• 일방적 의사표시로 성립하는 단독행위 • 해제권 · 해지권 · 취소권은 모두 형성권이다.		

② 해제계약과의 구별

계약해제는 단독행위인데 반하여, 해제계약은 계약당사자가 합의에 의하여 소멸하게 한다. 계약해제는 원상회복과 손해배상문제가 발생하나, 해제계약은 손해배상 문제는 발생하지 않는다.

③ 해제조건과의 구별

ⓐ 해제조건은 조건의 성취라는 사실에 의해 법률행위의 효력이 상실되지만, 약정해제권은 약정된 사실의 실현으로 해제권이 발생하더라도 행사하지 않는 한 효과는 발생하지 않는다.

ⓑ 해제조건은 특약이 없는 한 장래에 향해서만 법률행위가 실효(失效)하지만, 해제는 소급적으로 계약을 실효케 한다.

④ 失權約款과의 구별

실권약관은 채무불이행의 경우에 채권자 쪽의 특별한 의사표시가 없더라도 당연히 계약의 효력을 잃게 하고, 채무자의 계약상의 권리를 상실케 하는 취지의 약관으로 상대방에 대한 해제의 의사표시를 필요로 하지 않는 점에서 해제와 다르다.

⑤ 철회와의 구별

해제는 이미 발생한 계약의 효력을 소급적으로 소멸케 하는 것이며, 철회는 법률 효과가 아직 발생하고 있지 않은 법률행위나 의사표시의 효력을 장차 발생하지 않도록 막는 것이다.

55 약혼의 소멸사유

사 례

미혼녀인 갑(甲)은 약혼자인 을(乙)남자와 성격이 맞지 않아 헤어지려고 하나, 을(乙)은 죽어도 헤어질 수 없다고 하면서 결혼식을 빨리 올리자고 한다. 이때 갑(甲)은 파혼을 주장하는 것은 정당한가?

사례의 해결]

청춘남녀가 처음 만났을 때에는 이성간에 서로 호기심을 가지고 서로 좋은 점만 보이게 되고 사랑을 하며 가까워지게 되지만, 시간이 지나면서 단점도 나타나게 되는 경우가 있다. 이러한 단점을 서로 충고하고 고쳐나가며 서로의 사랑을 더 깊게 엮어간다면 얼마나 좋을까?. 그런데 때로는 서로가 그러한 단점이나 잘못을 이해하고 용서를 하지 못하고 헤어지는 경우가 종종 있게 된다. 일반적으로 장차 원만한 부부생활을 방해하는 이유가 있다면 그 약혼을 해제할 수 있는 정당한 이유는 될 수 있을 것이다. 예를 들면 사기나 강박에 의한 약혼의 경우, 상대방의 불성실한 태도나 상대방 부모에 대한 모욕이나 냉대, 가족을 부양할 능력이 없을 정도로 재산상태가 악화된 경우, 행방불명이나 유전성 질환이 있는 경우 등이다. 그러나 임신불능(대판 1960. 8. 18, 민상995)이나 궁합이 맞지 않음을 이유로 약혼의 해제사유가 될 수는 없다.

56

상인자격의 취득시기

사 례

갑(甲)은 포항에서 배를 한 척을 가지고 어업에 종사하는 자로서 그가 잡은 고기를 판매와 횟집을 운영하기 위하여 자기주택의 일부를 점포로 개조하고 고기를 보관할 수족관 설치 등을 하기 위한 자금으로 乙로부터 1천만원을 차용하였다. 乙은 그 후 5년 6개월이 경과하여 甲에게 빌려준 개조자금과 이자를 갚을 것을 청구하자 甲은 그 개조자금 채무는 상사채무로서 5년의 소멸시효에 의하여 소멸하였다고 주장한다. 甲의 주장은 정당한가?

사례의 해결]

이 사례의 주요 쟁점은 갑(甲)이 상인지의 여부와 점포개조를 위한 자금차용행위가 상행위로 인한 채무인지 여부가 문제된다. 상법상 당연상인(當然商人)이란 자기명의로 상행위를 영업으로 하는 자를 말한다(동법 제4조). 상행위란 상법 제46조에서 열거한 21종의 상행위와 특별법에서 상행위로 인정하는 것이 있다(담보부사채신탁법 제23조 2항에서는 제3자의 사채총액의 인수를 상행위로 인정함). 즉 상행위가 구체적이고 제한적으로 열거되어 있는 것으로서 이를 열거주의라고도 한다. 또한 상해위로 보기위해서는 영업으로 인하여 이익을 추구하여야 한다. 따라서 어떤 단체가 단순히 자체경비를 충당하기 위해서나 복지를 위하여 운영하는 공장이나 매점 등은 그 구성원들에게만 필요한 물건을 염가로 제공하기 위한 것으로 영업에 의한 영리추구라고 볼 수 없다. 그러나 영리를 목적으로 하는 한 이익이 있든 손실이 발생하든 불문하고 영리행위로 보며, 그 달성한 이익을 공공의 이익을 위해 사용하더라도 영리의 의도가 있는 것으로 본다. 영업으로 한다고 함은 영리를 목적으로 동종행위를 계속적·반복적으로 하는 것을 의미하는 바, 구 대한광업진흥공사법의 제반규정에 비추어 볼 때 대한광업진흥공사가 광업자금을 광산업자에게 융자하여 주고 소정의 금리에 따른 이자 및 연체이자를 지급받는다고 하더라도, 이와 같은 대금행위(代金行爲)는 민영광산의 육성 및 합리적인 개발을 지원하기 위한 사업으로 영리를 목적으로 하는 행위라고 보기는 어렵다하여 영리성을 부정하였다(대판 1994. 4. 29, 93다54842).

그리고 상법에서 제한적으로 열거하고 있는 상행위만을 기초로 하여 상행위의 개념을 정한다면 경제발전과 더불어 새로이 발생하는 신종의 실질적인 상행위를 영업으로 하더라도 상인이 될 수 없다는 모순이 생긴다. 그리하여 상법은 당연상인 외에 의제상인에 관한 규정을 두고 있다. 즉 상법 제46조에 제한적으로 열거하고 있는 형식적인 상행위에 속하지 않는 행위라도 점포 기타 유사한 설비를 갖추고 상인적 방법으로 그것을 영업으로 하는 자를 상인으로 의제하고 있다(상법 제5조).

위 사례에서 갑(甲)이 상인이 되기 위해서는 상법 제46조 기타 법률이 정하는 영업행위를 하는 당연상인이거나 의제상인에 해당하여야 한다. 상법상 원시생산업자의 행위로서 상행위로 규정한 것은 광물 또는 토석의 채취에 관한 행위뿐이므로 어업활동으로 취득한 어패류를 판매하는 갑(甲)은 당연상인으로는 볼 수 없고, 점포 기타 유사한 설비를 갖추고 상인적 방법으로 영업행위를 한다면 의제상인으로 볼 수 있다. 그런데 위 사례에서 갑(甲)은 아직 영업을 시작하지 않았고 단지 영업을 위하여 점포를 개조하기 위하여 금전을 차용하였으므로 상사채무로 볼 수 있는지가 문제된다. 위 건물을 점포로 개조하는 행위는 영업을 위하여 하는 개업준비행위로서 보조적 상행위에 해당한다고 본다면 갑(甲)은 상인자격을 취득하였다고 볼 수 있다. 따라서 갑(甲)이 을(乙)로부터 차용한 금전은 영업을 위한 개업준비행위로 인하여 발생한 상사채무로서 보조적 상행위이 이므로 이는 5년의 상사소멸시효의 적용을 받아 을(乙)의 채권은 소멸하였으며, 갑(甲)의 주장은 정당하다.

57 영업양도시 양수인의 승계되는 의무

▌사 례▐

갑(甲)은 경산에서 "비호 할인마트"라는 상호로 대형마트를 경영하던 을(乙)로부터 매장 안의 재고물품과 매장시설 및 비품대금으로 5천만원, 권리금으로 3천만원, 그리고 건물주에 대한 임차보증금으로 4천만원을 합하여 1억 2천만원에 할인마트를 매수하였다. 그리고 기존의 종업원은 모두 4명이었다. 병(丙)제과회사는 을(乙)에게 물품대금으로 3백만원의 채권이 있었지만, 변제를 하지 않고 을(乙)은 이미 미국으로 이민을 가버렸다. 이에 병(丙)제과회사는 영업양수인 갑(甲)에게 3백만원의 물품대금을 지급할 것을 주장하고 있다. 이때 병(丙)의 주장은 정당한가? 또한 종업원 모두에 대하여 승계의무가 있는가?

사례의 해결]

이 사례는 영업양도의 효과에 있어서 양도인의 채무가 양수인에게 당연히 승계가 되는지에 관한 문제이다. 영업양도란 일정한 영업목적에 의하여 조직화된 유기적 일체로서의 기능적 재산인 영업을 그 동일성을 유지하여 타인에게 양도하는 것을 말한다. 이때 영업재산은 유형적 무형적 재산을 말한다. 즉 물적 설비뿐만 아니라 인적 요소인 고용된 종업원과 기타 무형의 영업상의 비결, 고객관계, 구입처, 판매망 등의 사실관계도 포함된다.

상법 제41조에 영업양도인은 특별한 약정이 없는 한 10년간 동일한 특별시, 광역시, 시, 군과 인접 특별시, 광역시, 시, 군에서는 동종영업을 하지 못한다. 또한 양도인은 20년 범위내에서는 동종영업을 하지 아니하기로 약정하였다면 그 약정은 유효하다. 또한 영업양수인이 양도인의 상호를 계속 사용하는 경우에는 양도인의 영업으로 인한 제3자에 대한 채무를 양수인도 변제할 책임이 있다(상법 제42조). 그러나 양수인이 영업양수를 한 후 지체 없이 양도인의 채무에 대한 책임이 없음을 등기한 때에는 책임을 지지 않는다. 또한 양도인과 양수인이 지체 없이 제3자에 대하여 그 뜻을 통지한 때에도 책임을 지지 않는다.

따라서 위 사례에서 양수인 갑(甲)이 상호를 변경하지 않고 계속 사용하고 병(丙) 제과회사에 물품대금에 대한 채무를 부담하지 않기로 하였음을 통지를 하지 않은 한은 영업양도인 을(乙)의 병(丙)제과회사의 물품대금 3백만원을 갚아야 할 것이다.

58

근로자의 범위

사 례

○○대학교(사립) 법학과 학과장의 추천으로 학장에 의하여 임용되었고, 업무수행시 해당 학과장의 지시·감독을 받으며, 출퇴근은 교직원과 동일하고, 급료로 매월 800,000원을 받고 있는 조교 P군은 근로기준법상 근로자에 해당하는지??

사례의 해결]

근로기준법은 헌법 제32조 제3항에 근거하여 규정된 근로자의 근로조건의 최저기준을 정한 것으로 개별근로자에게 적용되는 노동보호법이다. 근로기준법의 적용대상으로서 근로자개념에 해당하기 위하여는 근로기준법 제2조 1호에 규정된 요건, "직업의 종류와 관계없이 임금을 목적으로 사업이나 사업장에 근로를 제공하는 자" 이외에도 "근로자와 사용자간에 사용종속관계"가 존재하여야 한다.

여기서 ① "직업의 종류와 관계없이"란 노동형태, 근무형태, 직종, 직급 및 계약형식이 근로자 여부의 판단기준이 되지 아니한다는 것을, ② "임금을 목적으로"란 사용자에게 근로계약상의 근로를 제공하고, 그 대가로 사용자로부터 임금을 지급받고 있는 것을, ③ "사업 또는 사업장에서 근로를 제공하는"란 근로기준법의 적용을 받는 사업 또는 사업장에서 현실적으로 고용되어 근로를 제공하는 것을, ④ "사용종속관계"란 사용자에게 고용되어 사용자의 지휘·명령을 받으며 그 감독하에서 근로를 제공하는 것을 말한다.

이에 대하여 대법원은 근로기준법상의 근로자에 해당하는지 여부를 판단함에 있어서는 그 계약이 민법상의 고용계약이든 또는 도급계약이든 그 계약의 형식에 관계없이 그 실질에 있어 근로자가 사업 또는 사업장에 임금을 목적으로 종속적인 관계에서 사용자에게 근로를 제공하였는지 여부에 따라 판단하여야 하고, 여기서 종속적인 관계가 있는지 여부를 판단함에 있어서는 i)업무의 내용이 사용자에 의하여 정하여지고 취업규칙·복무규정·인사규정 등의 적용을 받으며 업무수행 과정에 있어서도 사용자로부터 구체적이고 직접적인 지휘·감독을 받는지 여부, ii)사용자에 의하여 근무 시간과 근무 장소가 지정되고 이에 구속을 받는지 여부, iii)근로자 스스로가 제3자를 고용하여 업무를 대행케 하는 등 업무의 대체성 유무, iv)비품·원자재·작업도구 등의 소유관계, 보수가 근로 자체의 대상적 성격을 갖고 있는지 여부와 기본급이나 고정급이 정하여져 있는지 여부 및 근로소득세의 원천징수 여부 등 보수에 관한 사항, v)근로제공관계의 계속성과 사용자에의 전속성의 유무와 정도, 사회보장제도에 관한 법령 등 다른 법령에 의하여 근로자로서의 지위를 인정받는지 여부, 양 당사자의 경제·사회적 조건 등을 종합적으로 고려하여 판단하여야 한다고 판시했다[대판 2005. 5. 27, 2005두524].

이에 의거하여 판단하면, 조교인 갑(甲)은 ① 해당 학과장의 업무지시 또는 감독을 받고 있고, ② 지시된 업무내용에 대하여 거부할 수 없으며, ③ 근무시간이 교직원과 동일하고, ④ 지급 받는 보수 또한 매월 일정액이 지급되는 것으로 보아 근로의 대가로서의 성격이 강한 것으로 보인다. 따라서 조교인 갑이 이상에 제시된 관계하에서 사용자에게 근로를 제공하고 있다면 근로기준법상 근로자에 해당된다고 할 것이다.

참고사항]

「헌법」 제32조 ③근로조건의 기준은 인간의 존엄성을 보장하도록 법률로 정한다.

「근로기준법」 제2조(정의) ① 이 법에서 사용하는 용어의 뜻은 다음과 같다.

1. "근로자"란 직업의 종류와 관계없이 임금을 목적으로 사업이나 사업장에 근로를 제공하는 자를 말한다.

59 사용자의 범위

사 례

L은 ○○건설주식회사의 경기도 소재 육군 부대시설공사 현장소장으로 임명되어 자신의 책임하에 근로자들을 선발고용하고 작업을 지휘감독하면서 동 회사로부터 임금명목의 돈을 지급받아 이를 동근로자들에게 지급하는 업무를 행하여 오던 중 동회사로부터 임금지급을 위하여 교부받은 돈을 임의로 다른 용도에 사용함으로써 동근로자들이 각 임금을 지급받지 못하게 된 경우, 근로기준법상의 사용자로서 임금채불에 대한 책임을 져야 하는지?

사례의 해결]

근로기준법상의 사용자는 법에서 정한 근로조건의 최저기준을 준수해야 할 의무주체이며 이를 위반한 경우 책임을 져야할 책임주체이다. 근로기준법 제2조 제2호는 사용자를 "사업주 또는 사업 경영 담당자, 그 밖에 근로자에 관한 사항에 대하여 사업주를 위하여 행위하는 자"로 정의하고 있다.

여기서, ① "사업주"란 그 사업의 경영주체인 손익의 귀속자(개인기업 : 기업주, 법인기업 : 법인)를, ② "사업 경영 담당자"란 사업주로부터 사업경영의 전부 또는 일부에 대하여 포괄적 위임을 받고 권한을 행사하거나 책임을 부담하는 자(주식회사 : 대표이사)를, ③ "근로자에 관한 사항에 대하여 사업주를 위하여 행위하는 자"란 근로자에 대한 인사, 급여, 후생, 노무관리나 근로조건의 결정 또는 근로의 실시에 관해서 지휘·명령 내지 감독할 수 있는 일정한 책임과 권한이 사업주에 의하여 주어진 자를 말한다.

이에 의하면, 갑(甲)이 비록 건설회사의 현장소장에 지나지 아니하더라도 자신의 책임하에 위 근로자들을 선발·고용하고 작업을 지휘·감독하면서 회사로부터 임금명목의 돈을 지급받아 이를 위 피해자들에게 지급하는 업무를 행하여

왔다면, 갑(甲)은 위 근로자들에 대한 관계에 있어서는 위 ③의 *근로자에 관한 사항에 대하여 사업주를 위하여 행위하는 자"에 해당한다고 봄이 상당하다[대판 1983. 11. 8, 83도2505]. 따라서 갑은 위와 같은 경우에 근로기준법상 사용자로서 임금체불에 대한 책임을 면할 수 없다할 것이다.

참고사항]

「근로기준법」 제2조 2. "사용자"란 사업주 또는 사업 경영 담당자, 그 밖에 근로자에 관한 사항에 대하여 사업주를 위하여 행위하는 자를 말한다.

「근로기준법」 제43조(임금 지급) ① 임금은 통화로 직접 근로자에게 그 전액을 지급하여야 한다. ② 임금은 매월 1회 이상 일정한 날짜를 정하여 지급하여야 한다.

「근로기준법」 제109조(벌칙) ① 제43조를 위반한 자는 3년 이하의 징역 또는 2천만원 이하의 벌금에 처한다.

60 근로계약과 근로관계

사 례

K는 S전자의 인턴사원 채용공고를 보고 응시하여 합격하였다. 그런데 S전자의 Y 사장은 인턴계약 체결 전(前)임에도 불구하고, 갑에게 회사의 업무가 많으니, 우선 회사에 와서 일을 해달라고 요구한다. 갑은 이러한 근로제공의 요구에 따라야 하는지?

사례의 해결]

"근로계약"은 근로자가 사용자에게 근로를 제공하고 사용자는 이에 대하여 임금을 지급함을 목적으로 체결된 계약을 말하고, 이러한 근로계약의 체결에 의하여 성립된 당사자간(근로자와 사용자)의 법률관계(권리·의무관계)를 "근로관계"라 한다. 따라서 근로계약이 체결되는 경우 에만 근로자는 근로제공의무를, 사용자는 임금지급의무를 부담하게 된다.

이에 의하면 인턴계약도 근로계약이기 때문에 갑은 사장의 근로제공요구가 있다고 할지라도 계약을 체결하기 전에는 근로를 제공할 의무가 없다할 것이다. 다만, 이러한 인턴채용(시용)은 근로계약을 체결하고 입사한 근로자를 그대로 정규사원으로 임명하지 아니하고 시용기간 동안 근로자의 직업적성과 업무능력 등을 판단한 후 최종적으로 근로관계의 계속여부를 결정하고자 하는 제도이므로, 사용자는 근로자를 시용으로 채용하는 경우 이를 명시하여야 하며, 이를 명시하지 아니한 경우 일반근로자로 채용된 것으로 보아야 할 것이다.

61 단시간근로자의 근로계약

사 례

L 마트의 K사장은 여름철 성수기를 맞아, 정규직 사원 외에 하루에 4시간을 일하는 아르바이트를 하는 자(단시간근로자)를 고용하고자 한다. 이 경우 사장은 단시간근로자와 근로계약을 어떻게 체결해야 하는지?

사례의 해결]

"단시간근로자"란 1주 동안의 소정근로시간이 그 사업장에서 같은 종류의 업무에 종사하는 통상 근로자의 1주 동안의 소정근로시간에 비하여 짧은 근로자를 말한다. 근로기준법에 따르면 사용자는 단시간근로자를 고용할 경우에 임금, 근로시간, 그 밖의 근로조건을 명확히 적은 근로계약서를 작성하여 근로자에게 내주어야 하며, 그 근로계약서에는 계약기간, 근로일, 근로시간의 시작과 종료시각, 시간급 임금, 그 밖에 노동부장관이 정하는 사항이 명시해야 한다.

따라서 K사장은 단시간 근로자를 고용할 경우에는 반드시 서면 근로계약서를 작성, 당해 근로자에게 교부하여야 하며, 이를 이행하지 아니하는 경우에는 500만원 이하의 벌금의 처분을 받을 수 있다. 다만, 단시간근로자라도 4주 동안(4주 미만으로 근로하는 경우에는 그 기간)을 평균하여 1주 동안의 소정근로시간이 15시간 미만인 단시간 근로자에 대하여는 휴일과 연차유급휴가를 적용하지 아니한다.

근로시간

62

▌사 례▐

D시의 ○○학원 영어강사 P는 매 50분 강의 후에 10분 휴식시간을 갖는데, 이 10분의 휴식시간이 근로시간인지 아니면 휴게시간인지가 궁금하다.

사례의 해결]

근로기준법 등 노동관계법령은 근로자의 최장근로시간을 제한하고 있는데, 그 이유는 근로시간의 상한을 설정하여 근로자의 신체적·정신적 피로를 회복함과 동시에 생산성을 향상시키고, 나아가 근로자에게 근로시간 이외의 여가를 확보함으로써 인간다운 생활을 영위하게 하는 데 있다. 여기서 "근로시간"은 판례에 의하면 근로자가 사용자의 지휘·감독하에서 근로계약에 따라 실제로 근로를 제공하는 실근로시간이 된다.

반면에, "휴게시간"은 근로자가 근로시간 도중에 사용자의 지휘·감독을 받지 아니하고 근로제공의 의무 없이 자유로이 사용할 수 있는 시간을 말한다. 그렇다면 위의 사례의 경우 매 50분 강의마다 10분씩 단속적으로 휴식시간을 부여하는 형태로 보이는 바, 이러한 휴식식간이 근무시간과 명백히 구분될 뿐만 아니라 근로자가 사전에 휴식시간임을 알고 있고 그 시간 중에는 사용자의 지휘·감독하에서 벗어나 자유로이 이용할 수 있다면 휴게시간으로 볼 수 있을 것이다.

그러나 동 휴게시간이 다음 강의를 위한 준비시간으로 정해져 있고 이를 소홀히 하는 경우 제재가 가해지는 등 사용자의 지휘·감독하에 벗어난 시간으로 볼 수 없다면 이는 근로시간으로 보아야 할 것이다. 참고로, 근로기준법상 기준근로시간(법정근로시간)은 ⅰ)성인근로자의 경우 1일 8시간, 1주 40시간, ⅱ)연소근로자의 경우 1일 7시간, 1주 40시간, ⅲ)유해·위험작업의 경우 1일 6시간, 1주 34시간이 된다.

63

임금

사 례

○○고등학교 국어담당 기간제교사인 L은 기본 근무시간 이외의 보충수업을 담당하여 학교로부터 보충수업비를 지급받아 왔으나, 최근 근무계약기간이 종료되어 해고되었다. 이에 L은 실업급여를 신청하려고 하는데, 과연 보충수업비가 실업급여 산정기초가 되는 평균임금에 포함되는지 궁금하다.

사례의 해결]

근로기준법상 "임금"이란 사용자가 근로의 대가로 근로자에게 임금, 봉급, 그 밖에 어떠한 명칭으로든지 지급하는 일체의 금품을 말한다. 그러나 실비변상으로 지급되거나 사용자가 아닌 제3자로부터 은혜적·회의적 성격으로 지급받은 금품은 임금의 범위에 포함되지 않는다. 위 사례의 경우 만일 사용자(학교장)가 근로종속관계를 가진 기간제 교사에게 보충수업편성표를 작성하여 수업과목·장소·수업시간 등을 지정하고 보충수업의 내용 및 결과 등에 대하여도 직·간접적으로 규제하고 있는 경우라면 기간제 교사에게 지급되는 보충수업비는 근로의 대가성을 갖는 임금으로 보아야 할 것이다.

이 경우 사용자가 일정률 또는 일정금액으로 정하여진 보충수업비를 수익자(학생)에게 징수하여 기간제 교사에게 배분하는 방식을 취한다고 하여 이를 임금의 범위에서 제외되는 것으로 달리 볼 성질은 아니라고 본다.

그러나 보충수업이 사용자의 직·간접적인 규제 없이 학생들의 요청 등에 의하여 기간제교사와 학생들 간에 자율적으로 이루어지고, 당해 보충수업에 소요되는 비용을 수익자인 학생들이 스스로 거출하여 직접 전달하는 경우라면 동 보충수업비는 사용종속관계가 성립되지 않는 제3자(학생)가 학습능력을 향상시

켜준데 대한 보답의 표시로 실비변상적 성격을 갖는 금품을 전달하는 것에 불과한 것이므로 근로기준법상 임금으로 볼 수 없다할 것이다.

참고사항]

「근로기준법」 제2조 제6호 "평균임금"이란 이를 산정하여야 할 사유가 발생한 날 이전 3개월 동안에 그 근로자에게 지급된 임금의 총액을 그 기간의 총일수로 나눈 금액을 말한다. 근로자가 취업한 후 3개월 미만인 경우도 이에 준한다.

「고용보험법」 제45조(급여의 기초가 되는 임금일액) ① 구직급여의 산정 기초가 되는 임금일액[이하 "기초일액"이라 한다]은 제43조 제1항에 따른 수급자격의 인정과 관련된 마지막 이직 당시 「근로기준법」 제2조 제1항 제6호에 따라 산정된 평균임금으로 한다.

연소근로자의 야간근로

64

▌사 례▐

D시 ○○중학교 2학년인 R양(14)은 부모가 교통사고로 갑자기 돌아가시자 졸지에 소녀 가장이 되었다. 결국 R양은 동생들과 생활을 꾸려가기 위해 생활비를 벌어 볼 생각으로 아버지의 친구인 O건설 K사장을 찾아가 취직시켜 줄 것을 부탁하게 되었다. 그런데 K사장은 나이가 아직 18세가 되지 않았다면서 그 청을 받을 줄 수 없다고 한다. 정말, K사장의 말이 법적 근거가 있는 것인가?

사례의 해결]

근로기준법은 정신적·신체적으로 성장기에 있고 의무교육을 받아야 하는 시기에 있는 15세 미만자에 대해서는 원칙적으로 취직을 금지하고 있고, 만 18세 미만자를 고용하는 사용자는 해당 연소근로자의 연령을 증명하는 가족관계기록사항에 관한 증명서와 친권자 또는 후견인의 동의서를 사업장에 갖추어 두어야 한다. 예외적으로 13세 이상 15세 미만인 연소자는 건강이나 성장에 해가 없고 학교를 다니는 데 방해가 되지 않는 일을 하게 되는 경우에는 노동부장관이 발급하는 취직인허증을 받아 취직할 수 있다.

사용자는 18세 미만자를 오후 10시부터 오전 6시까지의 야간 또는 휴일근로를 시킬 수 없는 것이 원칙이나, 회사 사정상 꼭 필요해서 연소근로자 본인이 동의하고 노동부장관이 인가한 경우에 가능하다.

위 사례의 경우 R양은 학교장 및 후견인의 서명을 받아 사용자가 될 자와 연명으로 취직인허증 교부 신청서를 관할 지방노동관서의 장에게 제출하여 취직인허증을 발급받아 취업할 수 있다.

참고사항]

「근로기준법」 제64조(최저 연령과 취직인허증) ① 15세 미만인 자(「초·중등교육법」에 따른 중학교에 재학 중인 18세 미만인 자를 포함한다)는 근로자로 사용하지 못한다. 다만, 대통령령으로 정하는 기준에 따라 노동부장관이 발급한 취직인허증(就職認許證)을 지닌 자는 근로자로 사용할 수 있다.

65

최저임금제

▌사 례▐

D대학교 공과대학 토목과 3학년인 S군은 여름방학동안 M레스토랑에서 아르바이트 할 계획이다. 그렇다면 이 경우 S군이 법적으로 시간 당 받을 수 있는 최저임금이 얼마인지(2009년 기준), 최저임금은 어떤 절차를 통해서 결정되는지?

사례의 해결]

"최저임금제도"는 근로자의 인간다운 생활을 보장하기 위하여 국가가 임금의 최저기준을 정하여 사용자에게 그 수준 미만의 임금지급을 못하게 법으로 강제하는 제도이다. 최저임금은 헌법 제32조 제1항에 근거하여, 1986년 제정된 최저임금법에 의해 결정·고시된다. 최저임금법은 근로자를 사용하는 모든 사업 또는 사업장에 적용된다. 최저임금은 근로자의 생계비, 유사근로자의 임금, 노동생산성 및 소득분배율 등을 고려하여 정한다. 최저임금액은 시간·일· 주 또는 월을 단위로 하여 정한다. 이 경우 일· 주 또는 월을 단위로 하여 최저임금액을 정할 때에는 시간급으로도 표시하여야 한다. 최저임금은 노동부장관이 매년 8월 5일까지 결정하여야 한다.

노동부장관이 최저임금을 결정할 경우에는 최저임금위원회("위원회")에 심의를 요청하고, 위원회는 이를 심의하여 최저임금안을 의결하고 심의 요청을 받은 날부터 90일 이내에 노동부장관에게 제출하여야 한다. 노동부장관은 위원회가 심의하여 제출한 최저임금안에 따라 최저임금을 결정하기가 어렵다고 인정되면 20일 이내에 그 이유를 밝혀 위원회에 10일 이상의 기간을 정하여 재심의를 요청할 수 있다. 위원회는 재심의 요청을 받은 때에는 그 기간 내에 재심의하여 그 결과를 노동부장관에게 제출하여야 한다. 노동부장관은 위원회로부터 최저임금안을 제출받은 때에는 최저임금안을 고시하여야 한다.

고시된 최저임금안에 대하여 이의가 있는 근로자를 대표하는 자나 사용자를 대표하는 자는 고시된 날부터 10일 이내에 노동부장관에게 이의를 제기할 수 있다. 노동부장관은 최저임금을 결정한 때에는 지체 없이 그 내용을 고시하여야 한다. 고시된 최저임금은 다음 연도 1월 1일부터 효력이 발생한다.

최저임금위원회에 따르면, 2009년 1월 1일부터 2009년 12월 31일까지 적용되는 최저임금은 시간급 4,000원, 일급(8시간 기준) 32,000원, 월환산액(226시간 기준)은 주당 44시간인 경우 88만원, 주당 40시간인 경우 80만원이다. 참고로, 2010년 최저임금은 4110원(시간급)으로 타결되었다.

66

신뢰보호의 원칙

사 례

종교법인 A는 생산녹지지역내 농지를 매수하여 그 토지를 대지로 형질변경하여 종교시설인 회관을 건립한다는 것을 명시한 토지거래허가신청서과 사업계획서를 제출하였고, 충주시청의 담당공무원인 B에게 문의하여 토지형질변경이 가능하며 충주시 조례에 의하여 종교시설의 건축이 가능하다는 답변을 들었을 뿐만 아니라 담당직원으로부터 A가 1년 이내에 회관을 건립하겠다는 각서를 제출할 것을 요구받기도 하였다. 이에 충주시청은 법규를 검토하여 그러한 용도를 위한 토지거래를 허가하였고, 그 후 A는 충주시청에게 그가 요구하는 이 사건 토지 일대의 주민 및 인근 토지 소유자들의 동의서와 중원농지개량조합의 농지전용 의견서까지 첨부하여 토지형질변경허가 신청을 하였으나, 충주시청은 A에 대하여 이 사건 토지가 생산녹지 지역으로 지정된 곳으로 경지 정리된 집단화된 우량농지로서 보전의 필요가 있는 지역이라는 등의 이유로 A의 토지형질변경을 불허가하였다. 이에 A가 취할 수 있는 법적 조치는?

사례의 해결]

일반적으로 행정상의 법률관계에 있어서 행정청의 행위에 대하여 신뢰보호의 원칙이 적용되기 위하여는, 첫째 행정청이 개인에 대하여 신뢰의 대상이 되는 공적인 견해표명을 하여야 하고, 둘째 행정청의 견해표명이 정당하다고 신뢰한 데에 대하여 그 개인에게 귀책사유가 없어야 하며, 셋째 그 개인이 그 견해표명을 신뢰하고 이에 어떠한 행위를 하였어야 하고, 넷째 행정청이 위 견해표명에 반하는 처분을 함으로써 그 견해표명을 신뢰한 개인의 이익이 침해되는 결과가 초래되어야 하며, 이러한 요건을 충족할 때에는 행정청의 처분은 신뢰보호의 원칙에 반하는 행위로서 위법하게 된다고 할 것이고, 또한 위 요건의 하나인 행정청의 공적 견해표명이 있었는지의 여부를 판단하는 데 있어 반드시 행정조직상의 형식적인 권한분장에 구애될 것은 아니고 담당자의 조직상의 지위와 임무, 당해 언동을 하게 된 구체적인 경위 및 그에 대한 상대방의 신뢰가능성에 비추어 실질에 의하여 판단하여야 한다고 할 것이다[대판 1996. 2. 23, 95누3787].

위 사건에서 토지거래계약의 허가과정에서 토지형질변경이 가능하다는 담당공무원 B의 견해표명은 단순한 정보제공 내지는 일반적인 법률상담 차원에서 이루어진 것이라기보다는, 그러한 이용목적이 관계 법령상 허용되는 것인지를 개별적·구체적으로 검토하여 그것이 가능할 경우에만 거래계약허가를 하여 주도록 하는 것이 충주시청의 실무처리관행이거나 내부업무처리지침이어서 그에 따라 이루어진 것으로 볼 여지가 더 많고, 나아가 위 토지거래허가신청 과정에서 그 허가담당공무원으로부터 이용목적대로 토지를 이용하겠다는 각서까지 제출할 것을 요구받아 이를 제출한 A로서는 B의 위와 같은 견해표명에 대하여 보다 고도의 신뢰를 갖게 되었다고 할 것이다.

사정이 그러하다면, 이는 충주시청이 위 토지거래계약의 허가를 통하여서나 그 과정에서 그 소속 공무원들을 통하여 A에 대하여 종교회관 건축을 위한 이 사건 토지의 형질변경이 가능하다는 공적 견해표명을 한 것이라고 볼 여지가 많으며, A는 그러한 충주시청의 공적 견해표명을 신뢰한 나머지(그에 있어 원고에게 어떠한 귀책사유가 있음을 인정할 아무런 자료도 없다) 위 토지형질변경 및 종교회관 건축이 당연히 가능하리라 믿고서 위 토지거래계약허가 직후에 그 건축준비에 상당한 자금과 노력을 투자하였음에도 충주시청의 위 공적 견해표명에 반하는 이 사건 처분으로 말미암아 A가 종교활동에 긴요한 위 종교회관을 건립할 수 없게 되는 등의 불이익을 입게 된 사실을 알 수 있으므로 이 사건 처분은 신뢰보호의 원칙에 반하는 행위로서 위법하다고 보는 것이 옳을 것이다[대판 1997. 9. 12, 96누18380]. 따라서 A는 이러한 충주시장의 조치가 위법하다고 주장하여 그 취소소송을 제기하여 이를 다툴 수 있을 것이다.

참고사항]

「행정소송법」 제4조 (항고소송) 항고소송은 다음과 같이 구분한다. 1. 취소

소송 : 행정청의 위법한 처분 등을 취소 또는 변경하는 소송

「허가」란 법령에 의해 개인의 자연적 권리가 제한되고 있는 경우에 그 제한을 해제하여 자연적 권리를 적법하게 행사할 수 있도록 복구하여 주는 행정행위를 말한다.

67 특별권력관계

【사 례】

서울특별시 지하철공사 사장 P는 G승무사무소 운용계장으로 근무하던 K가 S역 비상대기 차량 기관사가 저녁식사를 위해 이석한다는 보고를 받고도 즉시 예비기관사를 대체하지 않아 비상대기차량이 고장발생차량 대신에 운행할 수 없었던 바, 이는 K가 운용계장으로서 승무원운용관리를 소홀히 한 비위사실로서 인사규정시행내규 징계양정기준에 의거 비위의 도가 경하고 중과실인 경우에 해당한다는 이유로 감봉 1월의 징계처분을 하였다. 이에 대하여 K가 행할 수 있는 불복절차는?

사례의 해결]

행정소송법 제13조 제1항 본문의 규정은 "취소소송은 다른 법률에 특별한 규정이 없는 한 그 처분 등을 행한 행정청을 피고로 한다"라고 규정하고, 같은 법 제2조 제2항의 규정은 "이 법을 적용함에 있어서 행정청에는 법령에 의하여 행정권한의 위임 또는 위탁을 받은 행정기관, 공공단체 및 그 기관 또는 사인이 포함된다"고 규정하고 있다. 여기서 서울특별시 지하철공사는 지방공기업법에 의하여 설립되었고, 동법에 따른 서울특별시 지하철공사설치조례와 서울특별시 지하철공사 정관에 "사장은 국무총리의 승인을 얻어 시장이 임명한다"고 규정되어 있다. 그러나 지방공기업법에 "직원은 정관이 정하는 바에 의하여 사장이 임명한다"고 규정되어 있다 하더라도 동 규정들만으로 서울특별시 지하철공사 직원의 근무관계가 공법관계이며 그 임면이나 징계행위가 행정처분이라는 결론이 나오는 것은 아니고 법률의 규정에 따라서 공법관계인지 또는 사법관계일지가 결정된다고 할 것이다.

위 지방공기업법의 임원과 직원에 관한 전 규정에 의하면 위 지하철공사 직원의 근무관계는 사법관계에 속함이 분명하고 따라서 사장 P의 그 직원인 K에 대한 징계처분도 사법상의 행위라고 보아야 할 것이다[대판 1978. 4. 25, 78다414]. 또한 P가 소속직원인 K에 대하여 징계처분을 한 것은 위 지하철공사 이사회의 결의를 거쳐 제정된 인사규정에 의거하여 행한 것일 뿐 동 징계처분이 행정청인 서울특별시의 고유권한인데 P에게 이를 위임하여 행사하도록 한다는 법률상의 위임규정이 있는 것도 아니므로 결국 K는 위 행정소송법 제13조 제1항 본문 및 제2조 제2항 소정의 행정청에 해당하지 아니하고, 따라서 P의 K에 대한 이 사건 징계처분은 P가 공권력발동주체로서 행정처분을 행한 것으로 볼 수 없으므로 이에 대한 불복절차는 민사소송절차에 의하여야 할 것이지 행정소송에 의할 수 없다 할 것이다[서울고법 1989. 3. 3, 88구12112].

참고사항]

(1)「행정소송」이란 행정법규의 적용과 관련하여 위법하게 권리(법률상 이익)가 침해된 자가 소송을 제기하고, 법원이 이에 대해 심리·판단을 행하는 정식의 행정소송을 말한다.

(2)「취소소송」이란 행정청의 위법한 처분 또는 재결의 취소 또는 변경을 구하는 소송을 말한다.

(3)국가 등의 행정주체와 국민 간에 형성되는 법률관계는, 내용적으로는 공법으로서의 행정법에 의하여 규율되는 공법관계와 사인 상호간의 관계와 마찬가지로 사법에 의하여 규율되는 사법관계가 있다.

(4)「특별권력관계」란 특별한 공법상 원인에 기하여 성립되고, 공법상 행정목적에 필요한 한도 내에서 그 특별권력주체에게는 포괄적 지배권이 인정되고, 그 상대방인 특별한 신분에 있는 자(공무원·군인·학생 등)가 이에 복종하는 관계를 말한다.

68 국가의 손해배상

▌사 례▐

어느 날 U경찰서 과장인 L은 차도를 불법 점거한 농민 K의 트랙터 열쇠를 빼앗은 후 별다른 사고예방조치도 취하지 아니한 채 그대로 방치하였다. 그런데 그 다음날 새벽에 Y가 승용차를 운전하여 위 장소를 진행하다 전방에 트랙터가 주차되어 있는 것을 뒤늦게 발견하고 충돌을 피하기 위하여 급히 핸들을 왼쪽으로 돌리다 도로를 이탈하여 왼쪽 전봇대와 부딪쳐 다리가 부러져 버렸다. 이 경우 국가의 책임은?

사례의 해결]

경찰관직무집행법 제5조는 경찰관은 인명 또는 신체에 위해를 미치거나 재산에 중대한 손해를 끼칠 우려가 있는 위험한 사태가 있을 때에는 그 각 호의 조치를 취할 수 있다고 규정하여 형식상 경찰관에게 재량에 의한 직무수행권한을 부여한 것처럼 되어 있으나, 경찰관에게 그러한 권한을 부여한 취지와 목적에 비추어 볼 때 구체적인 사정에 따라 경찰관이 그 권한을 행사하여 필요한 조치를 취하지 아니하는 것이 현저하게 불합리하다고 인정되는 경우에는 그러한 권한의 불행사는 직무상의 의무를 위반한 것이 되어 위법하게 된다.

따라서 과장 L이 도로 상에 방치한 트랙터에 대하여 이를 도로 밖으로 옮기거나 후방에 안전표지판을 설치하는 것과 같은 위험발생방지조치를 취하지 아니한 채 그대로 방치한 결과, 새벽에 그 도로를 진행하던 운전자가 위 방치된 트랙터를 피하려다가 전봇대에 부딪혀 상해를 입은 위 사례에서 국가는 손해배상책임이 있다.

참고사항]

「경찰관직무집행법」 제5조(위험발생의 방지) ① 경찰관은 인명 또는 신체에 위해를 미치거나 재산에 중대한 손해를 끼칠 우려가 있는 천재, 사변, 공작물의 손괴, 교통사고, 위험물의 폭발, 광견·분마류 등의 출현, 극단한 혼잡 기타 위험한 사태가 있을 때에는 다음의 조치를 할 수 있다. 1. 그 장소에 집합한 자, 사물의 관리자 기타 관계인에게 필요한 경고를 발하는 것, 2. 특히 긴급을 요할 때에는 위해를 받을 우려가 있는 자를 필요한 한도 내에서 억류하거나 피난시키는 것, 3. 그 장소에 있는 자, 사물의 관리자 기타 관계인에게 위해방지상 필요하다고 인정되는 조치를 하게 하거나 스스로 그 조치를 하는 것

「국가배상법」 제2조(배상책임) ① 국가나 지방자치단체는 공무원이 직무를 집행하면서 고의 또는 과실로 법령을 위반하여 타인에게 손해를 입히거나, 「자동차손해배상 보장법」에 따라 손해배상의 책임이 있을 때에는 이 법에 따라 그 손해를 배상하여야 한다.

69

영업정지처분취소

▌사 례▌

K는 단란주점을 경영하던 중 단란주점에 설치할 수 없는 특수조명시설(우주볼)을 설치하여 이에 대해 구청으로부터 2회에 걸쳐 시정명령을 받고도 이를 이행하지 않은체 영업을 계속한 것, 또한 미성년자를 유흥접객원으로 고용하여 유흥주점영업을 하였을 뿐만 아니라 영업시간제한 규정에 위반하여 영업하였다는 이유로 S구청장으로부터 3개월 15일간의 영업정지처분을 받았다. 그러나 K는 2년간 S구 청년회 총무이사로서 환경보전운동에 앞장서서 낙동강 오폐수 배출업소 감시활동과 불우노인 및 소년소녀가장돕기, 야간방범활동 등을 하는 등 지역사회에 이바지한 공을 인정받아 S구청장으로부터 표창장을 받은 사실 등을 주장하면 위 처분이 재량권의 범위를 일탈한 위법한 것이라고 한다. 과연 그럴까?

사례의 해결]

식품위생법 제58조 제1항에 의한 영업정지 등 행정처분의 적법 여부는 동법 시행규칙 제53조 [별표 15]의 행정처분기준에 적합한 것인가의 여부에 따라 판단할 것이 아니라 법의 규정 및 그 취지에 적합한 것인가의 여부에 따라 판단하여야 하는 것이고, 행정처분으로 인하여 달성하려는 공익상의 필요와 이로 인하여 상대방이 받는 불이익을 비교·형량하여 그 처분으로 인하여 공익상 필요보다 상대방이 받게 되는 불이익 등이 막대한 경우에는 재량권의 한계를 일탈한 것으로서 위법하다고 할 것이다[대판 1995. 3. 28, 94누6925].

그리고 식품접객업자는 동법시행령 제7조 제8호 소정의 해당 영업종류에 대한 영업허가를 받은 이상 국민보건의 증진에 이바지하기 위하여 그 법규에 따른 영업허가조건을 엄격히 지켜야 하는 것이고, 법에 따른 허가조건을 지키지 않아도 아무런 제재를 가하지 않거나 가벼운 제재만을 가한다면 법의 존엄성이 무시되는 법경시 풍토의 심각한 폐해를 가져오는 것이며, 특히 오늘날 청소년의 비행과 탈선행위가 날로 증가함에 따라 청소년을 건전하게 육성하고 보호하여야 할 필요성이 더욱 커져가는 상황에서 식품접객업자의 청소년관련 법규위반행위를 엄격하게 단속하여야 할 필요성이 절실한 점 등에 비추어 볼 때, 영업정지 등의 행정처분으로 인하여 달성하려는 공익상 필요는 이로 인하여 상대방이 받게 되는 불이익 못지않게 강조되어야 할 것이다.

따라서 K는 단란주점영업허가를 받은 자임에도 불구하고 이 사건 주점에 유흥주점영업허가를 받은 자만이 둘 수 있는 유흥접객원을 두고 영업하여 왔을 뿐 아니라, 그 유흥접객원 중 식품위생법령상 유흥주점영업자도 유흥접객원으로 고용하여서는 아니되도록 규정된 20세 미만의 자이었고, 단란주점영업자가 설치하여서는 아니되는 특수조명시설(우주볼)을 설치한 것에 대하여 S구청장으로부터 2차에 걸쳐 시설개수명령을 받았음에도 위 명령에 응하지 않고 위 시설 중 일부를 철거하지 않은 채 영업하여 온 데다가, 식품위생법령에 정해진 영업시간제한 규정에 위배하여 영업하였던 것이므로, 이와 같은 위반의 정도 및 그 내용, 위반 전력 등에 비추어 보면 K가 설시한 사정들을 참작한다 하더라도 S구청장의 이 사건 영업정지처분이 재량권의 범위를 일탈하여 위법한 것이라고 보기 어렵다 할 것이다.

참고사항]

「식품위생법」 제58조(허가의 취소 등) ① 식품의약품안전청장, 시·도지사, 시장·군수 또는 구청장은 영업자가 제31조(영업자 등의 준수사항) 제2항 1호(청소년을 유흥접객원으로 고용하여 유흥행위를 하게 하는 행위) 등에 해당하는 때 대통령령이 정하는 바에 따라 영업허가를 취소하거나 6월 이내의 기간을 정하여 그 영업의 전부 또는 일부를 정지하거나, 영업소의 폐쇄를 명할 수 있다.

「식품위생법시행령」제7조 (영업의 종류) 법 제21조 제2항의 규정에 의한 영업의 세부종류와 그 범위는 다음 각 호와 같다.

8. 식품접객업 다. 단란주점영업 : 주로 주류를 조리·판매하는 영업으로서 손님이 노래를 부르는 행위가 허용되는 영업

「식품위생법시행규칙」 제53조(행정처분의 기준) 법 제55조·제56조·제57조부터 제59조까지, 법 제63조의 규정에 의한 행정처분의 기준은 별표 15와 같다.

행정지도

70

사 례

양식업자 P는 K군(郡)으로부터 축제식 양식어업면허를 받고 양식장 시설공사에 착수하여 공사를 시행하고 있던 중 K군으로부터 P의 위 양식어업면허 지역이 공유수면 매립사업지구 내에 편입되었음을 이유로 공사중단의 요구와 적절한 보상약속을 받았다. 이에 P는 K군의 위 행정지도(첫 번째 행정지도)를 신뢰하여 그에 따라 공사를 중단하고 적절한 보상을 기대하고 있던 중, K군으로부터 다시 양식장시설공사 재개 요구를 받고, 그에 따라 양식장 시설공사를 재개하여 진행하였으나 그 진행 도중에 또다시 양식장 시설공사 중단을 요구하는 행정지도(두 번째 행정지도)를 받았다. 그런데 P가 K군의 위와 같은 행정지도에 따르지 아니한 채 계속 공사를 진행하자, K군은 다시 P에게 P가 K군의 공사 중단 행정지도에 따르지 아니할 경우에는 불이익한 조치를 할 수도 있다는 취지의 공문을 보냈다. 이 경우 K군의 조치는 정당한지?

사례의 해결]

살펴보건 데, K군이 시행하려고 한 위 개발사업의 근거법률인 공유수면매립법(§20①)은 공유수면매립면허를 받은 사업자는 해당 공유수면에 관한 권리자에게 손실을 미칠 공사에 착수하기 전에 미리 관계법령에 따른 손실보상금을 지급하거나 그 손실을 방지하는 시설을 하여야 한다는 내용의 사전보상원칙을 규정하고 있다.

여기서 보상을 받을 공유수면에 관한 권리자에는 K와 같은 어업권자가 포함되며, 한편 "행정지도"라 함은 행정주체가 일정한 행정목적을 실현하기 위하여 권고 등과 같은 비강제적인 수단을 사용하여 상대방의 임의적 협력에 의하여 그 의도하는 행정상 바람직한 결과를 이끌어 내는 비권력적 행정활동으로서 상대방의 의사에 반하여 부당하게 강요하거나, 행정지도에 따르지 아니하였다는 이유로 불이익한 조치를 하여서는 아니 된다[행정절차법§48①, ②].

이러한 행정지도의 임의성 및 불이익조치금지의 원칙에 위반하여 행하여진 행정지도는 위법한 행정작용이 되므로 그로 인하여 손해를 입은 상대방은 국가 또는 지방자치단체를 상대로 손해배상을 청구할 수 있다 할 것이다. 다만, 행정지도가 강제성을 띠지 않은 비권력적 작용으로서 행정지도의 한계를 일탈하지 아니하였다면, 그로 인하여 상대방에게 어떤 손해가 발생하였다 하더라도 행정기관은 그에 대한 손해배상책임이 없다.

따라서 K군이 행한 첫 번째 행정지도는 P의 임의적 협력을 얻어 행정목적을 달성하려고 하는 비권력적 작용으로서 강제성을 띤 것이 아니나 두 번째 행한 행정지도는 그에 따를 의사가 없는 P에게 이를 부당하게 강요하는 것으로서 행정절차법 제48조 소정의 행정지도의 한계를 일탈한 위법한 행정지도에 해당하여 불법행위를 구성하므로, K군은 P가 K군으로부터 P의 어업권은 현재 유효하고 향후 어장시설공사를 재개할 수 있으나 어업권 및 시설보상은 할 수 없다는 취지의 통보를 받음으로서 실질적으로 어업권을 행사할 수 없게 됨에 따라 입은 손해를 배상할 책임이 있다[서울고법 2006. 2 .8, 2003나41434].

참고사항]

「행정절차법」 제48조(행정지도의 원칙) ① 행정지도는 그 목적달성에 필요한 최소한도에 그쳐야 하며, 행정지도의 상대방의 의사에 반하여 부당하게 강요하여서는 아니된다. ② 행정기관은 행정지도의 상대방이 행정지도에 따르지 아니하였다는 것을 이유로 불이익한 조치를 하여서는 아니된다.

「공유수면매립법」 제20조(손실방지와 보상) ① 제12조의 규정에 의한 권리를 가진 자가 있는 공유수면에 대하여 매립면허를 받은 자는 대통령령이 정하는 바에 의하여 그 권리를 가진 자에게 끼친 손실을 보상하거나 그 손실을 방지하는 시설을 하여야 한다.

71 행정질서벌

【사 례】

C는 1992년경 서울 성북구 장위동에 5층 건물을 신축하였는데, 당시 수도계량기 통과 전의 급수관에 승인을 받지 아니하고 또 다른 13mm의 급수관을 연결 설치하여 이후 그 급수관에 의해 부정한 방법으로 수돗물을 공급받았다. 이러한 사실을 몰랐던 L은 1995년 2월경 C로부터 위 건물을 매수하고 같은 해 4월 위 건물을 명도 받아 위와 같이 부정급수관이 설치된 급수시설을 사용하였다. 이에 서울특별시 성북수도 사업소장 H는 부정급수관이 설치된 사실을 모르고 부정급수를 통하여 수돗물을 사용한 L의 행위를 서울특별시급수조례 제34조 제1항, 제2항, 제3항의 규정에 따른 사용료 및 과태료 부과대상으로 판단하여 사용료와 과태료를 부과하였다. H의 조치는 정당한가?

사례의 해결]

과태료와 같은 "행정질서벌"은 행정질서유지를 위한 의무의 위반이라는 객관적 사실에 대하여 과하는 제재이므로 반드시 현실적인 행위자가 아니라도 법령상 책임자로 규정된 자에게 부과되고 원칙적으로 위반자의 고의·과실을 요하지 아니하나, 위반자가 그 의무를 알지 못하는 것이 무리가 아니었다고 할 수 있어 그것을 정당시할 수 있는 사정이 있을 때 또는 그 의무의 이행을 그 당사자에게 기대하는 것이 무리라고 하는 사정이 있을 때 등 그 의무 해태를 탓할 수 없는 정당한 사유가 있는 때에는 이를 부과할 수 없다.

서울특별시급수조례는 제34조 제2항에서 "급수를 도용한 자, 시장의 승인 없이 공사를 시행한 자 등과 기타 요금 또는 수수료를 면할 목적으로 사기 기타 부정한 행위를 한 자에 대하여는 금 500,000원 이하의 과태료를 부과할 수 있다"고 규정하고 같은 조 제3항에서 "시장의 승인 없이 급수공사를 시행하여 시설분담금의 징수를 면한 자에 대하여는 그 징수를 면한 금액의 5배 이내의 과태료를 부과할 수 있다"고 정하는 한편, 제5조 단서에서는 '급수장치가 설치된 건물 또는 토지의 취득자가 제34조에 의한 추징급수사용료 및 각종 과태료 납부의무를 승계하지는 아니한다'고 규정하고 있다.

따라서 부정급수장치의 설치나 유지 등의 부정행위에 가담하거나 동조하였다는 등의 특별한 사정이 없이 부정한 급수장치가 설치된 건물을 그러한 정을 알지 못한 채 매수하여 단순히 급수를 계속 받아온 경우라면 급수장치의 사용자가 요금 등을 면할 목적으로 사기 기타 부정한 행위를 하였다거나 시장의 승인 없이 급수공사를 시행하여 시설분담금의 징수를 면한 경우에 해당한다고 볼 수는 없다. 따라서 H의 과태료부과 처분은 부당하여 취소대상이 될 수 있다.

참고사항]

「행정질서벌」이란 일반사회의 법인에 직접 영향을 미치지 않으나 행정상 질서에 장해를 야기할 우려가 있는 의무위반에 대해 과태료가 가해지는 제재를 말한다.

「질서위반행위규제법」 제8조(위법성의 착오) 자신의 행위가 위법하지 아니한 것으로 오인하고 행한 질서위반행위는 그 오인에 정당한 이유가 있는 때에 한하여 과태료를 부과하지 아니한다.

72

행정대집행

사 례

여수시 S동장은 Y와 사이의 여수시 소유 재산인 농지에 관한 대부계약을 이 체결되었다가 해지된 후 2000년 4월경 Y에 대하여 같은 해 5월 까지 위 토지상의 묘목과 비닐하우스 등을 자진철거하지 아니하면 피고가 강제철거를 하거나 제3자로 하여금 이를 집행하게 하고 그 비용을 징수하겠다는 내용의 대집행계고처분을 하였다. 이 경우 공유재산 대부계약의 해지에 따른 원상회복으로 행정대집행의 방법에 의하여 그 지상물을 철거시킬 수 있는지?

사례의 해결]

"대집행"이란 대체적 작위의무, 즉 타인이 대신하여 행할 수 있는 의무의 불이행이 있는 경우 당해 행정청이 불이행된 의무를 스스로 행하거나 제3자로 하여금 이행하게 하고, 그 비용을 의무자로부터 징수하는 것을 말한다. 행정대집행에 관한 일반법으로 "행정대집행법"이 있다. 행정대집행법 제2조에 따르면, 대집행의 일반적 요건으로는 "공법상의 의무"로서 "대체적 작위의무"의 "불이행"이 있고, 이행을 확보할 "다른 수단이 없고" 또한 불이행의 방치가 공익을 해할 것, 즉 "공익상의 요청이 있을 것"을 들 수 있다.

여기서 공법상의 의무는 법령에서 직접 명해질 수도 있고, 법령에 근거한 행정행위에 의해 명해질 수도 있다. "대체적 작위의무"란 타인이 대신할 수 있는 의무, 예컨대 불법광고물제거의무불이행 등을 말한다. 그리고 다른 수단이란 비례원칙상 의무자에 대한 침해가 대집행보다 경미한 수단을 의미한다. 따라서 직접강제나 행정벌은 이에 해당하기 어려울 것이고, 사실상의 권유 등이 이에 해당할 수 있다. 공익상의 요청이 있을 것이란 의무의 불이행을 방치하는 것이 심히 공익을 해한다고 인정되는 경우에 비로소 대집행이 허용된다는 것을 의미한다.

위 사례의 경우 구지방재정법(2000년) 제85조 제1항은, 공유재산을 정당한 이유 없이 점유하거나 그에 시설을 한 때에는 이를 강제로 철거하게 할 수 있다고 규정하고, 그 제2항은, 지방자치단체의 장이 제1항의 규정에 의한 강제철거를 하게 하고자 할 때에는 행정대집행법 제3조 내지 제6조의 규정을 준용한다고 규정하고 있는바, 공유재산의 점유자가 그 공유재산에 관하여 대부계약 외 달리 정당한 권원이 있다는 자료가 없는 경우 그 대부계약이 적법하게 해지된 이상 그 점유자의 공유재산에 대한 점유는 정당한 이유 없는 점유라 할 것이고, 따라서 지방자치단체의 장은 지방재정법 제85조에 의하여 행정대집행의 방법으로 그 지상물을 철거시킬 수 있다[대판 2001. 10. 12, 2001두4078].

행정대집행법(§3-§6)에 따르면 대집행의 절차는 우선 상당한 이행기한을 정하여 그 기한까지 이행되지 아니할 때에는 대집행을 한다는 뜻을 미리 문서로써 계고하여야 하고, 의무자가 계고를 받고 지정기한까지 그 의무를 이행하지 아니할 때에는 당해 행정청은 대집행영장으로써 대집행을 할 시기, 대집행을 시키기 위하여 파견하는 집행책임자의 성명과 대집행에 요하는 비용의 계산에 의한 견적액을 의무자에게 통지하여야 한다. 그리고 대집행을 하기 위하여 현장에 파견되는 집행책임자는 그가 집행책임자라는 것을 표시한 증표를 휴대하여 대집행시에 이해관계인에게 제시하여야 한다. 대집행에 요한 비용의 징수에 있어서는 실제에 요한 비용액과 그 납기일을 정하여 의무자에게 문서로써 그 납부를 명하여야 한다. 대집행에 요한 비용은 국세징수법의 예에 의하여 징수할 수 있다.

참고사항]

「행정대집행법」 제2조(대집행과 그 비용징수) 법률(법률의 위임에 의한 명령, 지방자치단체의 조례를 포함한다. 이하 같다)에 의하여 직접명령되었거나 또는 법률에 의거한 행정청의 명령에 의한 행위로서 타인이 대신하여 행할 수 있는 행위를 의무자가 이행하지 아니하는 경우 다른 수단으로써 그 이행을 확보하기 곤란하고 또한 그 불이행을 방치함이 심히 공익을 해할 것으로 인정될 때에는 당해 행정청은 스스로 의무자가 하여야 할 행위를 하거나 또는 제삼자로 하여금 이를 하게 하여 그 비용을 의무자로부터 징수할 수 있다.

「지방재정법」(2000년) 제85조(불법시설 철거 등) ① 공유재산을 정당한 이유 없이 점유하거나 그에 시설을 한 때에는 이를 강제로 철거하게 할 수 있다.

② 지방자치단체의 장이 제1항의 규정에 의한 강제철거를 하게 하고자 할 때에는 행정대집행법 제3조 내지 제6조의 규정을 준용한다.

73

행정상 손해배상

사 례

O시립 K고등학교 3학년 학생인 W는 어느 날 수업이 끝난 후 교실에 남아 공부를 하다가 책가방에서 담배를 꺼내 담배를 피우기 위하여 3층에 있는 높이 88cm인 화장실 옆 창문을 열고(창문 높이로 보아 고등학교 학생인 경우 쉽게 창문을 넘어 밖으로 나갈 수 있게 되어 있다), 폭 40cm인 돌출된 난간으로 넘어가 화장실 뒤쪽으로 걸어가다가 그 모퉁이 쪽에서 몸의 균형을 잃고, 지상의 시멘트바닥으로 떨어져 두개골골절 등으로 사망하였다. 이에 W의 부모는 위 사고 장소인 화장실 뒤쪽 난간은 학생들이 교사들의 눈을 피하여 흡연하는 장소로 이용되기도 하여 위와 같은 추락사고가 발생할 위험이 있었으므로 사춘기 소년을 교육하는 학교시설로서는 안전성이 결여된 것으로 보이므로 마땅히 출입금지장치를 하여 출입을 금지시켰어야 했는데도 그러한 장치를 하지 아니하였으니, O시는 위 학교시설의 위와 같은 설치·보존의 하자로 인하여 발생한 이 사건 사고로 말미암아 위 망인 및 그 부모, 누나인 원고들이 입은 손해를 배상할 책임이 있다고 주장한다. 과연 O시는 손해배상 책임을 져야할까?

사례의 해결]

이 사례는 국가배상법 제5조에 기한 영조물의 설치·관리상의 하자로 인한 국가배상책임에 관한 문제이다. 국가배상법 제5조 제1항은 "도로·하천, 그 밖의 공공의 영조물의 설치나 관리에 하자가 있기 때문에 타인에게 손해를 발생하게 하였을 때에는 국가나 지방자치단체는 그 손해를 배상하여야 한다"고 하고, 동조 제2항은 "제1항을 적용할 때 손해의 원인에 대하여 책임 질 자가 따로 있으면 국가나 지방자치단체는 그 자에게 구상할 수 있다"고 규정하고 있다.

여기서 "공공의 영조물"이란 국가나 지방자치단체 등의 행정주체에 의하여 공공목적에 제공된 개개의 유체물, 즉 공물을 말하는 것이 일반적 견해이다. 따라서 위의 사고발생 장소인 난간도 학교건물의 일부를 이루는 것으로서, 학교건물이 공물에 해당한다면 난간도 당연히 공물에 포함될 것이다. "영조물의 설치 또는 관리의 하자"란 영조물이 그 용도에 따라 통상 갖추어야 할 안전성을 갖추지 못한 상태에 있음을 말하는 것이고, 영조물의 설치 및 보존에 있어서 항상 완전무결한 상태를 유지할 정도의 고도의 안전성을 갖추지 아니하였다고 하여 영조물의 설치 또는 관리에 하자가 있는 것으로는 할 수 없는 것이므로, 영조물의 설치자 또는 관리자에게 부과되는 방호조치의무의 정도는 영조물의 위험성에 비례하여 사회통념상 일반적으로 요구되는 정도의 것을 말한다.

그러나 이러한 안전성의 결여상태의 판단은 당해 영조물의 객관적 상태에 따라서만 판단되어야 하는 것인지(객관설), 아니면 그에 있어서는 관리자의 귀책사유도 또한 고려되어야 하는지에 대해서 견해(주관설)가 나누어지고 있다. 이에 대해 현재의 판례는 하자유무의 판단에 있어서는 당해 영조물의 안전성이 결여되어 있다는 객관적 상태만을 기준으로 하는 것은 아니고, 그러한 불완전성의 발생원인이나 원상복구에 필요한 시간적 여유의 유무 등도 동시에 고려하고 있다.

위 사례를 검토하면, 위 학교건물 외곽 난간은 폭이 약 40cm이고, 벽면에 떨어진 빗물의 배수로 기능, 아래 창문의 비가리개 기능 및 창턱에서 실수로 추락시 안전장치 기능을 갖는 것이고, 그 난간은 사람이 통행할 수 있도록 설치되어 있는 것은 아닌 사실을 알 수 있으며, 또 기록상 위 난간이 그 본래의 용도에 사용되는 한 어떠한 하자가 있다고 볼 만한 아무런 자료가 없는바, 위 W 학생이 위 난간을 통하여 화장실로 가는 것을 막기 위한 어떠한 장치를 하여야 할 필요성이 전혀 없을 뿐 아니라 위 난간은 사물에 관한 어느 정도의 변별능력을 갖춘 고등학교 3학년 학생들이 교사의 단속을 피하여 담배를 피우겠다는 등의 비정상적인 목적을 위하여 무리하게 들어가지 않는 한 어떤 위험성이 있는 것이라고 하기 어렵다.

사정이 위와 같다면, O시에게는 학생들이 원칙적으로 출입할 수 없는 위 난간에 넘어 들어가 흡연을 하다가 실족하는 이례적인 사고가 있을 것을 예상하여 위 복도나 화장실 창문에 위 난간에의 출입을 막기 위하여 출입금지장치나 추락위험을 알리는 경고표지판을 설치할 의무가 있다고 할 수 없고, 따라서 O시가 출입금지장치 등을 설치하지 아니하였다고 하더라도 그로써 사회통념상 일반적으로 요구되는 방호조치의무를 위반하여 위 학교시설에 설치 또는 관리에 하자가 있다고 볼 수는 없을 것이다. 따라서 O시는 W학생의 사고에 관해 국가배상법 제5조에 의한 영조물의 설치·관리상 하자로 인한 손해배상 책임은 없다할 것이다.

74

경찰권발동의 요건

사 례

범국민행동조직위원회가 서울시청 앞 광장 등에서 개최하겠다고 신고한 집회(예정시간 : 15시 30분경)에 대해 이미 관할 경찰청장에 의해 금지통고처분이 내려졌음에도 그 집회에 참가하기 위해 새벽 6시경 경상남도 양산시 등에서 전세버스를 이용하여 상경하려는 W씨 등에 대하여 경상남도 경찰청 소속 경찰이 각 지역에서 실시한 상경차단조치가, 경찰관집무집행법(§6)에 정한 경찰권 발동 요건을 갖추지 못하고 경찰권 행사의 한계를 현저히 벗어난 행위로 위법한 공무집행에 해당하여 국가는 그로 인한 손해를 배상할 책임이 있는지?

사례의 해결]

살펴보건 데, 첫째, W씨 등이 미리 준비된 전세버스를 이용하여 서울로 상경하려는 행위는 집회 예정시간인 15:30경부터 무려 9시간 30분 전인 06:00경에 서울에서 400여 ㎞나 떨어진 경상남도 지역에서 있었다는 점에서 그러한 상경행위만으로 이 사건 집회에 참석하는 범죄행위가 '목전'에서 행하여지려고 하고 있다고 단정하기 어렵다.

둘째, W씨 등 중 일부가 경찰의 상경차단조치에 항의하며 순찰차량 유리창을 손괴하고 경찰관을 폭행하는 등 폭력을 행사하였고, 그로 인하여 일부 참가자들이 폭력행위 등 처벌에 관한 법률 위반(집단흉기 등 상해)죄 등으로 기소된 사실은 인정되지만, W씨 등이 미리 이 사건 집회에 참석하여 폭력시위를 벌일 것임을 암시하였다거나, 장차 집회에서 사용할 경우 타인의 신체, 재산에 위해를 초래할 만큼 위험한 물건을 소지하고 있었다고 볼 만한 아무런 증거가 없는 점에 비추어 보면, W씨 등과 경찰 사이에 벌어진 폭력행위는 경찰이 이 사건 집회에 참가하려는 W씨 등의 준비행위 자체를 원천적으로 차단하는 것에 대한 항의조로 벌인 시위일 뿐 그로 인하여 원고들의 상경행위가 곧바로 범죄행위에 해당한다고 추단할 수 없다.

셋째, W씨 등의 상경행위로 인하여 인명·신체에 위해를 미치거나 재산에 중대한 손해를 끼칠 우려가 있어 긴급을 요하는 경우에 해당한다고 볼 수도 없다. 넷째, 비록 전국적으로 대규모의 참가자들이 특정 장소에 집결하는 경우 경찰력에 의한 통제가 거의 불가능하여 집회참가 인원을 가급적 줄이거나 분산시키기 위하여 집회를 원천봉쇄하는 것에서 더 나아가 각 지역에서 상경차단조치를 취하는 것이 보다 효율적이고 필요한 상황이 있을 수 있음은 부정하기 어렵지만, 실제 개최된 이 사건 집회나 시위에서 큰 물리적 충돌이나 폭력사태가 일어나지 않은 이유가 위와 같은 경찰의 상경저지조치로 인한 것이라고 단정하기 어렵다.

넷째, 한미 자유무역협정과 같은 우리 사회와 경제에 중대한 영향을 미치는 사례에 대하여 다양한 정치적 의사를 표현할 자유 등 국민의 기본권은 충분히 보장되어야 마땅하고, 그러한 국민의 기본권이 본질적으로 침해되지 않는 범위 내에서 경찰권 행사가 이루어져야 함이 기본권 보장에 관한 우리 헌법의 이념에 부합한다. 이러한 점들을 비추어 보면, 산하 경찰이 각 지역에서 상경차단조치를 취하는 것이 보다 효율적이고 필요한 상황이라는 이유만으로 지방에 거주하는 W씨 등이 그들의 정치적 의사를 표현하기 위하여 상경하려는 행위 자체를 예외 없이 차단한 것은 상대적으로 서울 및 그 인근에 거주하며 집회에 참가하려는 자들의 기본권 침해와 비교하여 원고들의 집회 및 표현의 자유 등을 보다 근본적으로 침해하는 것인 점 등 여러 사정을 참작하면, 경찰의 상경차단조치는 경찰관집무집행법에서 정한 경찰권 발동의 요건을 갖추지 못하고 경찰권 행사의 한계를 현저히 벗어난 행위로서 위법한 공무집행에 해당하고, 국가는 그로 인하여 W씨 등이 입은 손해를 배상할 책임이 있다[창원지법 2008. 8. 19, 2008가단2374].

참고사항]

「경찰관직무집행법」 제6조(범죄의 예방과 제지) ① 경찰관은 범죄행위가 목전에 행하여지려고 하고 있다고 인정될 때에는 이를 예방하기 위하여 관계인에게 필요한 경고를 발하고, 그 행위로 인하여 인명·신체에 위해를 미치거나 재산에 중대한 손해를 끼칠 우려가 있어 긴급을 요하는 경우에는 그 행위를 제지할 수 있다.

75

행정상 손해배상

사 례

A는 서울 강동우체국에 소속되어 우편물 분류 등의 업무보조에 종사하며 공익근무요원으로 복무하던 중, 선배기수 공익근무요원들로부터 군기를 잡는다는 명목으로 기합을 받고, 위 우체국 공익근무요원 담당공무원인 P에게 아무런 잘못도 없이 기합을 받았다며 시정을 요구하였으나, 위 P는 별다른 조치를 취하지 아니하였다. 그 후A는 후배기수 공익근무요원들과 함께 우체국 건물 3층 옥상에 집합하라는 요구를 받고 위 옥상에 집합하였다가, 선배기수 공익근무요원들로부터 군기가 빠져 힘든 일을 하지 않고 선배기수들에게 인사를 잘 하지 않는다는 이유로 머리를 땅에 대고 허리 뒤로 양손을 맞잡는 이른바 '원산폭격'이라는 기합을 받는 상태에서 발로 옆구리를 수차례 차이는 등 구타를 당하여, 제2경추 치상돌기 골절, 사지부전마비 등의 상해를 입었다. 이에 A의 부모는 국가배상법 제2조에 의한 손해배상을 청구하려고 한다. 인용될 가능성은?

사례의 해결]

"공익근무요원"이라 함은 징병검사를 받아 현역복무를 할 수 있다고 판정된 사람 중에서 병력수급사정에 의하여 현역병 입영대상자로 결정되지 아니한 사람 또는 보충역으로 판정받은 사람 중에서 병역법에 따라 지방병무청장에 의하여 소집되어, 국가기관·지방자치단체·공공단체 등에 배정되어 당해 기관의 공익목적 수행에 필요한 경비·감시 또는 행정업무 등의 지원 등 공익분야에서 복무하는 사람을 말하는데, 공익근무요원은 출·퇴근 근무를 하고 소속기관장의 지휘·감독을 받으며(병역법 제2조 제1항 제9호, 제5조 제1항 제3호, 제26조 제1항 제1호, 제2항, 제27조 제1항, 제31조 제1항, 제4항), 공익근무요원을 지휘·감독하는 복무기관장은 인사담당 공무원 중에서 공익근무요원의 직무수행을 수시로 점검하고 신상관리와 복무기록관리 등 필요한 사무를 처리할 담당공무원을 임명하여야 하고, 공익근무요원에 대하여 근무지 배치 전 및 배치 후 직무수행

교육과 정신교육을 실시하여야 한다.

앞서 본 공익근무요원의 지위, 복무사항 및 복무형태, 지휘·감독관계에 비추어 보면, 복무기관장이나 담당공무원에게는 그 기관에 소속된 공익근무요원들의 소속 기관 내에서의 복무활동과 관련하여 이들 상호간에 상하 위계질서를 바로잡는다는 등의 명목으로 발생할 수 있는 구타 등의 폭력사고를 방지할 감독의무가 있다 할 것이다. 위 사례에 따르면, 이 사건 사고 발생 이전에 이미 선임 기수 공익근무요원들이 후임 기수 공익근무요원들을 집합시켜 구타를 한 사례가 종종 있었을 뿐만 아니라, 공익근무요원들을 감독할 책임이 있는 위 P가 A로부터 전날 선배기수 공익근무요원들로부터 집합을 당하여 기합을 받은 바 있다는 사실을 전해 듣고 그 시정을 요구받은 상태였다.

따라서 복무기관장인 우체국장이나 담당공무원으로서는 공익근무요원들이 위계질서를 바로잡는다는 명목으로 구타를 하는 등 사적 제재를 하는 과정에서 이 사건과 같은 상해사고가 발생할 가능성이 있음을 충분히 예상할 수 있었으므로, 위 A로부터 이러한 시정요구를 받는 즉시 공익근무요원 상호간에 다시는 이러한 불법적인 행위가 일어나는 일이 없도록 정신교육을 실시하는 등 적절한 조치를 취하였더라면 이 사건 사고가 발생하지 아니하였을 것임에도, 아무런 조치를 취하지 아니한 결과 이 사건 사고가 발생하였다 할 것이다. 그러므로 위 우체국장과 담당공무원에게는 공익근무요원들에 대한 감독의무를 게을리 한 과실이 있다 할 것이므로, 국가는 이들 공무원들의 위와 같은 업무수행상의 과실로 인하여 A 및 그와 친족관계에 있는 나머지 부모에게 입힌 손해를 배상할 책임이 있다[대판 2002. 11. 26, 2002다43165].

참고사항]

「국가배상법」 제2조(배상책임) ① 국가나 지방자치단체는 공무원이 직무를 집행하면서 고의 또는 과실로 법령을 위반하여 타인에게 손해를 입히거나, 「자동차손해배상 보장법」에 따라 손해배상의 책임이 있을 때에는 이 법에 따라 그 손해를 배상하여야 한다. 다만, 군인·군무원·경찰공무원 또는 향토예비군대원이

전투·훈련 등 직무 집행과 관련하여 전사·순직하거나 공상을 입은 경우에 본인이나 그 유족이 다른 법령에 따라 재해보상금·유족연금·상이연금 등의 보상을 지급받을 수 있을 때에는 이 법 및 「민법」에 따른 손해배상을 청구할 수 없다.

② 제1항 본문의 경우에 공무원에게 고의 또는 중대한 과실이 있으면 국가나 지방자치단체는 그 공무원에게 구상할 수 있다.

76

교통사고와 법률

사 례

자동차는 사고는 다른 사고에 비하여 특수한 성격이 있다. 자동차는 현대생활에 있어서 필수불가결의 생활수단이기도 하지만, 언제라도 사고의 위험성이 있으며, 그 사고발생의 경우 인명사고나 대형사고로 이어지게 된다. 따라서 교통사고가 발생하면 다음 세 가지 측면, 즉 행정상의 처분문제(특히 구호의무와 신고의무), 형사상의 처벌문제 및 민사상의 책임문제가 동시에 부과된다. 이때 세 가지의 책임은 별개의 것이기 때문에 형사적으로 처벌을 받아도 민사적으로 손해를 전액배상하여야 하며, 행정상의 여러 의무위반에 대한 처분도 받아야 된다. 아울러 그 책임의 과중성 때문에 의무적인 자동차보험제도도 마련하고 있다. 이에 대하여 구체적으로 설명하라.

Ⅰ. 교통사고시 조치의무

1. 구호의무

도로교통법은 도로에서 일어나는 교통상의 모든 위험과 장해를 방지·제거하여 안전하고 원활한 교통을 확보하기 위하여 신호·차선·속도 등 운전자에게 준수해야 할 여러 의무를 부과하고 있다. 그 중의 하나가 바로 구호의무이다. 차의 교통으로 인하여 사람을 사상하거나 물건을 손괴한 때에는 사고차량의 운전자나 그 밖의 승무원은 자기에 과실이 있든 없든 즉시 차를 세우고 피해상황을 확인하고 사상자를 구호하는 데 필요한 조치를 취하여야 한다. 구호에 필요한 조치란, 예컨대 사고에 의하여 출혈을 하고 있는 부상자를 구출하여 응급조치를 하거나 가까운 병원에 연락하여 구급차의 출동을 요청한다든가 또는 최대한 신속하게 병원으로 후송하는 등의 조치를 말한다.

만약 구호조치를 취하지 않으면 수사결과 과실이 없다고 판단되어도 처벌을 받게 된다. 즉 구호조치를 취하지 아니하면 5년 이하의 징역이나 1,500만원이하의 벌금형에 처하게 된다. 또한 구호조치를 취하지 아니하고 현장에서 도주해 버리면 수사상 도주차량으로 취급되어 그 혐의가 인정되면 교통사고처리특례법상의 형벌면제혜택을 받을 수 없을 뿐만 아니라 일반 교통사고와 달리 징역 1년 이상 최고 사형까지 가중처벌을 받게 된다(특정범죄 가중처벌 등에 관한 법률 제5조의 3).

2. 신고의무

구호조치가 끝나면 경찰이 현장에 있으면 지체 없이 그 경찰관에게, 현장에 없을 때에는 가까운 경찰관서에 신고하여야 한다. 이 때 피해자구호 등으로 정황이 없을 때에는 다른 사람에게 신고를 부탁하여도 된다. 신고할 사항은 사고가 일어난 위치·사상자수 및 부상의 정도·손괴된 물건 및 손괴정도·그 밖의 조치상황 등이다. 실제로는 사고가 일어 난 위치를 정확하게 신고하는 것이 가장 우선이다.

단순한 교통사고의 경우라 하더라도 반드시 신고를 하는 것이 좋다. 단순한 사고의 경우 입건이 되어도 공소권이 없는 경우가 많다. 만약 피해자가 신고를 원하지 않는다든가 사고가 경미하여 신고하지 않아서 나중에 신고의무 불이행이 문제되면 30만원이하의 벌금이나 구류처분을 받게 된다. 예를 들어 피해자와 신고하지 않기로 약속이 되어 가해운전자가 신고를 하지 않았는데 나중에 피해자가 경찰에 신고를 하게 되면 뺑소니가 될 수 있다.

3, 그 밖의 기타조치

일반적으로 사고가 발생하면 화가 나서 사고운전자끼리 현장에서 서로 자기가 과실이 없다고 싸우는 것이 보통이다. 그러나 이러한 행위는 교통의 마비를 야기하게 된다. 이 때에는 교통소통을 원활히 하고 후속사고를 방지하기 위하여 사고현장을 정리하고 차량을 길가로 옮기는 조치 등을 취하여야 한다. 중요한 것은 현장보존을 잘 하여 두어야 한다.

사고가 발생하면 경찰의 현장조사와 현장보존이 문제될 수 있다. 따라서 교통사고 관계자는 사고 후 신속히 이루어지는 경찰의 현장조사에 이하여 과실유무 및 그 정도가 거의 결정되기 때문에 미리 현장보존에 필요한 조치를 취하고 목격자를 확보해 두어야 한다. 그래야 경찰의 현장조사 때에 작성되는 피의자의 신문조서나 피해자 또는 목격자들의 진술조서에 사실과 다른 불리한 내용이 들어가는 것을 막을 수 있다.

II. 사고운전자의 형사책임

1. 과실손괴죄

형법은 과실로 재물을 손괴한 경우에는 처벌하지 않고 있으므로 대물사고의 경우에는 형법상 문제가 되지 않는다. 그러나 도로교통법은 이에 대한 처벌규정을 두고 있다. 즉 차의 운전자가 업무상 필요한 주의를 게을리 하거나 중대한 과실로 다른 사람의 건조물이나 그 밖의 재물을 손괴한 때에는 2년 이하의 금고나 500만원이하의 벌금형에 처한다.

2. 업무상 과실치사상죄 · 중과실치사상죄

교통사고로 인하여 사람을 사상한 경우에는 형법상 업무상 과실치사상죄가 성립한다. 즉 형법은 '업무상 과실 또는 중대한 과실로 인하여 사람을 사상에 이르게 한 자는 5년 이하의 금고 또는 2,000만원이하의 벌금'에 처하고 있으며, 교통사고처리특례법에서도 5년 이하의 금고 또는 2,000만원이하의 벌금에 처하고 있다. 이 죄는 과실치사상죄에 비하여 업무자라는 신분관계로 인하여 형이 가중되는 경우이다. 이러한 형벌을 가하게 되는 것은 중복되는 업무로 인하여 일반적으로 그 결과에 대하여 보통 사람보다 예견가능성이 더 크기 때문에 이를 중과실로 보는 것이다. 일반적으로 업무는 '객관적으로 상당한 횟수를 반복하여 행하여지거나 반복·계속할 의사'로 행하여진 것이어야 한다. 따라서 호기심으로 단 1회 운전한 것으로는 업무라 할 수 없지만, 장래 반복하여 행할 의사로 운전한 때에는 단 1회의 운전이라도 업무에 해당한다.

3. 업무상 운전자의 사고방지의무

운전자에게 일정한 절차를 거쳐서 운전면허를 내주는 이유는 안전한 운전을 할 것이라는 점에서이다. 따라서 운전자는 그 운전업무로 인하여 발생할 수 있는 모든 사고를 방지할 고도의 의무가 있다. 즉 운전자는 ① 운전을 하기 전에 자동차를 점검·정비하여야 하고, ② 운전 중에는 교통신호·제한속도·안전거리·추월방법 등 교통수칙을 준수하여야 하고, 전후좌우를 주시하여 장애물이 나타나면 언제든지 급제동할 준비를 갖추어 사고를 미연에 방지할 수 있는 만반의 조치를 취할 수 있어야 하고, ③ 운전이 끝난 후에도 차가 미끄러지거나 다른 사람이 운전하지 못하도록 안전조치를 취할 의무가 있다. 운전자에게는 이러한 복합적인 의무가 부여되어 있는 것이다.

4. 운전자의 처벌상의 특례

1) 반의사 불벌죄

운전자가 이상의 과실재물손괴죄나 업무상과실치사상죄를 범한 경우에도 교통사고처리특례법상 형사상 처벌면제혜택을 받을 수 있게 된다. 즉 교통사고처리특례법은 운전자가 도로교통법상의 과실재물손괴죄를 범하였거나 형법상의 업무상 과실·중과실치상죄를 범하였다하더라도 피해자와 합의하면 원칙적으로 처벌하지 않는 형사상의 면제혜택을 운전자에게 주고 있다. 합의가 있는 경우에는 피해자가 명시한 의사에 반하여 공소를 제기할 수 없는 것이 바로 반의사 불벌죄이다. 또한 교통사고를 일으킨 자동차운전자가 종합보험이나 공제회보험에 가입한 때에도 피해자의 의사에 관계없이 피해자와 합의가 있는 것으로 간주하여 공소를 제기할 수 없도록 하고 있다.

2) 합의

피해자가 처벌을 원하지 않는다는 의사표시는 1심 판결선고 전까지 해야 한다. 재판 도중 합의가 되어 처벌을 원하지 않는다고 하면 재판부는 공소를 기각하며, 1심판결 선고 후에 피해자가 처벌을 원하지 않으면 유죄판결을 하되 정상참작을 할 수 있다. 그러므로 합의는 중요한 의미를 가진다.

합의에는 형사상의 합의와 민사상의 합의가 있다. 전자는 '가해자의 처벌을 원치 않는다.'는 내용으로 피해자측의 감정을 감안하여 형사처리를 참작하는 것이고, 후자는 일정한 금액을 받고 손해배상의 청구를 포기하여 사건을 종결짓는 것을 말한다. 원칙적으로 의사표시는 상해를 입거나 재물피해를 본 본인이 당사자이다. 그러나 피해자가 미성년자인 경우에는 부모가 독립하여 의사표시를 할 수 있고, 그 이외에는 대리인만이 합의의 효력이 있다. 가해자와 피해자간의 감정싸움으로 인하여 합의가 이루어지기 어려운 경우도 있지만, 상호 이해하는 합의점을 찾아 합의가 이루어지면 반드시 합의서를 작성해 두는 일을 잊지 않도록 한다.

5. 처벌면제의 예외사유

1) 피해자의 사망

교통사고로 인하여 피해자가 사망했을 때는 어떠한 경우라도 면제대상이 되지 않는다.

2) 도주

일명 '뺑소니'라고 하며, 운전자가 교통사고를 일으켜 사람을 다치게 하거나 사망케 하고도 구호조치를 취하지 않고 도주하거나 피해자를 다른 곳으로 옮겨 놓고 도망한 경우이다. 사망사고인 경우라도 도주하지 않으면 가장 무거운 처벌을 받아도 금고 5년이다. 그런데 뺑소니의 경우 5년 이상의 유기징역 또는 무기징역, 피해자를 다른 곳에 버리고 도주하였을 때에는 최고 사형이다. 그렇지 않으면 보통 금고 1년 전후이며 정상참작이 있으면 집행유예도 가능하다.

3) 10대 중과실

(1) 신호위반

교통신호기 또는 교통정리를 하는 경찰공무원, 즉 교통순시원·전투경찰·의경·헌병·모범운전자 등의 신호나 통행의 금지 및 일시정지를 내용으로 하는 안전표지가 표시하는 지시에 위반하여 운전한 경우이다. 예컨대 비보호좌회전 표시가 있는 곳에서는 신호에 따르는 다른 차량의 진로에 방해가 되지 않을 때에만 좌회전할 수 있다. 따라서 다른 차량의 진로에 방해가 되는 때에는 신호위반의 책임을 진다.

(2) 중앙선침범

자동차가 중앙선을 완전히 넘어서 반대 차선으로 들어가는 경우뿐만 아니라 차체의 일부가 중앙선을 살짝만 물고 들어와도 중앙선 침범이 된다. 예컨대 브레이크를 늦게 밟아서, 과속으로 달리다가 미끄러져서 또는 안전거리 미확보로 달리다가 앞차가 급정거하는 바람에 앞차와의 충돌을 피하기 위하여 중앙선을 넘어가는 경우가 이에 해당한다.

그러나 뒤차에 받혀서 중앙선을 넘어간 경우, 거북이처럼 기어가는데도 눈길의 빙판에 미끄러져 중앙선을 넘어간 경우 등은 중앙선침범으로 보지 않는다. 그리고 갑자기 진행차선 앞으로 끼어든 차량 또는 무단 횡단자와의 충돌을 피하기 위하여 핸들을 좌측으로 틀어 중앙선을 넘어간 경우와 같이 불가항력에 의한 경우는 중앙선침범사고로 보지 아니한다.

(3) 속도위반

제한속도를 매시간마다 20Km를 초과하여 운전하다가 사고가 난 경우로 사고당시의 속도를 산출하는 데는 운전자의 자백·스키드마크·스피드건·타쿤메타의 기록 등에 의한다.

(4) 추월위반

추월(앞지르기)은 반드시 주행차선의 좌측차선으로 하게 되어 있으며, 앞지르기의 방법·금지시기·금지장소 또는 끼어들기의 금지에 위반하여 운전한 경우이다.

(5) 건널목 통과방법 위반

모든 차는 철길건널목을 통과하고자 할 때에는 그 건널목 앞에서 일단정지를 하여 안전함을 확인한 후에 통과하여야 한다. 이를 위반한 사고가 건널목 통과위반 사고이다.

(6) 횡단보도위반

보행자보호의무를 위반하여 일으킨 횡단보도사고란 신호등이 없는 횡단보도에서 횡단보도로 선이 그어져 있는 곳에서 보행자와 부딪힌 경우를 말한다. 신호등이 있는 횡단보도에서 나는 사고는 신호위반사고가 되며, 선 밖에서 사고가 난 경우에는 이에 해당하지 않는다.

(7) 무면허운전

운전면허를 발급받지 아니하거나 국제운전면허증을 소지하지 아니하고 운전한 경우이다. 다만 면허증을 운전하고 있는 현재에 소지하지 않고 운전하는 경우는 무면허운전이 아니고, 면허불소지에 해당한다. 그러나 운전면허효력이 정지된 기간 중에 운전하거나 2종 보통면허를 소지한 자가 제1종 트럭을 운전하는 경우는 무면허운전이 된다. 한편 무면허운전 중에 사고를 낸 경우에는 보험처리를 받지 못한다.

(8) 음주 및 약물복용운전

운전이 금지되는 '술에 취한 상태의 기준'은 혈중 알코올 농도 0.05% 이상이며, '술에 만취한 상태'는 혈중 알코올 농도가 0.1% 이상이다. 음주운전은 형사입건이 되거나 음주측정을 거부한 운전자는 2년이하의 징역이나 500만원이하의 벌금형을 받는다. 한편 음주운전 중에 사고가 나면 자손 및 차량손해에 대해서는 보험처리가 되지 않는다. 처벌의 기준은 아래와 같다.

•사고가 없을 때

알코올 농도가 0.05~0.1% 미만인 경우에는 - 불구속 입건 및 100일간 면허정지

알코올 농도가 0.1% 이상인 경우에는 불구속 입건 및 면허취소

•대물사고시

알코올 농도가 0.05~0.1% 미만인 경우에는 형사입건 및 100일간 면허정지

알코올 농도가 0.1% 이상인 경우에는 형사입건 및 면허취소

•대인사고시

알코올 농도가 0.05~0.1% 미만인 경우에는 형사입건 및 면허취소

알코올 농도가 0.1% 이상인 경우에는 형사입건 및 면허취소

•음주측정불응시에는 형사입건 및 면허가 취소되고 측정결과 불복시에는 재측정이 가능하다.

(9) 보도침범 및 보도횡단방법위반

보도가 설치된 도로의 보도를 침범하거나 보도횡단 방법을 위반하여 돌진한 '인도돌진사고'를 말한다. 즉 보도와 차도가 구분된 도로에서는 차마는 차도를 통행해야 한다. 그리고 차마가 보도를 횡단할 때에는 일단 정지하고 보행자의 통행을 방해하지 말아야 한다.

(10) 추락방지의무위반

승객의 추락방지의무를 위반하여 운전하다가 승객이 사상하는 개문발차사고를 말한다. 따라서 운전자는 운전 중 타고 있는 사람 또는 타고 내리는 사람이 떨어지지 아니하도록 하기 위하여 문을 정확히 여닫는 등 필요한 조치를 하여야 한다.

III. 사고운전자의 민사책임

1. 불법행위책임

운전자의 고의·과실이 있고, 운전자가 책임능력이 있으며, 그 운전행위가 위법성이 있으며, 운전행위와 손해사이의 인과관계 있다면, 교통사고로 사람을 사상하거나 타인의 재물을 손괴한 경우 형사상의 처벌이나 행정상의 통고처분을 받게 된다. 아울러 별도로 가해자는 민사상 교통사고로 인한 손해를 배상할 책임을 진다. 따라서 사고를 낸 운전자가 구속되지 않거나 집행유예로 풀려났다고 해서 피해자가 손해배상을 받지 못하는 것은 아니다. 민사상의 손해는 교통사고, 즉 가해자의 고의 또는 과실로 인한 위법행위로 타인에게 손해를 가한 경우에 해당하므로 불법행위책임이 성립하게 된다.

2. 불법행위의 효과

1) 손해배상청구권

불법행위의 요건이 충족되면 그 효과로서 피해자는 가해자에 대하여 불법행위로 생긴 손해의 배상을 청구할 수 있는 권리가 생긴다.

2) 손해배상의 방법

손해배상의 방법으로는 원상회복주의와 금전배상주의가 있다. 민법은 편의상 금전배상주의를 원칙으로 하고, 법률에 다른 규정이 있거나 당사자가 다른 의사표시를 한 때에는 예외적으로 원상회복주의를 인정하고 있다. 따라서 교통사고 피해자는 가해자에 대하여 자신이 입은 손해의 손해배상청구권을 가지며, 이러한 손해는 금전으로 배상하는 것을 원칙으로 한다. 여기서 손해는 재산적 손해뿐만 아니라 정신적 손해(위자료)도 금전으로 평가된다.

3) 손해배상의 범위

물질적 손해는 적극적 손해와 소극적 손해로 나눌 수 있고, 정신적 손해는 위자료를 말한다. 적극적 손해란 치료비, 장례비 등 사고로 인하여 현실적으로 지출된 비용을 말하고, 소극적 손해란 장래에 얻을 수 있으리라고 예상되는 수입이 사고로 인하여 소멸된 경우 그 손해를 말한다. 이를 보통 일실수익이라고 한다.

4) 위자료

위자료란 피해자 등이 교통사고로 인하여 입은 정신적 손해액을 말하는 것으로 성질상 주관적 사정, 피해자와 가해자의 자력, 사회적 지위에 따라 다르기 때문에 결국 법원에서 최종적으로 결정할 수밖에 없다. 피해자가 사망한 때에는 피해자의 법정상속인에게 위자료 청구권이 주어지며, 사망으로 인하여 정신적 고통을 받은 배우자나 형제자매 등 특별관계가 있는 자에게는 고유의 위자료 청구권이 있다.

5) 과실상계

사고가 발생한 당시 또는 피해의 중대성에 비추어 피해자에게 잘못이 있는 경우에 피해자가 피해의 전부를 배상받도록 하는 것은 공평하지 못하므로 피해자의 잘못의 정도만큼 배상액을 감하는 것을 과실상계라고 한다. 예컨대 무단횡단자의 과실이 30%이고 운전자의 과실이 70%이고, 만약 무단횡단자인 피해자의 과실이 전혀 없었을 때의 배상액이 1,000만원이라면 과실상계후의 피해배상액은 700만원이 된다. 그러므로 무단횡단자인 피해자는 그 손해액이 1,000만원이라 하더라도 700만원의 배상을 받게 되는 것이다.

Ⅳ. 자동차보험제도

1. 대인배상 Ⅰ(책임보험)

자동차손해배상보장법에 의한 강제 가입보험인 책임보험은 자동차를 등록한 사람이 의무적으로 가입하도록 되어 있다. 자동차사고로 인한 피해, 특히 인사사고의 경우에는 그 피해액을 금전으로 산출하기가 매우 곤란하고, 그 손해의 종류도 치료비·장래의 소득상실액·휴업손해·위자료·장례비 등 다양하게 나타나고 있다. 이에 대하여 자동차손해배상보장법은 그 보상의 한도액을 정하고 있다. 예컨대, 사망과 후유장애(1급)의 경우 최고 8,000만원, 부상시 등급별로 치료비는 60만원부터 최고 1,500만원, 그리고 사망최저보험금은 2,000만원으로 정하고 있다(2001. 8. 1. 시행). 책임보험에 대하여 피해자의 직접청구권이 인정되어 있기 때문에 장례비 등 시급하게 소요되는 비용은 보험회사에 가불지급청구서·사고증명서 및 진단서 등 필요한 서류를 구비하여 신청하면 지체없이 지불하도록 되어 있다. 피해자는 위 손해금액 범위 안에서 보상을 받을 수 있을 뿐이므로 실제의 손해금액이 그 보다 많은 경우에는 그 보다 많은 경우에는 그 초과액을 가해자측에 대하여 청구 하여야 한다.

2. 대인배상 Ⅱ(종합보험)

교통사고로 인한 손해에 대해서는 책임보험만으로는 보상될 수 없는 부분을 보장하는 임의보험인 종합보험이 필요하다. 즉 책임보험이 배상하지 않는 모든 손해를 보험회사로부터 배상받을 수 있게 하는 것이 종합보험이다. 종합보험은 계약조건 및 담보내용에 따라 다음과 같이 나눌 수 있다. 이중에서 교통사고처리특례법상의 혜택을 받을 수 있는 보험은 개인용, 업무용, 영업용 자동차보험 등 3가지가 있다. 개인용 종합보험과 업무용 종합보험은 다음과 같다.

1) 개인용 종합보험

자가용 승용차를 가진 자연인 및 개인사업자가 가입할 수 있는 보험으로서 보험가입방법은 담보종목에 따라 ① 대인배상 ② 대물배상 ③ 자기신체사고 ④ 자기차량손해 별로 선택하여 가입할 수 있으나 대물배상과 자기신체사고는 대인배상과 동시에만 가입할 수 있다. 보상의 내용은 보험가입금액의 한도 내에서 보험금지급기준에 의하여 산출한 금액 또는 판결액이다. 대인배상의 경우에는 책임보험초과로서 최고 무한까지, 대물사고의 경우에는 1사고당 최고 3,000만원까지, 자기신체사고의 경우에는 보험료 납입기준에 따라 사망과 후유장애는 1,500만원에서 1억원까지 보상된다. 그리고 무보험자동차에 의한 상해보상한도는 2억원이다.

2) 업무용 종합보험

개인소유 자가용 승용차를 제외한 모든 비사업용 자동차 및 관용자동차를 소유·사용 및 관리에 기인한 사고로 피보험자가 법률상 손해배상책임을 담보하는 보험이다. 보험가입방법은 개인용의 경우와 동일하다. 보상의 내용에 있어서도 개인용의 경우와 같고, 대물보상의 경우 최고 1억원이다.

77

부동산 매매계약과 부동산등기

사 례

우리가 핸드폰이나 시계와 같은 물건을 매매할 때에는 금전을 지불하고 물건을 수령하는 것으로서 거래행위가 완료된다. 그러나 부동산으로서의 토지나 그 정착물(예, 주택)의 매매는 그처럼 간단한 것은 아니다. 부동산거래를 법적으로 완성하기 위하여서는 어떻게 하여야 하는가?

I. 부동산거래계약

1. 부동산이란?

부동산이라 함은 토지 및 그 정착물을 말한다(민법 제99조 제1항). 토지는 인위적으로 구분된 일정 범위의 지면과 정당한 이익이 있는 범위에서 지상과 지하를 포함하는 입체적인 존재이다. 토지의 정착물이라 함은 건물·수목·경작물·우물 등과 같이 토지에 계속적으로 부착 내지 고착되어 있는 것을 말한다. 그러므로 암석·토사·지하수 등은 토지의 구성성분으로 토지와 별개의 물건이 아니다. 건물은 토지의 정착물이지만 토지와의 별개의 등기제도가 마련되어 있어서 독립된 소유권의 객체가 되며(부동산등기법 제14조 제1항), 그 개수는 사회 통념에 의한다. 따라서 등기부상 1개의 건물로써 등기되어 있더라도 사실상 2개의 건물로 분할하면 2개의 건물이 각각 소유권의 객체가 될 수 있다(구분소유권, 민법 제215조).

2. 부동산매매계약의 성립

부동산 거래는 당사자의 합의에 의한 계약으로 이루어진다. 부동산매매계약은 매도인(부동산을 판사람)이 어떤 부동산을 매수인(부동산을 산 사람)에게 이전할 것을 약정하고 매수인은 이에 대하여 그 대금을 지급할 것을 약정함으로써 성립하는 계약을 말한다. 매도인과 매수인이 부동산을 사고팔겠다는 '의사의 합치'만 있으면 매매계약은 성립하고 계약금 지급이나 계약서 작성이 반드시 필요한 것은 아니다, 흔히 당사자들의 의사가 합치되기만 하면 성립하는 계약을 "낙성계약"이라 한다. 부동산 거래의 실제에서는 계약금을 매매대금의 10% 정도로 하여 매수인이 매도인에게 지급하고 나머지 대금도 중도금, 잔금이라고 하여 몇 차례 나누어 지급하는 것이 관례이고, 또 후일의 분쟁소지를 없애고 그 내용을 확실히 하기 위하여 매매계약서를 작성하는 것이 일반적이다. 매매계약이 성립되면 계약내용대로 매도인은 매수인에게 대금을 지급할 것을 청구할 권리를 가지게 되고 매수인은 매도인에게 소유권 이전을 청구할 권리를 가지게 된다. 이와 같이 상대방에 대하여 일정한 행위를 청구할 수 있는 권리를 "채권"이라 하는데(상대방에 대하여 일정한 행위를 하여야 할 채무라 한다). 물건에 대한 배타적 지배를 내용으로 하는 "물권"과 대비된다.

부동산 매매계약이 체결되면 매도인은 매수인에게 매매목적물인 부동산의 소유권과 점유를 이전해 주어야 할 채무를 부담하게 되는데 부동산에 관한 소유권 이전은 반드시 등기를 마쳐야 하도록 되어 있다.

3. 부동산 매매계약서의 작성

부동산매매계약의 경우에도 계약자유의 원칙이 적용된다. 근대 민법의 기본원리 중에 하나인 "계약자유의 원칙"은 첫째, 계약내용의 자유(당사자들의 합의로 계약의 내용을 자유롭게 정할 수 있다.), 둘째, 상대방선택의 자유(누구와의 사이에 계약을 체결할 것인가를 정하는 자유), 셋째, 계약방식의 자유(어떠한 방식으로 계약을 체결할 것인가를 정하는 자유), 넷째, 계약체결의 자유(계약을 과연 체결할 것인가 여부를 정하는 자유)를 내용으로 한다. 부동산거래에 있어서 매도인과 매수인 사이에 매매계약서를 작성함에 있어서도 당사자간의 합의로 자유롭게 작성할 수 있으나, 계약을 명백히 하고 후일 분쟁의 소지를 예방하기 위해서는 다음의 사항을 필히 기재할 필요가 있다.

•매도인·매수인의 당사자 표시

•매매목적물 표시(토지와 건물은 별개의 부동산이므로 명확히 밝혀야 한다)
•매매대금(계약금, 중도금, 잔금)의 액과 그 지급방법 및 시기
•소유권이전등기의 시기 및 목적물 명도 시기
•계약해제조항 및 기타 특약사항(당사자 사이에 특별히 약속한 사항이나 조건 등)등이다.

4. 부동산 거래시 유의사항

1) 거래 전 유의사항

① 매수하는 경우 해당 지번·지적확인, 등기부등본·토지대장·건축물관리대장·임야대장·도시계획확인원 등 열람, 현장을 확인 하여 공부상의 기재와 실제와의 일치여부를 확인한다.
② 매도자가 실제소유자인지 대리인인지 여부를 확인, 대리인인 경우 대리권이 이는지 확인한다.
③ 등기부등본에 관계공무원의 인증(원본과 같다는 확인)이 이는가를 확인, 등기권리증 등 관계서류의 진위여부를 확인한다.
④ 담보물건이나 가등기·예고등기가 설정된 부동산은 권리관계를 확실하게 하기 전에는 거래를 하지 말아야 한다.
⑤ 해당지역에 토지거래 허가지역, 신고구역으로의 지정여부 기타 법적 규제에의 저촉여부를 확인한다.
⑥ 거래로 부담하게 될 각종 세금을 확인한다.

2) 계약시 유의사항

① 계약서를 작성하고, 내용은 명확하고 구체적으로 기재, 내용을 확인하고 서명 날인한다.
② 당사자간에 직접 계약체결, 분쟁에 대비해서 입회인을 세운다. 대리인인 경우, 위임장 확인, 위임장을 본인에게 확인시킨다.

③ 신문광고나 중개업소의 말만 믿지 말고 관련자나 관계기관에 확인하고, 법률사무소 등을 찾아가 상담한다.
④ 토지거래규제대상지역의 거래시에는 토지거래계약허가 등 절차를 밟아야 한다.

3) 대금지급 및 등기시 유의사항

① 중도금·잔금을 지급할 때에는 영수증을 주고받는 등 대금지급 내용을 명확히 하여야 한다.
② 이중 양도하는 경우가 있으므로 계속 등기부를 확인, 중도금을 지급 후 이중 양도할 기미가 보이면 부동산처분금지처분을 한다.
③ 등기절차를 마치면 관할 등기소에서 등기부등본을 열람하여 이전등기가 경료되었는지를 확인한다.

Ⅱ. 부동산등기제도

1. 물권의 변동과 공시

A

1) 물권의 변동

물권의 발생·변경·소멸을 물권의 변동이라고 한다. 즉, 물건을 새로 구입하게 되는 것을 물권의 발생, 물건의 이전 등에 의하여 물권에 대한 권리관계가 바뀌는 것을 물권의 변경, 물건의 유실 또는 매매에 의하여 권리를 상실하는 것을 물권의 소멸이라 한다. 물권의 변동은 변동하는 물권에 따라 부동산물권의 변동과 동산물권의 변동으로 나눌 수 있고, 부동산물권의 변동은 등기라는 방법으로 공시되고, 동산물권의 변동은 인도라는 불완전한 방법으로 공시된다.

2) 물권변동의 기본원칙

① 부동산과 공시의 원칙 : 어떤 물건에 대하여 어떤 한 사람이 물건을 취

득하면 다른 사람은 그것을 양립할 수 없는 내용의 물권을 취득할 수 없게 된다. 따라서 물권의 존재와 내용은 일반적으로 타인이 보아서 알 수 있는 외형을 갖출 필요가 있다. 이를 물권공시의 원칙이라고 한다. 민법에서는 부동산은 등기, 동산은 인도를 통하여 공시하도록 하고 있다(민법 제186조, 제188조).

② 동산과 공신의 원칙 : 등기 또는 점유라는 물권의 존재를 추측하게 하는 외형을 신뢰한 자는 비록 그 공시방법이 진실한 권리관계에 부합하지 않더라도 그 공시된대로 권리의 취득을 인정할 필요가 있다. 이를 공신의 원칙이라고 한다. 공신의 원칙을 인정하면 거래의 안전은 보호되나 진정한 권리자는 희생당할 수도 있다. 우리 민법은 부동산의 등기에 관하여는 공신의 원칙을 인정하지 않고, 동산의 점유에 관하여서만 이를 인정하고 있다(민법 제249조, 제251조).

③ 형식주의의 원칙 : 물권의 변동은 언제나 외부에서 인식할 수 있는 어떤 표상, 즉 공시방법을 갖추어야 하는데 이를 실현하는 방법에는, 물권행위만으로 당사자간의 물권변동효력이 생긴다는 의사주의와 물권행위이외의 일정한 형식, 즉 등기나 인도의 방법이 이어야만 당사자나 제3자에 대한 효력이 발생한다는 형식주의(성립요건주의)가 이는데 우리나라는 형식주의를 채택하고 있다(민법 제186조, 제188조).

2. 부동산등기제도

등기라 함은 등기부라고 불리는 공적 장부에 관계물건에 대한 권리와 채무등의 일정한 사항을 기재하는 것을 말한다. 부동산등기를 비롯하여 법인등기, 상업등기, 부부재산계약의 등기 등 여러 가지가 있다. 그 중 부동산등기는 사법부가 관장하는 국가기관(등기소)이 부동산에 관한 권리관계를 부동산등기부에 기재하는 것을 말한다. 부동산 등기부는 토지등기부와 건물등기부가 있다(부동산등기법 제14조).

각각 1필의 토지 또는 1동의 건물에 대하여 1용지를 사용한다(부동산등기법 제15조). 따라서 등기부는 권리의 객체인 1개의 부동산을 단위로 하여 편성된다. 1등기 용지는 표제부, 갑구, 을구의 세 부분으로 구성된다. 표제부에는 등기번호, 부동산의 포시, 예컨대 토지나 건물의 소재지·지변·지목·구조·면적 등과 그 변경에 관한 사항을 기재한다. 갑구에는 소유권에 관한 사항을 그리고 을구란에는 소유권 이외의 권리에 관한 사항을 각각 기재한다(부동산등기법 제16조).

1) 등기의 절차

등기는 등기권리자와 등기의무자 또는 이들의 대리인이 등기소에 출두하여 공동으로 신청한다(공동신청주의 : 부동산등기법 제28조). 등기를 신청하려면 일정한 서면을 제출하여야 한다. 그 주요한 것으로는 신청서, 등기원인을 증명하는 서면, 등기의무자의 권리에 관한 등기필증, 대리인에 의한 경우 대리권한을 증명하는 위임장, 소유권의 보존 또는 이전등기의 경우에는 신청인의 주소를 증명하는 서면, 인감증명서 등이 있다.

2) 부동산등기의 효력

(1) 본등기의 효력

① 권리변동적 효력 : 등기는 원칙적으로 부동산물권의 변동을 일으키는 효력을 가지는데 그 효력은 등기를 신청한 때가 아니라, 등기부에 기재된 때이다.

② 대항적 효력 : 지상권·지역권·저당권의 변동은 등기할 수 있는데 등기를 함으로써 제3자에게 대항할 수 있다.

③ 순위확정적 효력 : 동일 부동산에 관하여 등기된 2개 이상의 권리 사이의 순위는 등기의 전후에 의한다(부동산 등기법 제5조 제1항). 다만 부기등기의 경우에는 주등기의 순위에 의한다(부동산등기법 제6조 제2항).

④ 추정적 효력 : 등기에는 등기부상에 기재된 바와 같은 실체적 권리관계가 존재한다는 추정을 받는다. 즉 등기의 내용을 신뢰하는 것은 선의의 관하여 무과실 추정되고 따라서 등기의 내용을 조사하지 않는 것은 선의라고 할지라도 과실이 추정된다.

⑤ 형식적 확정력 : 등기는 절차를 중시하는 것이므로 그 유무효를 떠나서

절차에 의하지 아니하고는 그 효력이 없다. 예컨대 무효인 등기라도 말소등기에 의하지 아니하고는 등기가 말소되지 아니한다.

⑥ 시효취득의 효력 : 민법은 등기부취득시효를 규정하고 있다(민법 제245조 제2항). 즉 부동산소유자로서 등기되어 있는 자가 10년간 자주점유를 한 때에는 소유권을 취득하며, 소유권 이외의 재산권에도 준용된다. 따라서 마치 동산취득시효에 이어서와 같은 효력을 갖는다.

⑦ 등기의 공신력 : 등기에는 공신력이 없으므로 실체적 무권리자의 등기는 무효이고 이를 믿고 이전등기를 하더라도 무효이다.

(2) 가등기의 효력

① 순위보전의 효력 : 가등기를 한 후에는 이에 따라서 본등기를 하면, 본등기의 순위는 가등기에 의한다(부동산등기법 제6조 제2항).

② 본등기 전의 효력 : 가등기 후에 본등기가 없으면 가등기 자체로는 아무런 실체법상의 효력이 없으므로 등기의무자인 본등기 명의인은 그 부동산을 처분할 수 있다. 그러나 경고적 효력과 만족적 효력은 인정될 수 있다. 즉 가등기는 그 자체가 공시수단이기 때문에 가등기가 되어 있는 부동산에 대하여 거래를 하는 자는 후에 그 순위가 가등기까지 소급하여 본등기가 된다는 것을 예상하여야 한다. 또한 가등기권리자는 가등기의무자가 파산선고를 받아도 파산관재인에 대하여 본등기절차를 청구할 수 있다.

78

할부거래와 소비자의 보호

사 례

대학생인 갑은 을의 강요에 미백효과가 있다는 고가의 화장품을 할부로 구입하기로 하고 할부계약서를 작성하였다. 갑은 곰곰이 생각하여 보니 할부금이 자신이 지불하기에 너무 많아 계약을 해제하려고 하였으나, 계약상대방인 을과 연락두절상태가 되었다. 갑은 어떻게 계약을 철회할 수 있는가?

사례의 해결]

할부거래라 함은 동산의 매수인 또는 용역을 제공받는 자가 대금을 2개월 이상의 기간에 걸쳐 3회 이상 분할하여 지급하고, 대금의 완납 전에 동산의 인도 또는 용역을 제공 받기로 하는 것을 말한다. 할부거래법은 충동구매나 비합리적인 구매결정으로부터 매수인을 보호하기 위해서 매수인에게 할부계약에 관한 청약을 철회할 수 있는 권리, 즉 매수인에게 철회권을 부여하였다(할부거래에 관한 법률 제5조 제1항). 다음과 같은 방법으로 철회가 가능하다.

1) 철회권의 행사기간

㉠ 계약서를 교부받을 경우→교부받은 날로부터 7일 이내에 철회의 행사가 가능하다.

㉡ 계약서를 교부받지 않은 경우→목적물을 인도받은 날로부터 7일 이내 철회의 행사가 가능하다.

2) 행사방법

화장품구매자인 갑은 증거가 남을 수 있도록 철회의 의사표시가 기재된 서면 발송(내용증명우편)을 하여 통지하여야 한다. 내용증명우편은 특별한 형식은 없으나 '언제, 어디서, 어떤 물품을 구입하였는지 그리고 계약을 해제하겠다.'라는 내용을 포함하고 있어야 한다.

3) 효력발생시기

계약을 철회하게 되는 경우 그 철회의 내용증명을 발송한 날부터 효력이 발생한다.

4) 철회권행사의 효과

㉠ 매수인(갑) : 인도받은 동산 또는 제공받은 용역을 반환한다.
㉡ 매도인(을) : 지급받은 할부금을 반환, 목적물의 반환에 필요한 비용을 부담한다. 단, 이미 용역이 제공된 경우 그 대가를 지급할 필요는 없다.

<보충자료>

▣ 소비자의 7대 권리

① 안전할 권리 : 모든 물품 및 용역으로 인한 생명, 신체 및 재산상의 위해로부터 보호받을 권리를 말한다.
② 알권리 : 물품 및 용역을 선택함에 있어 필요한 지식 및 정보를 제공받을 권리가 있다.
③ 선택할 권리 : 물품 및 용역을 사용 또는 이용함에 있어서 거래의 상대방·구입장소·가격·거래조건 등을 자유로이 선택할 권리가 있다.
④ 의견을 반영시킬 권리 : 소비생활에 영향을 주는 국가 및 지방자치단체의 정책과 사업자의 사업활동 등에 대하여 자신들의 의견을 반영시킬 수 있

는 권리가 있다.

⑤ 피해보상을 받을 권리 : 물품 및 용역의 사용 또는 이용으로 인하여 입은 피해에 대하여 신속하고 공정한 절차에 따라 적절한 보상을 받을 권리가 있다.

⑥ 교육을 받을 권리 : 합리적인 소비생활을 영위하기 위하여 필요한 교육을 받을 권리가 있다.

⑦ 단결권 및 단체행동권 : 소비자가 스스로의 권익을 수호하기 위하여 단체를 조직하고 이를 통하여 활동할 수 있는 권리가 있다.